세력 전환 시대 중국의 대외 정책

고려대학교핵심교양 9

세력 전환 시대 중국의 대외 정책

이정남

KOREA
UNIVERSITY
PRESS
고려대학교
출판문화원

이 저술은 고려대학교 교양교육원과 출판문화원의 집필지원을 받아 저술되었음.

책머리에

중국의 부상과 미국 패권의 상대적 약화로 인해 전후 자유주의 국제질서가 이른바 '백년 미증유의 대변화 국면' 속에서 새롭게 재편되고 있다. 특히 동아시아는 이러한 중미 간 세력 경쟁이 가장 첨예하게 부닥치고 있는 지역으로서 변화의 격랑 속에 휘말려 들고 있다. 더구나 2020년 연초부터 본격화된 COVID-19 팬데믹은 중미 간 세력 경쟁으로 인한 국제질서의 전환을 더욱 더 가속화시키는 요인이 되고 있다. 그리하여 이른바 '단극', 'G2', '신냉전', '세력전이'에서부터 'G0', '무극(无极)', '과도(过渡)' 시대 등에 이르기까지 다양한 용어로 회자되고 있는 현재의 동아시아 질서는 한마디로 '불확실성'으로 규정지을 수 있다.

이런 불확실성으로부터 작금의 현실적 상황을 명확하게 규명하는 것 자체가 매우 난해한 작업이며, 이를 위해서는 우선적으로 중국이 어떤 생각과 방향성을 가지고 있는지를 파악하는 것이 필요하다. 즉 불확실성에 따른 복잡하고 난해하며 모호한 현상을 단번에 규명하려 들기보다는 중국이 어떤 국가 대전략과 대외 정책을 통해 세력전환과 국제질서 혹은 동아시아 질서의 재편에 대응하면서 글로벌 강대국으로 자리매김하려는지에 대해 이해하는 것을 출발점으로 삼아야 한다는 것이다. 이에 필자는 세력 전환 시대 중국의 대외 정책을 이해하기 위해, 부상하는 강대국 중국이 국제 혹은 동아시아 질서 속에서 자국의 위상과 역할을 어떻게 설정하고 어떤 전략과 방식을 통해 자국의 영향력 확장을 이끌어내고자 하는가에 대한 연구를 진행해 왔다.

이 책은 필자가 상술한 문제의식을 바탕으로 지난 수년에 걸쳐 수행해 온 연구 내용과 중국 외교 및 국제관계 관련 강의 내용을 종합 정리하여 단행본으로 묶어낸 것이다. 그리고 다수의 내용들은 수년에 걸쳐 필자가 각종 학술지와 학술대회에서 발표한 논문과 발표문을 수정 보완하여 전면적으로 재구성한 것이다. 이로 인해 각 장별로 논리적 일관성을 갖춘 하나의 논문 형태를 띠는 경우가 많아 다소 내용 중복이 불가피한 면이 있음을 밝힌다.

이 책은 글로벌 강대국으로 부상한 중국의 국가 대전략과 대외 정책을 다루고 있다. 기본적 내용은 중국의 부상으로 본격화된 중미 간 세력 경쟁 시대에 중국이 어떠한 국가 대전략과 동아시아 정책을 구상 및 실천하고 있는지에 대한 내용과 더불어, 미국, 러시아, 일본 등의 주요 강대국 및 한반도와 관련한 양자관계 분석에 초점을 맞추고 있다. 좀 더 거시적으로는 상술한 내용에 기초하여 부상하는 중국의 세계 및 동아시아 질서 구상을 조망하고자 했다. 다소 아쉬운 점은 이 책이 세력 전환 시대 중국의 대외 정책을 다루고 있지만, 중국의 외교정책 결정구조와 결정과정, 결정요인, 다자외교와 전략문화 등에 대한 전면적 분석을 여전히 과제로 남겨놓고 있다는 점이다. 이들 내용은 여러 사정으로 이번 책에는 다루지 못했으며, 조만간 이루어질 제2권을 통해 보완해 나가고자 한다.

필자가 고려대학교출판문화원으로부터 집필을 제안받고 흔쾌히 수락했지만, 책이 나오기까지 생각보다 긴 시간이 걸렸다. 이 책이 나오기까지 인내하면서 지속적인 관심과 배려를 해주신 고려대학교 교양교육원과 출판문화원 및 담당자에게 감사드린다. 또한 이 책의 집필 과정에서 아낌없는 코멘트를 해주신 국방대 하도형 교수에게도 진심으로 감사드린다.

2020년 11월

이정남

차례

제1장

서론

1. 시진핑 주석의 등장과 중국몽(中国梦)의 제기

2012년 11월 29일에 종료된 18차 당대회에서 최고지도자가 된 시진핑(习近平) 총서기가 6명의 중국 공산당 정치국상무위원을 대동하고 중국역사박물관의 '부흥의 길' 코너를 참관하면서 "중화민족 위대한 부흥의 실현은 곧 중화민족 근대 이래의 가장 위대한 꿈이다"라고 언급함으로써 중국몽이 전면에 등장하였다. 연이어 2013년 3월 12일 제12기 1차 전국인민대표대회(전국인대) 폐막연설에서도 그는 9차례 "중국몽"을 언급하면서, "중화민족의 위대한 부흥이라는 중국몽의 실현은 국가부강, 민족 진흥, 인민 행복이다. 중국몽은 민족의 꿈이면서 동시에 개개 중국인의 꿈"이라고 강조한다. 그리고 2018년 19차 당대회에서 중국이 중화민족의 위대한 부흥인 중국몽을 실현하기 위해 분투하는 '신시대'로 진입했음을 선언하고, 2단계로 된 중국몽 실현의 장기적 일정표를 제시하기에 이르렀다: 첫 단계인 2021-2035년의 기간에 대해, 이미 달성한 전면적 소강사회의 기초위에서 '사회주의 현대화'를 기본적으로 실현하여 전방위적 선진국화를 달성한다는 목표를 제시하였다; 두 번째 단계인 2035-2050년에는 2035년까지 달성한 현대화의 성과에 기초하여, 부강, 민주, 문명, 조화, 아름다운 사회주의 현대화 강대국을 건설하고, 종합국력과 국제영향력에서 '선도적인' 강대국시대에 본격적으로 진입한다는 목표를 제시하였다.

근대화 과정에서 이른바 '중화세계질서(Chinese World Order)'의 붕괴와 함께 강제로 편입된 서구 주도의 국제체제 속에서 중국인들은 줄곧 중화민족의 부흥이라는 중국몽을 꾸어 왔다. 이같은 중국몽의 궁극적 지향점은 문명 강대국으로서 중국이 지역 혹은 글로벌 질서[1]를 주도하는 것이지만, 그 구체적 내용은 중국이 놓인 역사적인 조건에 따라 지속적으로 변해왔다. 청말 이래 제국주의의 침략 속에서 망국의 길로 급속하게 내몰리던 중국의 최고 국가목표는 부국강병이었다. 구국과 민족부흥의 과정에서 국가의 부강이라는 가치가 자유와 민주 등의 문명적 가치를 압도하였고, 국가 이성이 근대적 보편가치를 압도했다(许纪霖 2017, 8). 그리하여 청나라 말기와 중화민국수립 초기에 중국은 잠시 문명적 가치 추구를 내려놓고 부강한 근대 민족국가 건설에 몰두함으로써, 문명 강국보다 부강한 강국을 추구하는 데 주력하게 되었다(许纪霖 2017, 218-246). 따라서 이 시기의 중국몽의 주요 내용은 바로 '부국강병의 국가건설'로 규정할 수 있다.

중국 공산당의 공식문건에 의거해 보면, 중국몽은 1949년 신중국의 건설 이후 크게 3단계의 변천과정을 통해서 구체화되었다. 마오쩌둥(毛泽东) 시기의 '국가건설(建起来)' 단계와 덩샤오핑(邓小平) 시기의 '경제

---

* 1장 서론의 내용은 이정남(2018)의 3장의 내용과 이 책의 각 장의 내용 중 일부를 발췌한 후 재구성한 것임.

1 이처럼 중국의 부상으로 표현되는 중국몽도 중국 주도의 지역 혹은 글로벌 질서의 건설과 연결되어 사고될 수밖에 없다. 키신저는 세계질서는 한 지역이나 문명이 공정한 합의의 특징과 힘의 분배에 관해 전 세계에 적용가능하다고 생각하는 개념을 설명하는 것이며, 국제질서는 이러한 개념들을 전 세계의 세력균형에 영향을 미칠 정도로 넓은 지역에 실질적으로 적용하는 것이라고 정의한다. 그리고 세계질서든 국제질서든 모두 두 가지 요소, 즉 정당성과 세력균형을 기초로 삼는다고 주장한다. 다시 말하면 허용 가능한 행동범위를 규정하는 일반적으로 인정받는 일단의 규칙들과 그 규칙들이 무너진 경우에 하나의 정치 단위가 다른 모든 정치 단위를 예속시키지 못하게 만들며 제한을 가하는 세력균형을 기초로 한다는 것이다(헨리 키신저 2016, 14-15). 이 책에서는 바로 상술한 키신저의 설명에 기초하여 세계질서와 국제질서의 개념을 사용하고 있다.

발전(富起来)' 단계, 그리고 시진핑 시기의 '세계적 강대국으로의 부상(强起来)' 단계이다. 류밍푸(刘明福) 중국국방대 교수는 근대 이래 중화민족이 고난으로부터 벗어날 수 있었던 것은 마오쩌둥, 덩샤오핑, 시진핑 등 3인의 민족부흥의 전략사상이 있었기 때문이라고 주장한다. 즉 20세기 상반기의 '전쟁과 혁명'의 시대, 20세기 하반기의 '평화와 발전'의 시대, 21세기 상반기의 '개혁과 창조혁신'의 시대에서, 마오쩌둥과, 덩샤오핑, 그리고 시진핑은 각각 각자의 시대를 열고 국가를 건강한 발전의 길로 이끌었다는 것이다(《多维新闻》 2017. 3. 19.). 이 주장을 다시 표현하면, 중국몽의 내용이 마오쩌둥 시대에는 주로 사회주의 중국의 건설로 구체화되었고, 덩샤오핑 시대에는 경제발전으로 표현되었으며, 그리고 시진핑 시대에 이르러서 개혁과 창조혁신을 통한 새로운 글로벌 강대국 건설로 구체화된 것으로 설명할 수 있다(崔一楠·李群山 2018, 66-71; 邵帅·刘刚 2018, 1-6).

글로벌 강대국으로서 중국 주도의 세계질서 재건에 대한 시진핑 주석의 꿈은 그가 최고 지도자로 등장한 이후 언급하거나 추진하고 있는 대외정책 관련 각종 담론이나 정책을 통해서 확인할 수 있다. 주지하다시피 2012년 말 18차 당대회를 거치면서 중국은 글로벌 강대국으로서의 정체성을 부각시키면서 글로벌 거버넌스 체제개혁을 중요한 외교정책의 방향으로 제시하였다. 2014년 중국 공산당 외사공작회의에서 '중국특색의 대국외교'를[2] 전개할 것을 표명한 후, 2017년 19차 당대회를 거치면서 중국이 국제질서의 중앙으로 다가가는 '신시대'에 진입했으며, 따라서 중국 특색의 (강)대국 외교를 통하여 새로운 형식의 국제관계

2 중국 외교부나 중국 주류 학계에서는 대국(大國)을 단순히 큰 국가 혹은 중요한 국가(major country)라는 지리적 각도에서 이해하는 것이 아니라 국제권력관계에서 영향력, 통제력, 힘(power)의 우위를 점하고 있는 강대국(great power)으로 표현하고 있다. 강대국(great power)이란 세계적 수준에서의 강력한 능력과 권위를 가지고 국제관계에서 책임과 지도적 지위를 지닌 국가로 정의할 수 있다(杨林坡 2014). 따라서 필자는 이 글에서 '대국'을 '강대국'과 동일한 의미로 사용하고 있다.

를 수립하고 인류운명공동체를[3] 건설하기 위해 나아갈 것임을 분명히 했다. 2018년 3월 전국인대를 통하여 이러한 강대국 외교를 위한 제도적·인적 구성의 윤곽까지 제시함으로써 본격적으로 강대국 외교의 태세를 갖추었다.

일례로 2018년 3월 제13기 1차 전국인민대표대회에서 통과된 기구개혁방안에는 새로운 정(正)·부(副) 부장급 기구를 만들어 중국의 소프트파워를 확장하고 강대국 외교와 일대일로(一带一路) 업무에 종사하도록 한다는 내용을 담고 있다. 구체적으로 국제협력발전서(国际合作发展署)를 설치하여 상무부의 대외원조 관련업무와 외교부의 대외원조 조정업무를 통합하여 담당하도록 했고, 공안부 산하에 국가이민관리국을 꾸려 해외로 나가는 중국인 수가 빠르게 증가하는 상황에 대비하고자 했다. 또한 양제츠(杨洁篪) 외교담당 국무위원은 2017년 19차 당대회에서 정치국원으로 승진하여 2003년 이후 처음으로 중국 공산당의 실질적 의사결정기구인 정치국에 진출한 외교관이 됐다. 왕이(王毅) 외교부장도 국무위원으로 승격되어 1993년 이후 국무위원이 된 첫 번째 외교부장이 되었다. 이처럼 대외정책기구의 기능을 통합 재편하고 두 고위 외교관의 정치적 지위를 격상시킨 것은 강대국 외교에 걸맞게 외교체계의 위상을 전체적으로 강화한 것으로 볼 수 있다(《联合新闻网》 2018. 3. 15.).

그동안 중국은 자국의 정체성을 '개발도상국', '동아시아 지역 (강)대국(地区大国)'으로 간주해 왔으나, 시진핑 주석 집권 이후 처음으로 '중국 특색'의 강대국 외교를 외교목표로 제시하고 중국의 글로벌 강대국

3 인류운명공동체는 중국이 지향하는 국제질서에 대한 일종의 청사진으로, 이것을 보편가치로 하여 중국이 국제질서를 주도해 나아가겠다는 의지의 표현이다. 이것은 중국외교학원의 쑨지성(孙吉胜) 교수의 설명을 통해서도 확인할 수 있다. 그는 "'인류운명공동체'는 중국 이념의 중요한 한 부분으로, 미래 세계의 발전 방향을 가리킬 뿐만 아니라, 중국의 독특한 세계관, 질서관과 행위방식을 구현한 것으로, 중국의 글로벌 거버넌스 이념과 실천에도 영향을 미친다. '인류운명공동체' 시각하의 글로벌 거버넌스 이념과 실천이 세계에 의해서 이해되고 수용됨으로써 글로벌 컨센서스로 전환되고 세계적 영향력과 의의를 구현할 것이다"고 설명한다(孙吉胜 2019, 121-130).

지위를 제기하기 시작했다. 그리고 중국외교가 반드시 중화민족의 위대한 부흥에 복무해야 한다고 언급하면서 2035년까지 기본적 현대화를 완성하고, 2050년까지 종합 강대국이 되어 국제사회를 선도할 것임을 분명히 하였다(金灿荣 2017, 9-13). 그 이후, 학자들도 이제 중국은 미국과 맞먹는 글로벌 강대국의 한 축으로서 세계질서의 변화를 통해 새로운 세계질서 수립을 이끌어내야 한다는 구상을 감추지 않았다. 상하이사회과학원 황런웨이(黄仁伟) 부원장은, 다소 빠른 감이 있지만 중미관계의 핵심은 국제질서를 둘러싼 경쟁으로 전환되었음을 나타내는 것이라고 규정한 바 있다(黄仁伟 2015). 또한 베이징대 왕지쓰(王缉思) (전) 국제관계학원 원장이나 옌펑(袁鹏) 중국현대국제관계연구원 원장도 2017년 중미 간에 국제질서 문제를 둘러싸고 비교적 큰 불일치가 존재하면서, 현재 양국 간 규칙경쟁이 가속화되고 있다고 진단한 바 있다(王缉思·袁鹏·赵明昊 2017). 베이징대 왕이저우 교수도 2008년 중국의 올림픽 개최와 미국의 금융위기를 거치면서, 중국은 전 세계 다수 국가가 공인하는 미국 다음가는 종합국력을 가진 신흥 초강대국(新兴超级大国)이 되었으며, 중국 스스로가 어떻게 생각하든 다수 국가들은 거의 일치된 의견으로 중국이 미국과 어깨를 견줄 수 있는 초강대국이라는 데 의견을 같이한다고 주장한 바 있다(王逸舟 2019). 심지어 2019년 초에 옌쉐퉁(阎学通) 칭화대 교수는 향후 5년 내에 국제질서가 미중 양극체제로 전환될 것임을 예견하는 글을 발표하기도 했다(阎学通 2019).

2. 미국의 반격과 미중 세력 경쟁의 본격화

이처럼 시진핑 주석의 등장 이후 중국은 강대국 외교를 통해 미국과의 국제질서를 둘러싼 '규칙 다시 쓰기' 경쟁에 돌입했다. 이제 중국은 미국과 맞먹는 글로벌 강대국의 한 축으로서 국제질서의 개혁을 통하여 새로운 변화를 이끌어내겠다는 구상을 감추지 않았다(鄢一龙·崔京 2017). 이런 점은 중국이 더 이상 국제질서의 피동적 수용자가 아니라 적극적인 참여자, 건설자, 선도자로서(中共中央宣传部 2018, 54-55), 중국의 중요한 역할에 대한 국제사회의 기대에 부응해 국제질서 변혁의 목표를 적극적으로 이끌어가겠다는 인식의 전환이 일어나고 있음을 의미한다.

시진핑 등장 이후 중국 외교전략의 변화 내용과 그것의 역사적 의미에 대해 진찬룽 인민대 교수는 다음과 같이 설명한다.

> 이제 중국은 글로벌 강대국으로서 역사무대의 중앙으로 회귀하였고 세계 또한 '신시대'에 진입했다. 미래의 세계 세력구도는 미국이 바라는 바와 같은 '1초 다강'이나 중국이 그동안 종종 말해왔던 바와 같은 '다극구도'가 되지 않을 것이고, 중미라는 두 개의 초강대국과 기타 몇몇 일반 강대국으로 구성된 '양초 다강'의 구도가 될 것이다. 따라서 중국은 이제 스스로의 실천적 '역사적 자각'에 기초하여 서구모델과는 다른 발전경로, 이론, 제도, 문화를 기초로 한 '중국식 역사발전의 길'을 가야 한다. 이런 중국의 전략적 선택은 근대 이래 세계와 중국의 "자극→반응"식의 상호작용의 특징을 철저하게 변화시킨 것이고, 또한 이것은 … 백여 년 이래 중국이 잠재적으로 서방을 미래의 이상적 상태로 설정해 온 것을 변화시킨 것이다"(金灿荣 张昆鹏 2018).

이런 설명은 다소 과도한 주장으로 보일 수 있지만, 실제로 중국 공산당은 18차 당대회에서 "중국 특색의 경로, 이론, 제도"를 제기한 이후 2016년 7월 1일 공산당 수립 95주년 기념식에서 '문화'를 추가하여 중국식의 제도, 이론, 경로, 문화에 기초한 발전의 길을 갈 것임을 강조해 오고 있다.

이런 중국의 변화는 미국의 중국에 대한 인식에 큰 영향을 미쳐, 최근 미국의 학계와 정계에서 중국이 부상한 국력에 기초하여 미국 주도의 자유민주주의 국제질서를 수정하고자 하는 전략적 경쟁자가 되었다는 시각이 급부상하는 데 영향을 미쳤다(Li & Liang 2018; 郭至君 2018). 특히 미국은 가치영역에서의 중국의 영향력 강화와 미국의 영향력 약화에 대해 매우 중시하고 있으며, 중국모델에 대한 중국 내부의 토론이 중국의 경험을 세계에 전파하여 미국 주도의 자유민주주의 발전모델에 도전하는 것이라고 인식하면서, 대중국 억제정책을 통하여 중국을 약화시키고 중국의 도전을 막아야 한다는 주장이 광범위하게 확산되었다(Steinberg, 2018). 미국은 중국이 지난 40여 년간의 개혁개방을 거치면서 미국의 생각대로 변하지 않았고, 거대한 경제력에 기초하여 정치, 경제, 문화측면에서 더욱 더 적극적으로 '중국적' 방식에 기초하여 국제사회에 참여하거나 혹은 중국식으로 변화시키고자 한다고 사고하고 있다.

사실 현재와 같은 중미 간의 충돌은 트럼프 시기에 시작된 것은 아니다. 부시 정부 때부터 미국의 전략가들은 중국의 부상에 대한 위협론을 제기했고, 오바마는 아시아 재균형 정책을 추진한 바 있다. 미국과 중국은 지적 재산권, 외국기업의 중국시장 진입문제, 인민폐 환율 및 국유기업에 대한 정부 보조 등의 문제에 대하여 지속적으로 논쟁해 왔다. 이런 상황에서 2015년에 제시한 '중국제조 2025'는 미국의 인공지능과 생명과학기술 영역의 주도적 지위에 도전하는 것이었고, 중국이 제기한 일대일로 구상과 아시아인프라투자은행(AIIB) 설립은 미국으로 하여금 중국의 지정학적 의도를 의심케 하기에 이르렀다(吳心伯 2019).

그리하여 중미관계가 이미 냉전적 상황으로까지 치달은 것은 아니지만, 2018년 무역전으로 유발된 중미 갈등은 무역전을 넘어서 이념과 제도에 대한 영역으로까지 갈등이 증폭되고 있다. 트럼프 정부는 2017년 말 〈국가안전보고서〉에서 "중국과 러시아가 미국의 가치와 이익에 정반대되는 세계를 만들길 원한다"고 밝히며, 이들을 미국 주도의 자유주의적 세계질서에 대한 수정주의자(revisionist)로 규정하고 있다. 이는 중국을 전략적 경쟁자(strategic competitor)로 간주하는 것으로, 동반자

(partner)로 불렀던 오바마 행정부의 국가안보전략과 커다란 차이를 보이고 있다. 또한 2018년 10월 4일 미국의 마이크 펜스 부통령은 허드슨연구소(Hudson Institute)에서 행한 대중국정책에 대한 연설을 통해 미중무역전쟁을 제2의 냉전이라고 선언하고, 미중이 냉전으로 가는가에 대한 결정권이 중국에 있다고 말하면서 중국이 미국과 냉전을 피하고자 한다면 반드시 그 행위를 바꾸어야 하며, 미국은 절대 퇴각하지 않을 것이라고 주장했다. 그는 "중국은 정치, 경제, 군사, 선전 등 전 영역에서 중국정부 전체의 힘을 사용하여 중국의 영향력을 확대하고 미국에 대해 가지고 있는 중국의 이익을 강화하려 시도해 왔다"고 공개적으로 비판했다(Remarks by Vice President Pence, October 4, 2018). 또한 스탠포드대학교 후버연구소(Hoover Institution)에서 2018년 11월 29일 중국 전문가 32명이 1년에 걸쳐서 작성한 213쪽의 보고서를 발표하였는데, 이 보고서에서는 중공이 미국 정부, 대학, 매체, 싱크탱크, 기업과 화교계에 전면적으로 침투하여 조종하고 있음을 경고한 바 있다(Diamond & Schell etc. 2018).

한편, 미 국방부는 2019년 6월 〈인도-태평양 전략보고서(India-Pacific Strategy Report)〉에서 중국이 지역패권을 추구하면서 현대화된 군사력, 강압적 조치, 경제적 수단을 동원해 기존의 규칙 기반 질서(rule-based order)를 자국에 유리한 방향으로 재편하려 한다고 주장하면서, 중국이 현 질서를 무너뜨리려 한다면 이를 가만히 좌시하지는 않겠다는 의지를 재차 강조했다. 더 나아가 2020년 5월 트럼프 대통령 명의로 의회에 제출한 〈중국에 대한 미국의 전략적 접근(United States Strategic Approach to the People's Republic of China)〉은 중국이 미국의 경제·안보·가치에 가하는 위협을 지적하면서 중국에 대한 범정부적 차원에서의 경쟁적 접근(competitive approach)을 강조한다. 그리고 자유, 개방, 법치에 근거한 국제질서를 약화시키려는 중국의 행동을 용납하지 않을 것이고, 중국의 도전에 대응해 미국의 우세를 점하기 위한 동맹국들 및 파트너 국가들과의 협력을 강화하고, 미국의 핵심적 국익 및 동맹국들과 파트너 국가들의 이익에 해를 끼치는 중국의 행동을 중단 및 축소하도록 강제하겠다고 선언했다. 이처럼 트럼프 정부는 '경쟁'에 초점을 맞춰 대중국 정책을 전면적으로 수정하고, 미중 수교 이후 지난 40여 년간 지켜왔던 중국과의 '전략적 협력' 기조를 '전략적 경쟁'으로 수정하였다.

이러한 변화는 중국의 급속한 성장으로 미국과 중국 간 국력의 격차가 좁혀지면서 점진적으로 커져온 미국사회의 대중국 위협 인식을 투영한 것이다. 물론 미국 내에 중국에 대해 적대적 시각만 있는 것은 아니다. 실제로 2019년 7월 《워싱턴 포스트》에 미국 내 100여 명의 학자가 서명한 대중국 정책에 대한 7가지 제안서가 발표된 바 있는데, 이 제안서에서는 최근 중국의 억압적 행동으로 인해 국제사회에 제기된 심각한 도전에 대해 미국이 강력하고 효과적 대응을 해야 하지만, 현재처럼 중국을 적으로 간주하고 세계경제로부터 격리하려는 노력은 미국의 국제적 역할과 명성을 손상시키고 모든 국가의 경제적 이익을 해칠 것이라고 주장했다(Frabel et al., 2019). 그러나 브루킹스연구소의 리청 박사의 주장대로 현재 미국 내의 중국에 대한 상술한 비판적 인식은 보편적인 현상으로, 다만 대중국 정책을 어떻게 이끌고 가야 하는가에 대해서 일정한 합의에 도달하지 못했을 뿐인 것으로 보인다(Li & Liang 2019).

3. 동아시아로부터 시작된 중미 간 세력 경쟁

개혁개방 이래 중국외교는 줄곧 강대국과의 관계 특히 미국과의 관계에 최우선순위가 주어져 왔다. 그러나 시진핑 정부는 등장 이후 주변부 외교를 강조하기 시작했다. 2012년 10월에 당 총서기가 된 시진핑은 2013년 10월, 건국 60년 이래 최초로 주변외교공작회의를 개최하여, 주변외교를 중국외교에서 가장 중요한 위치에 둘 것을 결정하고, 주변국들과 운명공동체 의식을 형성할 필요가 있음을 강조했다(斯洋-郁岗 2015). 그리고 일대일로(一带一路)구상, 실크로드 기금 조성, 아시아기초시설투자은행(AIIB) 설립 등을 제기하고, 이들을 주변지역 외교의 주요한 기초로 삼고 있다.

중국이 이처럼 아시아를 강조하게 된 배경은 지정학적 인식에 기초하고 있다. 역사적으로 볼 때 글로벌 강대국은 모두 자기가 위치하고 있는 지역으로부터 점차적으로 주도적 지위를 확보하면서 발전했다는 인식에 기초한 것이다(门洪华 2015, 25-35). 한마디로 강대국의 지위는 국가능력을 기초로 하고, 지역의 주도적 지위를 확립하는 것을 목표로 해야 한다는 인식이다. 이것은 현재 중국이 미국처럼 세계 193개국의 이웃이 되거나 글로벌 강대국으로서의 세력을 꾀할 수 없는 상황에서, 일정기간 동아시아에 치중한 후 점차 전방위적으로 세력균형을 추구해야 한다는 전통적 지정학적 인식에 기초한 것이다(薛力 2015).

사실 근대 이래 서방세력의 동아시아에서의 영향력 확장과 중국의 영향력 하락의 병행은 중국으로 하여금 외교의 중점을 서방과의 교류에 두도록 하였다. 반면에 중국과 동아시아 국가와는 충돌이 끊이지 않았고 동아시아에서 국가간 협력관계를 공고화하기가 어려웠다. 한 전문가의 말대로 중국 정부는 20세기 들어 1999년 전까지는 국내적 혼란상황에 따른 허약성으로 인해 동아시아 지역의 외교안보 및 경제에 대한 어떠한 체계적인 시각도 없었다(庞中英 2001, 30-35). 1997년 동아시아 금융위기는 중국이 스스로를 동아시아 국가로 인식하고 정체성을 발전시키는 중요한 계기가 되었다. 바로 그때부터 중국은 동아시아 지역 개념을 적극적으로 받아들이고, 그 전략의 중점을 동아시아 지역화의 추진에 놓게 되었다. 동아시아를 현 단계 중국의 대외전략에서 고려해야 할 중점지역으로 간주하기 시작한 것이다(门洪华 2009, 54).

2008년 글로벌 금융위기 이후 중국이 지역 강대국으로 예상보다 빠른 속도로 부상하고 동아시아에서 주도적 지위를 확보해 가자, 미국은 동아시아 회귀 및 재균형 정책을 통해 이 지역의 주도권을 놓치지 않기 위해 중국에 대한 견제를 강화함으로써, 동아시아 지역은 중국에게 더욱 더 중요한 전략적 지역으로 간주된다(韦宗友 2012, 60-66). 그리하여 중국의 지식인들 사이에서 동아시아는 중국의 정치, 안보, 경제적 이익이 집중된 지역으로 인식되었을 뿐만 아니라, 세계 강대국으로서의 중국의 부상은 동아시아 지역강대국으로의 부상으로부터 출발해야 한다는 전략적 인식에 공감대가 형성된다(李向阳 2013, 37; 门洪华 2009, 70-86).

시진핑 주석이 강대국 외교를 본격화하고 중국이 선도적 역할을 하는 동아시아질서 구축의지를 드러내면서, 현재 동아시아는 중미 간 영향력 경쟁의 소용돌이 속에 놓여있다. 시진핑 주석은 이런 현재의 중미 간 경쟁과 갈등을 중국의 부상에 따른 불가피한 과정으로 인식하면서, 2018년 6월 중앙외사공작회의에서 현 시기를 '백년 미증유의 대변화 국면(百年未有之大变局)'으로 규정지으며 장기적 대응태세를 강조하고 있다. 중국 학계는 '백년 미증유의 대변화 국면'에 대한 담론을 중국의 영도자가 세계적 범위에서의 중국의 지위 설정과 영향력의 변화에 근거해 제시한 것으로 간주하면서(王逸舟 2019), 그 본질은 세계질서의 재구성이고, 그 핵심은 세계의 힘(power)이 국가 간 및 정부와 사회 간에 재분배되고 있는 것으로 해석하고 있다(陈向阳 2018). 다만 세계가 대변화 국면에서 중국의 위상과 역할을 수용하기까지는 오랜 시간이 걸리기 때문에, 중국은 긴 시간을 갖고 준비해야 하고, 장기적인 과정을 통하여 각국의 중국에 대한 몰이해를 해소해 가야 한다는 의미로 해석되고 있다(朱锋, 黄仁伟 2019).

현재 중국 내에서는 중미 간 경제무역전으로 시작된 전방위적 갈등 상황을 중국의 부상에 따른 불가피한 과정으로 보고 있다. 다만, 대응방식에 있어서 미국과 보다 균형적인 새로운 강대국 관계를 설정해야 한다는 주장과 함께 경제발전과 평화적 대외환경의 확보를 중심으로 하는 도광양회정책으로의 회귀를 주장하는 시각도 있다. 그리고 중국 정부는 기본적으로 미국과 정면으로 대결하기에는 중국이 경제, 과학기술, 군사 등 모든 영역에서 여전히 불리한 위치에 놓여있기 때문에, 중국의 현 미국 주도의 국제질서의 수정자가 아닌 참여자로서의 역할을 강조하면서 국제사회의 평화역량으로서 미국과 타협의 길을 찾아야 한다는 시각을 견지하고 있다(이정남 2020). 그러나 이런 변화는 신형국제관계와 인류운명공동체 건설을 목표로 하는 시진핑 주석의 국가 대전략의 변화를 의미하지는 않으며, 다만 이를 위한 구체적 정책방향으로 제기된 일대일로 구상과 글로벌 거버넌스 체제 개혁에 대한 기존의 언술을 톤다운 시키고, 실현 시기를 좀 더 길게 잡는 정도의 정책조정의 의미로 해석할 수 있다.

이처럼 중미 간 세력 경쟁이 본격화되면서 전후 자유주의 국제질서가 요동치고 동아시아 및 국제질서의 향배를 둘러싼 불확실성은 갈수록 강화되고 있다. 따라서 이 책은 부상하는 강대국 중국의 국가 대전략과 대외정책에 대한 분석을 통하여, 세력 전환기 중국의 대외정책의 변화와 이에 따른 동아시아 지역질서의 다이나믹스를 분석하고 향후 발전 추세를 전망하고 있다.

4. 접근방법과 책의 구성

1) 접근방법

세력 전환 시대 중국은 글로벌 강대국으로서 글로벌 거버넌스 개혁을 이끌어내어 새로운 국제관계를 수립하고, 중국이 선도적 역할을 하는 국제질서를 수립하겠다는 의지를 보이고 있다. 따라서 중국은 주요 경쟁 상대인 중미관계를 중심으로 러시아와 일본 등을 대상으로 한 강대국 외교, 그리고 중국의 국제질서에서 주도적 지위 확보의 출발점으로 간주되고 있는 중국 주변지역 혹은 국가들에 대한 외교 및 미국과 '규칙 다시 쓰기' 경쟁의 주요 무대가 되고 있는 다자외교에 중점을 두고 있다. 이 책은 미국, 일본, 러시아 등을 대상으로 한 강대국 외교와 동아시아와 한반도 등의 주변지역 혹은 국가를 대상으로 한 외교에 초점을 두고 접근함으로써 글로벌 강대국으로 부상하고 있는 중국의 대외정책 변화를 분석하고 있다.

이 책은 국제질서 속에서의 자국의 위상과 역할에 대한 인식의 변화 및 이에 따른 국가 대전략과 대외정책의 변화를 분석함으로써 세력 전환기 중국의 대외정책을 설명하고 있다. 물론 구조적 관점에서 중국의 국제적 지위와 영향력에 대한 객관적 분석도 부분적으로 진행하지만, 이 책에서는 주요하게 중국의 대외정책에 대한 인식과 구상에 중점을 두고 있다. 이러한 연구는 한 국가의 대외정책의 형성이 외부 물질적 환경의 압력뿐만 아니라, 정책결정자의 인식과 밀접한 관련이 있다고 인식하는 구성주의 이론에 기초하고 있다. 구성주의에 따르면 정체성은, 행위자가 누구인지 혹은 어떤 지위에 있는지 알려주고, 존재의 상태나 사회적 유형을 지정하며, 행위자가 무엇을 원하는지 적시하고, 그 행위를 설명하는 데 도움을 주는 동기를 파악할 수 있게 해 준다. 행위자는 자기가 누구인가를 알기 전에는 자신이 무엇을 원하는지 알 수 없고, 이익이 없다면 정체성은 동기를 부여하는 힘을 얻지 못하며, 정체성이 없다면 이익은 방향 감각을 잃게 된다(Wendt 1999, 231). 마찬가지로 국가는 자국의 지위에 대한 인지에 기초하여 국가이익을 확정하고, 서로 다른 국제관계의 구조적 환경에 근거하여 자신의 이익을 부단히 구성해 간다. 국가이익은 부단한 변화과정 중에 있고, 국가는 다른 행위체와 상호작용 과정 중에서 다시 새로운 지위를 만들어내며, 국가 간의 새로운 정체성을 형성하고 국가이익도 이것에 따라 변한다. 그러므로 특정국가의 태도와 행위는 국가의 정체성 규정과 밀접한 관련성이 있으며, 정체성을 달리 규정하는 국가들은 또 서로 다른 관념과 정책을 취한다. 그러므로 한 국가의 정체성 규정의 변화는 국제사회에 대한 관념과 정책의 변화를 초래한다고 주장한다(Jepperson, Wendt and Katzenstein, 1996, 52-65).

중국의 대외정책을 보면 외교정책의 제정과 집행은 국가 지위 및 이것으로 인해 형성된 이익에 근거하여 종종 이루어짐을 확인할 수 있다. 한 중국학자는 중국의 국가 지위관은 중국 외교정책을 관찰하고 분석하는 데 있어 유익한 시각을 제공한다고 주장하면서, 중국의 국가 지위관의 변화와 대외관계의 변화 사이에 존재하는 연관성을 다음과 같이 설명한다: 첫째, 중국의 국가 지위에 대한 확정으로, 이것은 자기 정체성을 어떻게 확립할 것인가와, 국제사회 및 타자가 중국의 지위를 어떻게 설정하는가와 연관된다; 둘째, 국가 지위의 확정 이후, 중국의 구체적 이익이 점차 명확해지고, 이것에 따라 국가의 정책행위가 결정된다. 중국은 국가이익을 실현하기 위해 적절한 외교전략과 정책을 수립해야하고 상응하는 외교행위를 취해야 한다. 이런 과정에서 중국이 취한 전략적 행위와 정책행위는 국가 지위의 일종의 외화이고, 또한 기타 국가가 중국의 지위를 다시 구성하는 근거가 된다; 셋째, 그 외에도 시간의 이동 및 국제교류에의 참여 범위가 넓어지면서, 중국의 대외정책 실천과정에서 점진적으로 새로운 관념체계구조를 형성한다. 이 구조는 또한 국가 지위를 다시 구성하여, 중국이 국가 지위에 대한 인지를 완비하고 부단히 조정하도록 한다. 그리고 기타 국제관계 행위체 간의 상호 작용에 기초하여, 중국의 대외정책에 중요한 영향을 미친다. 이것은 또한 중국의 국가

지위가 부단히 변화하도록 하는 중요한 동인이다(宋志艳 2017, 120-121).

이 책은 바로 상술한 바와 같이 중국의 국가 지위관의 변화가 중국의 국가 대전략 및 대외정책의 변화에 주요한 요인이라는 인식에 기초하여, 중미 세력 경쟁과 함께 본격화되고 있는 체제 전환 시대의 중국 대외정책을 분석하고 있다. 이러한 접근은 성공적 개혁개방정책의 추진에 따른 중국의 부상과 함께 나타난 국가 정체성의 전환과 이것으로 인해 결과된 중국의 대외정책 변화를 거시적인 관점에서 설명하고 있을 뿐만 아니라, 글로벌 강대국 정체성에 기반한 시진핑 시대 강대국외교의 주요 내용과 특징을 전면적으로 설명할 수 있도록 해준다.

이 책은 또한 체제 전환기 중국의 대외정책을 분석하기 위하여 중국 최고 지도자의 각종 연설문이나 발언, 그리고 정부의 공식 문건을 분석함과 아울러 전문가들의 각종 연구 성과를 분석하고 있다. 그것은 다음 두 가지 이유에 기초한 것이다. 첫째, 중국정치의 작동과정에서 인적 요소가 정책결정에 영향을 미치는 매우 중요한 요인이기 때문이다. 특히 최고 지도자 간의 상호작용, 비공식적 의견교환 혹은 문건 상에 간접적으로 표현된 입장이 정책결정에 중요한 영향을 미치는 요소이기 때문이다. 조셉 스미스와 스탠리 로젠의 주장처럼 중국의 외교정책은 줄곧 엘리트가 제정하고, 민중은 비록 민주화와 과학기술의 진보의 영향으로 제한적 정도에서 자기의 시각을 발표할 수 있지만, 대외정책을 결정하는 출발점, 노선, 그리고 실시 과정에 대해서는 여전히 알기 어렵다. 특히 중국의 외교정책 결정은 당의 총서기를 핵심으로 한 정치국 상무위원, 외교업무를 주관하는 국무위원, 정부의 주요 부(部)와 위원회의 최고 영도자 등 정치 엘리트들이 함께 구체적 계획을 짜고 배치를 한다(Fewsmith & Rosen 2001, 152). 이런 점에 비추어 볼 때, 대외정책 결정과정에서 최고 지도자 및 집단의 역할이 지닌 중요성으로 인하여 최고 지도자의 각종 연설이나 발언들을 분석하는 것은 중국의 대외정책을 이해하는 데 중요한 접근법이 될 수 있다.

둘째, 지식인들은 중국의 대외정책에 대한 각종 논쟁을 주도하면서 정책결정자들에게 영향을 미치고 있으며, 따라서 중국의 대외정책을 이해하는 데 있어 전문가 집단이 산출해내는 각종 연구 성과는 중요한 분석 대상이다. 이른바 전문가 그룹인 지식인 집단은 외교정책 결정과정에서 다양한 영향력을 행사할 수 있을 뿐만 아니라, 여론에도 중요한 영향력을 미치는 그룹으로서 정책 엘리트와 대중의 인식을 상호 연결함은 물론, 전문적인 지식과 정보를 활용하여 정책 엘리트와 대중에게 영향을 미치기도 하고, 또한 논문, 언론보도 등 다양한 채널을 통해 인식의 현황을 조작하기 때문이다. 비록 당국가체제 하에서 전문가집단의 역할이 제한적일 수 있지만, 대외정책의 결정과정에서 전문가들의 역할은 여전히 무시할 수 없는 중요한 비중을 차지하고 있다. 2012년 1월에 필자가 중국의 정치학자를 대상으로 진행한 한 심층 인터뷰에 기초해 볼 때 정책결정과정에 전문가들이 영향을 미치는 통로는 다음과 같다: 첫째, 학술계의 토론을 통하여 담론을 형성하고 이러한 담론이 당 중앙에 영향을 미친다. 둘째, 정부의 의뢰로 특정과제를 연구하고 이것에 기초하여 정책자문 역할을 한다. 셋째, 당 중앙 내부에서 개최한 학술회의와 집단학습회 등에 직접 참석하여 연구 결과를 발표하여 최고지도자의 정책결정에 영향을 미칠 수 있다. 넷째, 비공식적인 경로로, 당 중앙이 중난하이(中南海)나 국무원 등에서 좌담회를 개최하여 학술계의 의견을 듣는 경우다. 당 중앙은 지식인들의 의견을 청취하고 자신들의 의견과 불일치점이 있는지를 파악한 후, 차이가 나는 것은 추진하지 않고 공통적인 것은 추진하는 경향이 있다(Lee 2013, 337-338).

따라서 이 책은 중국의 최고 지도자의 각종 연설문과 당정의 주요 문건, 그리고 학자들이 생산해낸 각종 연구성과들에 기반하여 세력전환시대 중국의 대외정책을 분석하고 있다.

2) 책의 구성

이 책은 총 7장으로 구성되어 중국의 대외정책을 분석하고 있다. 우선, 1장의 서문에 이어서 2장에서는 중국의 국가 대전략을 분석하고 있다. 중국의 부상은 국제적 권력 지형과 세계질서의 전환을 초래하는 중대한 사건이다. 그 파장으로 동아시아뿐만 아니라 글로벌 차원에서 엄청난 진동을 초래하고 있다. 국가 대전략 이론은 중국의 장·단기적 대외 전략의 주요 내용 및 비교적 구체적인 중국의 대외전략과, 각 분과 정책의 주요한 과제를 고찰, 구상, 논증 및 기술하는 데 사용되는 기본적 틀과 유력한 도구가 될 수 있다(时殷弘 2004, 36-42). 이러한 점에 착안하여 2장에서는 국가 대전략의 개념과 시진핑 시대 국가 대전략의 특징과 내용을 중심으로 1949년 신중국 건설 이후의 중국 국가 대전략의 변화과정을 살펴보고 있다.

3장에서는 글로벌 강대국으로 부상한 중국이 동아시아 질서에서 자국의 지위와 역할을 어떻게 인식하고 있는가를 분석함으로써, 중국의 동아시아 정책 및 동아시아 질서의 발전 방향을 전망하고 있다. 동아시아는 중국과 미국 간의 글로벌 질서를 둘러싼 세력 경쟁의 출발점이 되면서, 중미 간 영향력 경쟁의 소용돌이 속에 놓여있다. 이런 상황에서 이 지역질서를 제도화하는 데 결정적인 변수는 동아시아 지역의 강대국으로 부상한 중국이 이 지역에서 자국의 정체성을 어떻게 설정하고 있는가와, 미국이 지역강대국으로 부상한 중국에 어떻게 대응하는가가 주요한 변수로 작용할 것이다. 따라서 3장은 중국이 동아시아 지역에서 자국의 지위와 역할을 어떻게 설정하고 있는지를 살펴보고, 이것이 중국의 동아시아 정책 및 동아시아 질서의 발전에 지닌 의미를 분석하고 있다.

4장에서는 국제질서 속에서 중국과 미국의 위상과 역할에 대한 중국의 인식과 이에 따른 중미관계에 대한 인식의 변화를 분석함으로써,

중국의 대미전략 및 중미관계의 발전방향을 전망하고 있다. 이를 위해 2005년 이익 상관자론(stakeholder)의 등장과 함께 나타난 중미관계에 관한 인식의 변화를 살펴본 후, 글로벌 금융위기 이후 국제사회로터 제기되어 중국에서도 광범위하게 논의된 G2담론에 대한 분석과 2012년부터 중국 정부에 의해 주동적으로 제기되고 있는 '신형 강대국 관계'에 대한 분석을 통해, 중미관계의 위치설정에 대한 중국의 인식을 분석하고 있다. 그리고 시진핑 주석 등장 이후 중미관계에 대한 인식과, 2017년 이래 중국에 대한 미국 내의 대대적인 비판적 공세에 따른 중국의 인식을 살펴보고, 결론에서 시진핑 정부의 대미전략 및 중미관계 발전에 대한 추진 방향을 분석하고 있다.

5장에서는 러시아와의 관계에 대해 고찰한다. 중국 외교에서 러시아는 미국보다도 후순위지만 여전히 매우 중요한 위상을 차지하고 있다. 오늘날의 국제정치에서 중국-러시아-미국은 여전히 지정학적으로 가장 영향력을 지닌 강대국으로, 미국과 러시아는 중국에 가장 중요한 두 강대국이고, 중국 강대국 외교의 핵심 내용이다. 그러나 미국과 러시아는 중국에 대해 완전히 다른 정치, 경제, 안보적 함의를 갖고 있어, 이 관계의 변화 발전은 국제적 세력판도와 세계정세의 변화발전에 상당한 영향을 미칠 수 있다. 따라서 5장에서는 시진핑 정부의 등장 이후 중러 간 전략적 협력 강화의 배경과 내용을 중국의 대외전략이라는 맥락에서 살펴보고, 중러관계의 발전 방향을 전망하고 있다. 이를 위해 우선 시진핑 정부의 대외정책에서 중러관계가 지닌 중요성과 대러정책의 추진과정을 분석하고, 다음으로 중러 간 전략적 협력의 지속적 발전의 장애요인을 분석한 후, 중러관계가 향후 어떠한 성격을 띠어갈 것인가를 전망하고 있다.

6장에서는 2010년 중국과 일본의 경제력 전환이, 중국학계에서 일본과의 관계를 바라보는 시각에서 커다란 전환점이었다는 점에 주목하면서, 2010년 이후 중국학계의 중일관계에 대한 인식을 살펴봄으로써 중일관계에 대한 중국의 인식 전환을 분석하고 있다. 특히 미국과 경쟁 중인 중국의 국제질서 구상에서 중일관계가 차지하는 위상과 함께 중미관계가 중일관계에 미치는 영향을 중심으로 분석하고 있다. 시진핑 등장 이후 글로벌 강대국으로서의 정체성 전환이 이루어지면서, 중국 학계에서는 중미관계의 성격과 위상에 대한 논쟁 못지않게 중일관계의 성격과 위상에 대한 논쟁도 뜨거운 쟁점이 되고 있다. 그것은 2010년 중국의 GDP 규모가 일본을 초월하면서, 중국 학계에서도 중강일약(中强日弱)이라는 시각에 기초하여 일본에 대한 인식의 전환이 나타나고, 일본 역시 중국의 부상에 직면하여 중국 위협론과 중국 견제에 대한 목소리가 커지면서 중국에 대한 인식에서 변화가 있었기 때문이다. 이러한 내용을 바탕으로, 6장에서는 중일 양국관계가 재구성되는 과도적 상황에 놓여있는 것처럼, 중국학계의 일본 및 중일관계에 대한 인식 역시 아직 중일 쌍방이 수용 가능한 형태로 정립되지 못하고 과도적인 상황에서 방향을 탐색하는 상황에 머무르고 있음을 분석하고 있다.

7장에서는 자국에 대한 중국의 글로벌 강대국으로서의 정체성 인식의 변화와 이로 인해 그 의미가 훨씬 중요해진 동아시아 지역의 중미 간 주도권 경쟁이라는 구조적 요인에 대한 분석을 통하여, 시진핑 주석의 등장 이후 중국의 대한반도 정책에서 나타난 동적인 변화과정의 원인과 특징을 분석하고 있다. 이를 논증하기 위하여, 우선 시진핑 정부 등장 이후 중국의 정체성 인식의 변화와 대외정책의 변화를 살펴보고, 둘째, 중국의 대북정책과 한반도 통일에 대한 인식 변화의 움직임에도 불구하고, 근본적인 인식 전환으로 가지 못한 요인을 살펴보았다. 셋째, 시진핑 초기 대한반도 정책의 실패와 그 이후의 대한반도 정책의 새로운 변화를 분석한 후, 시진핑 정부의 대한반도 정책의 특징 및 한국의 대중정책에 대한 함의를 분석하고 있다.

제2장

세력 전환 시대 중국의 국가 대전략

1. 서론—국가 대전략이란

중국의 부상은 국제적 권력 지형과 세계질서의 전환을 초래하는 중대한 사건이다. 그 파장으로 동아시아뿐만 아니라 글로벌 차원에서 엄청난 진동이 나타나고 있다. 그 결과 현재 미국 주도의 자유주의 국제질서가 요동치면서 불확실성의 시대로 치닫고 있다. 따라서 신흥 강대국 중국이 어떤 국가 대전략을 구상하고 있는가는 향후 국제질서 방향을 전망하는 데 중요한 요소이다. 국가 대전략 이론은 중국의 장·단기적인 대외 전략의 주요 내용뿐만 아니라, 비교적 구체적인 대외전략과 정책의 각 주요 분과별 과제를 고찰하고, 구상하며, 논증하고 설명하는 데 사용될 수 있는 기본적 틀이자 강력한 한 도구가 될 수 있기 때문이다(时殷弘 2004, 36).

그렇다면 신흥 강대국 중국의 대외 정책의 기본방향을 제시해주는 대전략은 무엇인가? 그리고 이것은 중국의 대외 정책에서 어떻게 나타나고 있는가? 이 장에서는 국가 대전략의 개념과 1949년 신중국 건설 이후의 중국의 국가 대전략과 시진핑 시대의 국가 대전략의 주요 특징 및 내용을 살펴보고 있다.

국가 대전략에 대해서 가장 일찍이 비교적 체계적으로 정의한 사람은 영국의 전략학자인 하트(Liddell Hart)로, 그는 1929년《역사상의 결정적 전쟁(The Decisive War of History)》이라는 책에서 대전략은 군사전략을 통솔하는 것으로 군사전략은 대전략에 종속되고 복종한다고 주장한다. 그리고 대전략의 임무는 전쟁의 정치적 목적, 즉 국가정책이 확정한 바의 목표에 도달하기 위하여 국가의 모든 역량을 조정하고 이끌어 주는 것이라고 규정했다(周丕启 2003, 56-61). 이와 더불어 대전략이론이 하나의 단독의 자각적인 이론 분야로서 등장하기 시작한 것은 1950, 60년대에 이르러서이고 1990년대에 확산하고 발전하였다. 이런 국가 대전략이론은 중국의 관련 연구자와 실천적 행위자들에게도 지대한 영향을 미치면서, 중국의 장단기 대외전략을 구상하고, 논증하며, 기술하는 기본 틀이자 유력한 도구로 사용되고 있다(时殷弘 2004, 36-42).

국가 대전략에 대해 보편적으로 통용되는 하나의 권위있는 통일된 정의는 아직 명확하게 정립되어 있지 않으며, 그 결과 대전략 개념을 둘러싼 다양한 논의가 존재한다. 골드스타인(Avery Goldstein)은 어떤 국가가 국가 목표를 추구하기 위하여 사용하는 군사적, 정치적, 경제적 수단의 뚜렷한 조합이지만, 이런 조합은 군사, 외교안보, 대외경제정책의 단순한 산술적 조합을 의미하는 것이 아니라 이러한 개별 정책에 관통하는 전략구상이며 비전이라고 정의한다. 더 나아가 국가안보, 경제적 번영, 국제사회에서의 영향력 확대라는 국가이익을 구현하기 위해 한 나라가 사용하는 군사적, 외교안보적, 경제적 수단의 활용방식을 둘러싼 전략에 대해서 대체적으로 국가적 공감대가 형성되어 있을 때 이것을 그 나라 그 시대의 대전략이라 할 수 있다고 주장한다(Avery Goldstein 2005, 17). 이런 정의에 기초하여, 국가 대전략에 대하여 서진영은 핵심적 국가이익을 추구하는 다양한 정책적 기저에 관통하는 특징적 전략으로, 기본적인 국가이익을 확보하기 위한 즉, 영토주권을 보호하고, 경제적 번영을 달성하며, 국제사회에서의 영향력 있는 국가로 대접받기 위한, 장기적이면서, 대부분의 공동체 구성원이 수용하는 지속적인 전략 구상으로 정의한 바 있다(서진영 2007, 135).

중국 내에서도 국가 대전략의 개념정의를 둘러싼 다양한 시각이 존재한다. 중국국방대 저우피치(周丕启) 교수는 국가 대전략은 국가가 국제관계 속에서 정치, 경제, 외교, 군사 및 기타 수단을 종합적으로 운용하여 국가 안전의 목적을 실현하려는 총괄적 계획과 지도라고 정의한다(周丕启 2003, 56-61). 스윈훙 교수는 "자각적으로 전체 국면적 관점에 입각하여 국가의 모든 정치, 군사, 경제, 기술, 외교, 사상 문화와 정신 등과 같은 자원을 개발, 동원, 조율, 사용하고 지도하여 국가의 근본 목표 실현을 쟁취하는 일종의 조작 방식 내지는 조작계획"이라는 고전적 정의를 수용한다. 그리고 "수단과 대(大) 목표라는 둘 사이 관계에 대한 심사숙고에 기초한 전면적 행동 계획이므로, 유연함을 관건으로 하여 끊임없이 재조명·조정이 필요한 것"으로 정의한다(时殷弘 2004, 36-42).

이처럼 국가 대전략의 정의를 둘러싼 다양한 시각이 존재하지만, 이 글에서는 국가 대전략을 어떤 국가가 국가 목표를 추구하기 위하여 사용하는 군사, 외교안보, 대외경제정책을 관통하는 장기적이면서도 대부분의 공동체 구성원이 수용하는 전략구상이자 비전으로 정의한다. 이런 정의에 기초하여 각 시기별로 중국의 군사, 외교안보, 경제 정책을 관통하는 거시적인 전략적 구상과 비전이 어떻게 조정되어 왔는가를 살펴보고자 한다.

그렇다면 중국의 국가 대전략은 어떻게 수립되고 변화되는가? 중국의 몇몇 전문가들은 구성주의적 시각에 기초하여 중국의 국가 대전략의 결정과 변화에 대한 의미 있는 성과를 내놓고 있다. 먼훙화 교수는 구성주의적 관점에 기초하여, 중국의 국가 대전략의 수립은 국가의 국제적 지위설정 및 그것에 기초한 전략적 선택을 명확히 하여 대전략의 기본적 추세를 확립한 후, 대전략의 기본 내용 및 실행 원칙을 확정하여 대전략의 기본적인 틀을 만들어야 한다고 주장한다. 이런 관점에 기초하여 그는 중국의 대전략을 수립하는 데 있어서 필요한 국가 지위에 대한 설정, 주도적 이념, 정책적 구성요소 등에 대해 주목할 만한 대안을 제시하고 있다(门洪华 2012). 쑹즈옌(宋志艳) 역시 중국의 국가 지위에 대한 관점의 변화와 대외전략의 변화 사이에는 긴밀한 연관성이 있다고 주장한다. 그에 따르면 중국의 국가 지위가 확정(자기 정체성과 국제사회와 타자의 지위에 대한 인식의 결합으로 형성)되면서, 중국의 구체적 이익이 점차 명확해지고, 이것에 따라 국가의 정책적 행위가 결정된다. 그 외에도 시간의 이동 및 국제교류에의 참여 범위가 넓어지면서, 중국 대외 정책의 실천과정에서 점진적으로 새로운 관념체계 구조가 형성되고, 이 구조는 다시 국가 지위를 구성함으로써, 중국의 국가 지위에 대한 인식을 지속적으로 완비하고 조정하도록 만든다(宋志艳 2017, 120-121).

이처럼 구성주의적 시각은 중국의 부상에 따른 국가지위에 대한 정체성 전환 및 이것으로 인한 국가 대전략의 조정과 변화를 설명하는 데 유용한 접근방법으로 활용될 수 있다. 이에 근거하여 이 장에서는 구성주의적 관점에 기초하여 신중국 건설 이후 중국의 국가지위 설정과 그 변화에 따른 국가 대전략의 변천과정을 살펴보고자 한다.

2. 마오쩌둥 시대와 개혁개방 시대의 국가 대전략

1) 신중국의 건설과 마오쩌둥 시기의 국가 대전략

1949년 중화인민공화국을 수립한 중국 공산당은 제2차 세계대전의 종결이후 미국과 소련을 중심으로 한 양대 진영구도로 세계 권력구도가 재편된 상황에서, 국가 정체성을 사회주의 국가로 설정하고 소련 중심의 사회주의 진영에 참여하였으며, 적극적인 소련 일변도 정책을 표방하면서 중국의 안전보장과 경제발전을 담보하고자 했다. 이러한 소련 일변도 정책은 소련과의 동맹을 통하여 미국과 서방세계의 군사 및 안보적 위협에 대항할 뿐만 아니라, 국내정치와 경제발전에도 소련의 지원과 함께 소련식 제도와 기술 및 발전모델을 도입하여 중국의 발전을 추진한다는 것을 주요 내용으로 하였다. 이러한 정책 추진으로 말미암아 미국과의 적대적 관계로 인한 국제사회로부터의 고립과 타이완 통일의 유예 등과 같은 손실을 입기도 했지만, 소련의 지원으로 공업국가의 기틀을 마련하고 국내 사회주의체제의 기초를 확립하는 성과를 내었다(서진영 2007, 141-141).

동시에 이런 사회주의 진영 국가의 지위 설정은 이에 상응하는 국제적인 책임을 결정했다. 즉 아시아, 아프리카, 남미의 민족민주혁명에 대한 지원, 미국에 대항한 한국전 직접 참여, 사회주의 진영 내부의 단결을 위한 노력 등은 모두 중국이 계급적 시각에 기초하여 국제적 업무를 관찰하고 처리한 것이었다. 그리고 이것은 중국이 자국의 국가 지위에 걸맞은 국제적 책임을 다하는 것을 보여주는 것으로 인식되었다.

그러나 1960년대 들어 중소관계가 냉각되고 국내적으로는 문화대혁명이 폭발하면서, 중국은 냉전질서의 기본적 세력관계를 반영한 양대 진영론의 세계관을 수정하지 않을 수 없었다. 중국은 사회주의 국가로서의 정체성을 지속하면서 세계 사회주의 혁명의 지도자에 상응하는 책임을 져야 한다는 인식을 하였을 뿐만 아니라, 동시에 제3세계 국가로서의 지위 설정에 기초하여 반제, 반식민지, 반패권의 주력군 역할을 확정했다. 이에 마오쩌둥은 제3세계론을 제기하고 미국과 소련을 전 세계 인민의 공동의 적으로 확정함으로써, 전 세계의 약소국가들(제3세계)과 단합하여 강대국의 위협에 저항하는 반소반미 통일전선을 구축하려고 했다(宋志艳 2017, 117-118).

그러나 제3세계와의 연대만으로는 미소로부터의 중국의 안전 보장과 경제발전에 대한 실질적인 기여를 이끌어내는 데 한계가 있었다. 이에 미국과의 관계개선을 통하여 소련의 사회제국주의를 견제하고자 했고, 그 결과 마오쩌둥은 1972년 미국과의 관계개선을 통하여 소련 사회제국주의의 위협을 견제하려고 하였다(서진영 2007, 142). 이처럼 서방과의 관계 완화를 추구하면서 중국의 외교정책은 혁명외교에서 평화외교로 변화하기 시작했다. 중국은 전통적인 사회주의 세계혁명 노선에서 벗어나 국제적 협력을 추진하는 방향으로 노선을 전환하여 갔고, 이런 변화는 그 이후 중국 외교정책의 지속적이고 전면적인 조정을 이끌어내도록 만들었다.

그리하여 마오의 사망과 함께 계급과 혁명 중심의 역사관에 기초한 마오쩌둥의 대전략은 종언을 고하게 되었고, 마오의 뒤를 이어 집권한 덩샤오핑은 당대 세계의 변화를 읽고 중국의 번영과 진보, 부강은 세계의 변화와 같이 가야한다는 인식을 바탕으로 새로운 시대인식과 전략적 구상을 제기하게 된다.

2) 개혁개방 시대의 국가 대전략

개혁개방 정책이 시행되면서 중국은 이데올로기적 영향 속에서 폐쇄적이고 낙후된 사회주의 국가로부터 경제발전을 중심으로 변화와 성장을 추진하는 사회주의 개발도상국으로 자국의 국제적 지위 설정을 전환했다. 중국은 줄곧 사회주의 개도국의 지위를 점하고 있고 경제발전을 제일의 목표로 함을 강조하면서 국제사회로 진입해 갔다. 이를 위해 채택된 외교정책 원칙은 도광양회와 유소작위로, 이것에 기초하여 중국은 국제사회에서 응당 어떤 역할을 해야 하는가, 어떤 책임을 져야하는가를 명확하게 하지 않은 채 학습하고 관찰하는 시기에 놓여 있었다(卢静

2018, 16-31).

이러한 덩샤오핑 시대의 국가 대전략은 1980년대 중반 덩샤오핑의 세계정세와 시대적 주제에 대한 근본적인 판단에서 유래한 것이다. 덩샤오핑은 세계전쟁은 피할 수 있고, 평화와 발전이 당대 세계의 양대 주제이므로, 중국의 개혁개방정책은 이런 시대적 조건에 기초한 것이라고 주장했다. 그리고 경제건설과 민생을 정책의 중점에 두고 독립자주 평화외교로 대외 정책의 전환을 이끌어내었다. 구체적으로, 사회주의 진영과 자본주의 진영 간의 적대적인 모순과 갈등, 그리고 전쟁 불가피론을 강조했던 냉전시대의 논리를 폐기하고, 체제와 이념의 차이에 상관없이 각 국에 문호를 개방하는 상호의존적인 국제관계를 추구했다. 또한 부강한 중국을 건설하기 위하여 모든 역량을 경제발전에 집중하였다. 따라서 중국의 대외전략도 안정적이고 평화적인 국제환경을 조성함으로써, 미국을 비롯한 서방 선진국과의 교역과 선진기술 및 자본의 도입을 통해 중국 경제의 발전을 지속적으로 추진하는 데 초점이 두어졌다. 이런 노선 전환과 함께 1978년 미국과 국교 정상화에 합의하고 서방 자본주의 국가와의 관계 강화를 통해 시장경제체제의 적극적 도입이 이루어졌고, 동시에 대외적으로는 독립자주외교를 전개하면서 1989년에는 중소관계도 정상화되었다.

그러나 1989년 천안문사태 및 1991년 소련 및 동유럽의 붕괴로 중국은 새로운 위기에 직면하게 된다. 천안문사태로 인한 서방국가의 제재와 소련 및 동유럽 사회주의 국가의 붕괴 위기 속에서, 중국은 경제발전을 추진하기 위해 서방 국가와의 지속적인 협력이 불가피하였지만, 서방 국가들의 요구대로 민주주의를 실행할 수는 없었다. 이런 전례없는 도전적 상황에 대응하기 위하여, 덩샤오핑은 남순강화(남방 지역을 시찰하면서 행한 연설)를 통하여 중국의 개혁개방정책이 지속되어야 함을 강조하면서 널리 알려진 대전략 방침을 제기하였다. 즉 기회를 기다리고 실력을 배양한다는 의미의 도광양회(韬光养晦)라는 말로 표현된 신중한 대외 정책을 강조하고, 타국에 대한 내정에 간섭하지 않는다(不干涉), 어떤 제도 및 이데올로기와도 대항하지 않는다(不對抗), 어떤 국가와도 동맹을 맺지 않는다(不結盟, 주요하게 군사동맹 거부), 우두머리가 되지 않는다(不当头) 등을 주요 내용으로 한 외교정책 방향을 제시했다(王逸舟 2015, 67-68).

사실 상술한 정책방향은 1980년대 초에 시작된 것으로, 덩샤오핑이 미소 양 패권국이 군림하는 특수한 환경에서, 중국의 개혁개방과 경제건설을 추진하는 데 있어 유리한 조건을 만들기 위한 고려에서 나온 하나의 대전략으로 그 핵심 내용은 다음과 같다. 첫째, 중국은 세계의 어느 정치, 군사집단과도 동맹을 맺지 않을 것이고, 독립자주와 '적을 만들지 않는다'는 기초 위에서, 모든 국가와 전방위적 협력관계를 발전시킨다. 둘째, "냉정하게 관찰하고 진영을 가다듬는다(冷静观察·稳住阵脚), 침착하게 대응하고(沉着应对), 깃발을 들지 않으며(不扛旗), 우두머리가 되지 말고(不当头), 때를 기다리면서(韬光养晦), 해야 할 일은 나서서 이룬다(有所作为)"를 내용으로 하는 도광양회 총 방침을 제정한다. 셋째, 주권국가는 누구든지 기본적인 자결권을 누리며, 민족국가의 중대한 업무에서 어떠한 외부 세력의 야만적 간섭도 받지 않는다. 이러한 내용은 한마디로 미국과 서방세계의 위협으로부터 정면으로 대응하지 않으면서도 실리를 추구할 수 있도록 제시된 방어적, 수동적이면서도 실리 중심의 대외 정책이다(서진영 2007, 146).

그리하여 1990년대 중국은 지속적인 개혁개방 정책과 신중한 대외전략을 추진하여 세계 역사상 유례없는 고도성장을 이룩했다. 그 결과 한편으로 중국위협론이 제기되기도 했지만, 다른 한편으로는 거대한 중국시장이 제공하는 기회를 매개로 대부분의 국가들과 상호 호혜적 동반자 관계를 형성하면서 중국의 영향력이 세계적으로 빠르게 확장되어 갔다. 이에 1990년대 중후반부터 중국의 국가지위에 대한 정책결정자들의 인식에 새로운 변화가 나타나기 시작한다. 무엇보다도 1997년 동아시아 금융위기의 극복과정에서 중국이 인민폐의 평가절하를 시도하지 않고 동남아 국가들에게 40억 달러를 원조함으로써 지역국가들의 경제회복을 돕고자 한 점이 중요한 계기가 되었다. 그리하여 1997년 동아시아 금융위기 이후, 중국지도자들은 여러 장소에서 중국이 국제사회에서 책임을 지는 강대국이 될 것이며, 국제사회에 대해 책임과 의무를 다할 것임을 언급하기 시작했다. 이에 중국의 강대국 지위와 역할은 국제사회로부터 주목을 받기 시작했다(门洪华 2012).

특히 21세기 들어 중국의 국력 증강이 빠르게 이루어지면서 국제체제 속에서 중국의 위상이 현저히 높아졌고, 중국은 더 이상 국제제체의 변두리에 있는 수동적인 수용자가 아니라, 국제체제의 적극적 건설자로 변해 갔다. 그리고 국제사회의 공동 관심사에 대해 중국의 목소리를 내고 주장을 펴기 시작했다. 이와 더불어, 중국은 국제사회의 요구와 자국의 국제적 지위의 변화에 대응하기 위하여, '책임을 다하는 개발도상 강대국' 정체성으로서의 지위를 제기하고, 중국이 개발도상국의 일원임을 계속 강조함과 동시에 강대국으로서의 자국의 국제적 책임과 건설적 역할을 부각시켜 갔다.

구체적으로 장쩌민 주석은 1997년 하버드대 연설에서 중국을 "가장 큰 개발도상국가"로 언급한 후(江泽民 1997), 1998년에는 "우리의 국제적 지위가 제고되면서 국제사회에서 담당해야 할 책임이 갈수록 커지고 있다. 국제사회 특히 많은 개도국들 또한 우리가 그렇게 하길 바란다. 중국은 '가장 큰 개발도상국가'로서 가장 선진적 자본주의 국가인 미국과 인류의 생존 및 발전과 관련된 중대한 문제에서 공동 관심사를 가지고 공동의 책임을 질 것이다"고 언급한다(江泽民 2006, 202). 또한 후진타오 주석도 2005년 유엔 60주년 기념 연설에서 "국제사회의 업무에 적극적으로 참여하고, 국제적 의무를 이행하여, 각국과 함께 공정하고 합리적인 국제정치경제 신질서를 수립할 것"이라고 선언했고(胡锦涛 2005), 2006년 4월 3일 원자바오 총리는 중국은 자국의 발전을 추구함과 동시에, 실제 행동에 기초하여 세계에서 책임지는 역할을 발휘해야 한다고 언급하기도 했다(温家宝 2006).

사실 책임 대국론은 1997년 미국의 〈국가안보전략보고(National Security Strategy)〉와 〈4년 주기 국방평가보고(Quadrennial Defense Review Report)〉에서 중국이 '국제사회의 책임을 지는 성원'이 될 것에 대한 기대와 의미라는 언급을 통해 처음 제기되었다(赵良英 2010, 70). 이후 책임 대국론이 미국 내의 중국에 대한 주류 인식이 된 것은 2005년 9월 로버트 졸릭(Zoellick) 국무부 부장관이 중미관계에 관한 국가위원회 연설에서 "중국이 국제사회에서 책임을 다하는 이해 당사자(a responsible stakeholder)가 되도록 할 필요가 있다"고 언급한 것이 중요한 계기가 되었다. 이것은 1990년대 중반 이후 중국의 부상이 현실이 되면서 미국 내에서 중국의 부상은 어느 누구도 막을 수 없는 것으로, 중국이 자신의 영향력을 어떻게 사용 하도록 할 것인가가 중요한 문제라는 인식이 반영된 것으로 볼 수 있다. 중국 내부에서도 1990년대 중후반부터 "국제사회에서 책임을 다하는 (강)대국"으로서 상응하는 책임을 진다는 입장을 제기함으로써 중국위협론, 폭력적 세력전이론에 대응코자 했다. 특히 1997년 동아시아 금융위기 당시 아시아 국가들의 경제회복을 위해 일련의 조치를 취하면서 중국의 강대국 지위와 역할은 국제사회로부터 주목을 받았다. 이처럼 중국경제가 빠르게 발전하면서 세계경제와 상호의존이 심화되고, 그 과정에서 중국의 영향력이 전 세계적으로 확대되어 갔다. 이런 상황에서 국제사회에서 더 많은 책임과 권리를 행사할 필요성이 대두된 것이다.

이와 더불어, 후진타오 정부는 이른바 평화굴기(和平崛起)와 평화발전론(和平发展)을 순차적으로 제기하면서 중국의 부상에 따른 중국위협론의 확산을 막고자 했다. 평화굴기론은 2003년 보아오(博鳌)포럼에서 정비젠(郑必坚) 중국개혁개방포럼 대표가 처음 제기한 것으로, 그는 중국은 분투하여 굴기할 것이고 또한 평화적으로 굴기할 것이라고 강조했다(郑必坚 2003). 이런 내용은 2004년 3월 14일 원자바오의 외신기자회견 내용에서 명쾌하게 표현되었다: ① 중국의 굴기는 자기의 역량에 기초하여 독립자주, 자력갱생, 국내시장 의존, 충분한 노동력 자원과 막대하게 축적된 자본, 제도 창신에 기초할 것이다; ② 중국의 굴기는 세계평화라는 거대한 호기를 이용하의 자기를 발전시킬 것이다; ③ 중국의 부상은 세계와 분리할 수 없다; ④ 중국의 굴기는 많은 시간이 걸릴 것이다. ⑤ 중국의 부상은 어느 누구도 방해하지 않고 위협하지 않을 것이며, 중국은 영원히 패권을 추구하지 않을 것이다(《中国新闻网》, 2004. 3. 14.).

그런데 2003년 말에서 2004년 초에 중국의 지도자들이 반복적으로 언급하던 평화굴기론은 2004년 제10기 전국인민대표대회 제2차 회의 이후 공식석상에서 언급이 사라진다. 그 이후 화평굴기론은 평화발전론으로 대체된다. 그 이유는 당시 중국 학계에서 전개된 평화굴기론과 평화발전론을 둘러싼 찬반논쟁을 통해서 짐작할 수 있다. 당시 화평굴기론에 대한 비판적 시각 중의 하나로 '굴기'는 '패권 교체', '세력전환'의 잠재적 논리를 포함하고 있어 전통적 패권국의 불안을 야기할 수 있고, 또한 목표를 추구하는 과정에서 공격적 정책의 채택 여부에 관계없이 다른 나라, 특히 주변국들이 잠재적 위협을 느낄 수 있다는 주장이 제기되었다. 이에 반해 평화발전은 모든 나라가 인정하고 받아들이는 온건한 외교정책을 취할 것임을 의미하는 것으로, 다수의 국가들로부터 인정을 받아 중국에 유리한 국제환경을 확보할 수 있도록 해준다. 그리하여 중국의 발전을 더욱 촉진시킬 것이고 또한 빠른 발전은 평화의 길을 더욱 강화시켜서 평화와 발전을 동시에 추진할 수 있게 해준다고 주장했다(阎学通·秦亚青·倪乐雄·李强·张文木 2004, 51-53; 刘艺·刘建林 2005, 78-79).

이처럼 화평굴기론과 뒤이은 평화발전론을 통해 후진타오 정부는 중국의 지속적 경제 발전을 위해서는 세계 평화와 안정이 필요하고, 중국의 경제발전은 지역경제와 세계경제, 그리고 중국과 경제적인 유대가 있는 동반자 국가에게도 이익을 제공함으로써 세계 평화에 기여한다는 점을 강조했다. 그리고 중국의 부상은 평화적으로 진행되면서 세계와 공동으로 발전할 것임을 강조했다.

당시 중국의 지도자들은 세계정치의 기본적 상황이 이런 평화발전의 조건을 제공해 주고 있다고 판단했다. 2001년 9.11사태 이후 미국의 국가안보의 중심축이나 우선순위가 대테러전으로 이동하면서 미국으로부터의 위협이 감소했다. 또한 국가이익을 실현하는 유용한 수단으로서 전쟁의 가치가 급속히 감소하고 있고, 국제관계의 최우선 문제는 갈수록 영토, 군사, 안보문제에서 경제, 기술, 그리고 소프트파워 문제로 이동하고 있다고 판단했다. 국제경제의 상호의존도가 커지면서 국가의 경제, 문화, 외교와 도덕적 영역에서의 표현이 군사방면에서의 표현보다 갈수록 더 중요해졌고, 거대한 '무역국'으로서의 중국의 평화로운 발전은 전반적으로 이런 역사적 추세에 부합하는 것으로 여겨졌다. 그리하여 중국은 미래의 세계 강대국이 될 중대한 유리한 조건과 가능한 전망을 가질 수 있었다(时殷弘 2018).

이런 상황에서 중국의 부상과 함께 중화민족의 위대한 부흥이 중요한 내용이 되면서 중국의 지도자나 지식인들은 중국의 전통과 윤리를 중요한 소프트파워 자원으로 삼고자 하였다. 이것은 후진타오 시기에 이른바 조화세계론이나 공자학원의 설립으로 나타났다(时殷弘 2018). 조화세계는 2005년 4월 후진타오 주석이 아시아-아프리카정상회의에서 "서로 다른 문명 간의 우호적 공존·평등대화·발전 번영하는 조화로운 세계를 건설하자"는 주장과 함께 제기된 이후 확산되었으며(胡锦涛 2005a), "조화세계는 인류가 추구하는 진보적 보편 희망과 상통하고 인류사회의 기본 가치에 대한 추구"라고 주장했다. 후진타오 주석은 2005년 유엔창설 60주년 회의에서 조화세계에 대한 체계적 설명을 하면서, 민주, 화목, 공정, 포용에 기초한 세계질서를 주요 내용으로 하는 조화세계론에 근거하여 세계질서에 대한 기본 구상을 제기했다(胡锦涛 2005b). 한마디로 조화세계는 부상한 중국이 추구하는 목표로, 이것을 보편가치로 해서 중국이 점차 국제체제의 주도국으로서의 역할을 하겠다는 의지의 표현이다(하도형 2008, 167-191; 이정남 2010, 9-14).

이처럼 중국의 국력이 증강되면서 중국의 부상이 현실화되고 국제사회로부터 중국위협론이 제기되는 상황에서, 책임대국론, 평화굴기론, 평화발전론, 그리고 조화세계 등을 제기해가면서, 중국이 국제체제에서 주도국으로서의 역할을 모색하려는 의지를 나타냄과 동시에, 국제사회에 책임을 지면서 평화적으로 부상하는 강대국이 될 것임을 강조함으로써 중국의 부상에 대한 동의를 이끌어내려는 노력을 전개했다. 그럼에도 불구하고 이런 변화가 덩샤오핑의 국가 대전략의 기본 노선을 변화시킨 것으로 보기는 어렵다. 왜냐하면 덩샤오핑의 도광양회, 내정 불간섭, 비대항, 비동맹, 비패권 정책 등으로 표현되는 대외 정책 기조를 유지함으로써, 국내 경제발전과 그것을 가능하게 하는 대외 정책이라는 기본 방향을 계속해서 유지하였기 때문이다. 따라서 이 시기의 중국의 대전략은, 발전된 경제력을 바탕으로 종합국력을 축적하여 부강한 중국을 건설하기 위해 경제발전을 우선적인 목표로 설정하고, 이를 추진하기 위해 요구되는 안정적이고 평화적인 국제환경을 조성하기 위해 힘의 사용과 패권주의를 견제하는 탈이념적이고 실용주의적인 성격을 띠고 있다. 또한 현 국제체제에 문제점이 있지만, 이에 대한 변혁을 추진하기보다 체제 내에서 개선을 요구하는 현상유지 전략이다.

그러나 2008년 금융위기로 미국 경제가 침체된 반면 2010년 중국이 국내총생산(GDP)규모에서 세계 2위가 되는 등 중국의 부상이 부각되면서 이런 전략적 기조는 서서히 전환되기 시작하였고, 시진핑 정권이 등장하면서 중국의 국가 정체성 인식 및 대전략에 패러다임적 전환이 나타나게 된다.

3. 시진핑 '신시대'[1]의 등장과 국가 대전략[2]

2012년 11월 18차 당대회를 통하여 시진핑이 중국의 최고 지도자로 등장하면서 중국은 국제적 지위설정에서 중대한 변화가 발생하고 중국외교에 새로운 패러다임의 전환이 이루어진다. 우선 중국은 가난하고 낙후된 신흥 개도국에서 부상하는 신흥강대국(崛起的新兴大国)이 되었다는 인식의 전환이 이루어진다. 중국은 국제체제의 주변에서 갈수록 세계무대의 중앙으로 더 가까이 가고 있으며, 국제 업무의 수동적 참여자에서 일정한 선도적(引领)인 역할을 발휘하는 책임을 다하는 강대국이 되었다는 인식이 등장한 것이다(卢静 2018, 16-31). 물론 가장 큰 개발도상국으로서의 기본적 위치 설정을 지속하고 있지만, 실제 국가대전략의 방향 수립에서는 '신흥강대국' 지위에 더 무게가 두어지는 것으로 나타난다.

이런 인식의 변화는 2008년 경제위기 이후 미국 경제가 침체되고, 반

1 인민대 진찬룽 교수는 '신시대'를 다음 3가지의 관점에서 이해해야 한다고 주장한다: 첫째, 중국 스스로의 관점에서 볼 때 , 중국은 일어서고 부자가 되는 것으로부터 강(强)해지는 것을 향하여 도약하고 있다. 그리고 중국사회의 주요 모순은 이미 인민의 날로 증가하는 행복한 생활에 대한 요구와 불균형적이고 불충분한 발전 사이의 모순으로 전환되었다. 둘째, 사회주의 발전의 관점에서 보면, 중국은 여전히 사회주의의 초급 단계에 있지만 중국의 성공은 사회주의가 커다란 생기와 활력을 지니고 있다는 것을 증명하는 것으로, 많은 개발도상국의 현대화 실현을 위한 새로운 길에 대한 선택을 제공했다. 셋째, 세계사의 각도에서 보면, 중국이 세계무대 중앙(역사적 역할의 컴백)으로 더 가까이 가서 인류를 위해 더 큰 공헌을 할 것이라는 점이다(金灿荣 张昆鹏 2018).

2 이 장의 일부 내용은 이정남 2015, 143-168의 2장 부분을 수정 보강한 것임.

면에 올림픽 개최 이후 중국 경제가 계속 상승하면서, 전 세계 다수 국가가 공인하는 종합국력이 미국 다음가는 신흥 초강대국(新兴超级大国)이 되었다는 인식에 기초하고 있다. 중국 스스로가 어떻게 생각하든, 다른 나라들은 거의 일치된 의견으로 중국이 미국과 어깨를 견줄 수 있는 초강대국이라는 데 의견을 같이한다는 인식에 기초한 것이다(王逸舟 2019). 이런 인식의 변화는 왕이저우 베이징대 교수가 잘 설명해주고 있다. 그는 중국이 중등 강대국 혹은 지역 강대국을 뛰어 넘는 세계적 강대국으로 부상하였으며, 시진핑은 세계 2대 경제대국과 2대 군비 지출국이라는 능력에 기초하여 새로운 글로벌 포부를 제기하고 있다고 주장한다. 이것에 대한 구체적 근거로 ① 해양강국 목표의 제기 및 중국 해양 역량의 빠른 성장; ② 달 착륙계획의 추진 및 전체적 우주사업의 신속한 발전; ③ 남극 업무에 대한 더 큰 참여와 북극 에너지 개발 및 과학연구에 대한 새로운 관심; ④ 아태경제협력조직에 대한 상호연결과 상호 소통 노선도에 대한 계획 등을 들고 있다. 바로 이런 것들은 일반적으로 중등 강대국 혹은 지역 강대국이 구비해야 할 능력은 아니라고 주장한다(王逸舟 2015, 73-74).

주지하다시피 1997년 아시아 금융위기 이후 중국 지도자들은 여러 장소에서 중국이 국제사회에서 책임을 지는 강대국이 될 것임을 선언하고 일련의 조치를 취하면서 중국의 강대국 지위와 역할은 국제사회로부터 주목을 받아 왔다. 2008년 글로벌 금융위기와 함께 미국과 중국을 G2로 간주하는 이른바 G2론이 미국으로부터 제기되면서, 중국은 글로벌강대국(世界大国)으로 간주되기 시작했고, 특히 중국이 일본을 초월하여 세계 2위 경제대국이 되면서 이 논의는 더 큰 영향력을 발휘했다. 그 이후 중국의 국제적 지위와 관련된 논쟁의 쟁점은 중국이 어느 정도의 강대국에 속하는가에 집중되어 왔으며, 지역적 강대국, 세계적 영향력을 지닌 아태지역 강대국, 글로벌 강대국, 준수퍼파워 등 다양한 주장이 제기되었다(门洪华 2012). 이런 상황에서 19차 당대회에서 중국이 "세계 무대의 중앙으로 더 가까이 다가서고 있다"는 선언은, 시진핑 등장 이후 글로벌 강대국으로서 중국의 지위 및 그것에 따른 대외 정책의 조정이 이루어져 왔음을 의미한다.

실제로 시진핑은 권력을 장악한 이후 중국이 세계경제와 아태경제 발전에 단순한 참여자나 건의자가 아닌 중국이 생각하는 발전 방향을 주도적으로 제시하고 이끌어가는 지도자 역할을 수행해 나아갈 것임을 분명히 했다(张怀东 2014). 시진핑은 2013년과 2014년에 개최된 APEC 회의, 그리고 2014년 11월에 개최된 G20회의 연설에서 아태지역과 전 세계를 향해 중국이 시장과 자본, 상품 등 공공재를 제공할 만한 의지와 능력이 있음을 강조했다(习近平 2013; 习近平 2014a). 그리고 집권 1기 동안 전례없는 적극적인 움직임을 취하면서, 중미 간의 신형대국관계, 전 세계 동반자 관계의 네트워크 형성, 일대일로 구상의 제기, 아시아인프라투자은행의 건설, 인민폐 국제화의 가속화 등을 추진하였다.

이처럼 시진핑의 등장 이후 중국외교는 그동안의 중국외교와 비교해 볼 때 비교적 뚜렷한 변화가 나타나고 있다. 1980년대 중국의 대외전략은 국제사회(특히 서방)에 문호와 시장을 개방하여 다른 국가들을 중국으로 끌어들여 중국의 경제발전을 추진하는 것이 주요한 목적이었다. 또한 1990년대 말에서 2000년대 말까지는 중국이 세계무역기구(WTO) 등 국제조직에 가입하기 위해 중국의 제도를 바꾸어서 국제적 규칙에 중국을 접목시키고자하는 노력이 주된 특징이었다. 그러나 현재 글로벌 강대국으로 부상한 중국은 외부세계에 맞추어 자신을 조정할 의지가 별로 없고 국제무대에서 자신의 목소리를 내고자 한다. 이런 상황에서 중국외교는 중국의 이익을 해외로 확산시키고(走出去), 중국의 이익을 보호하고자 하며, 국제적인 책임을 다하고자 하는 방향으로 전환하고 있다(郑永年 2015). 이것은 바로 중국이 도광양회(韬光养晦) 정책으로부터 분발해서 행동하는(奋发有为) 정책으로 전환한 것을 의미한다.

다수의 중국학자의 주장대로 이러한 시진핑 정부의 외교노선과 국제체제를 보는 시각과 대응방법에서 발생하고 있는 변화의 원인은 중국의 국력 성장과 강대국으로서의 정체성에 대한 인식에서 찾을 수 있다(李开盛·束必铨·崔荣伟·顾炜 2014). 강대국으로서의 위치설정이 시진핑의 외교정책구상의 출발점이 되었다는 점은, 2014년 11월 28-29일에 베이징에서 소집된 중공중앙외사공작회의에서 행한 시진핑의 연설에 잘 나타나고 있다. 그는 ① 중국의 발전과 외부세계의 관계가 밀접해지고, ② 특히 세계무대에서 증가하는 국력에 기초한 중국의 이익 추진(advance)이 중국 외교정책의 급선무임을 강조하면서, ③ 이를 위해 중국이 자신의 특색을 가진 (강)대국 외교를 할 필요가 있음을 주장했다(习近平 2014b). 특히 이 회의에서 시진핑은 개혁개방이후 처음으로 중국이 '중국 특색의 강대국 외교'를 해야 함을 명시적으로 표현함으로써, 중국외교가 강대국 정체성에 기반한 외교로 전환되고 있음을 분명히 했다.

이에 다수의 중국학자들은 강대국 외교를 통해 중국외교에 새로운 변화가 나타나고 있음을 강조했으며(刘华, 刘东凯, 谭晶晶 2014; 马小军 2014), 특히 칭화대학의 옌쉐통 교수는 '대국외교(大国外交)'를 미국, 러시아, 독일 등과 같은 강대국으로서의 중국 외교이념, 방식, 그리고 모델로 정의할 수 있다는 점에서, '중국 특색의 대국외교'의 제기는 중국 외교이념의 새로운 변화임을 강조했다(阎学通 2014). 마이클 스웨인(Michael D. Swaine)도 이 연설에 대한 분석을 통하여 중국이 강대국이 되었고 강대국으로서의 태도를 표현하기 시작했음을 지적했다. 그리고 중국이 지역과 세계질서에 점차 더 깊이 관여하고 더 많은 능력을 얻게 됨에 따라, 과거보다 더욱 더 포스트 2차 대전의 질서를 규정했던 주요 외교정책 과정과 권력관계를 부분적으로 바꾸려(alter) 할 것임이 거의 확실(특히 아시아에서)하다고 지적했다(Swaine 2015).

강대국으로서의 정체성에 기초하여 강대국 외교를 추진한다는 것은, 중국 정부가 이제 글로벌 강대국의 지위와 시야에 기초하여 외교를 계획하고, 외교 전략이나 실천 과정에서 강대국 외교의 이념, 의식, 기백과 도량, 규칙(章法), 그리고 처리(处置)를 분명히 하고자 함을 의미한다(杨洁勉 2014). 따라서 시진핑 정부의 강대국 외교의 제기는 1997년 이후 중국외교방향을 둘러싸고 지속적인 쟁점이 되어 온 이른바 '책임을 다하는 강대국' 외교가 마침내 중국의 대외 정책 방향으로 구체화되고 있는 것으로 평가할 수 있다. 이런 점에서 저명한 정치학자 옌쉐통은 2013년부터 중국외교가 강대국 외교로 성격이 전환되기 시작했다고 지적했다(阎学通 2014).

특히 2017년 말 19차 당대회에서 중국공산당이 "거대한 중국이 역사 무대의 중앙으로 회귀하면서 세계는 신시대에 진입했다"고 선언하고, 중국 공산당 역사상 최초로 글로벌 강(대)국의 발전목표를 2단계로 제시한 점이 주목된다. 중국이 '발전중인 강대국'임을 선언하고, 2021년부터 2035년 사이에 경제, 정치, 문화, 외교, 환경, 과학기술 등의 모든 영역에서 '충분하고 균형적인 성장'을 통하여 선진국으로 진입할 것임을 강조하고 있다. 그리고 이에 기초해 2035년 이후부터 2050년까지 글로벌 강대국으로서 국제사회에 대한 선도적 영향력 발휘를 선언하고, 이 모든 과정을 공산당이 이끌고 가겠다는 의지를 분명히 했다.

이런 시대인식 속에서 시진핑은 2018년 6월 22~23일 열린 중앙외사공작회의에서 "중국은 근대 이래 최고의 발전기에 놓여있고, 세계는 '백년 미증유의 대변화 국면'에 처해 있으며, 이런 상황이 함께 뒤엉켜서로 격동하고 있다"고 언급한 바 있다. 그는 이 회의에서 외사업무에서 당 중앙의 통일적 영도를 강화하여 중화민족의 위대한 부흥을 사명으로 하는 중국 특색의 (강)대국 외교를 추진하고, 인류운명공동체 건설, 일대일로추진, 평화적 발전의 길 견지, 전 세계적 동반자 관계의 구축, 글로벌 거버넌스 체제 개혁의 선도(引领), 핵심이익의 수호와 중국외교의 독특한 품격 확립 등을 중심으로 한 시진핑 외교사상으로 요약될 수 있는 내용을 제시한 바 있다(《新华网》, 2018. 6. 23.) 또한 시진핑(習近平) 국가주석은 2018년 7월 25일 남아공 요하네스버그에서 열린 브릭스 포럼에서도 '시대 조류에 따른 동반성장'이라는 연설에서, "현재의 세계는 백 년 동안 경험한 적이 없는 대변화 국면에 처해 있다. 그리고 향후 10년 동안 세계 경제의 신구 동력의 전환, 국제적 세력지형과 국력 대비의 변화가 가속화될 것이고, 글로벌 거버넌스 체제가 심도있게 재구성되는 10년이 될 것"이라고 주장했다(習近平 2018). 그 이후 다수의 학자들은 시진핑이 제시한 세계 '백년 미증유의 대변화 국면'의 본질은 중국의 부상에 따른 세계질서의 재구성임을 강조해 왔다(陈向阳 2018; 朱锋, 黄仁伟 2019).

상술한 내용을 종합하여 시진핑 시대의 국가 대전략의 목표와 이를 실현하기 위한 핵심적인 전략적 구상을 다음과 같이 요약할 수 있다. 우선 국가 대전략의 목표로 "상호존중, 공평정의, 협력 윈윈"을 주요 내용으로 하는 새로운 형식의 국제관계 수립과 인류운명공동체 건설이라는 세계적 이상의 실현을 제시하고 있다. 한마디로 중국이 제시한 인류운명공동체에 기초한 새로운 형식의 국제관계를 수립하는 것이다. 시진핑 외교사상에서 인류운명공동체 건설은 새로운 국제관계 건설의 전제조건이고 경로로서, 중국은 이 깃발을 들고 인류의 전진 방향을 이끌어야 한다는(《求是网》 2018. 8. 7.) 언급에서 볼 수 있듯이, 중국이 제시하는 새로운 국제질서의 청사진으로 간주할 수 있다.[3] 이것은 후진타오 시대에 제시된 조화세계의 또 다른 표현으로, 이것을 보편가치로 하여 중국이

3 중국 공산당이 제기한 이른바 '인류운명공동체'는 국가 간 힘의 재분배와 세계질서의 재구성이 진행되고 있는 '100년 미증유의 대 변화 국면'에서, "혼란해 하는 세계에 대해 중국이 해답을 주고, 시대의 물음에 대한 중국의 안을 제시한 것"으로, 중국이 제시하는 국제질서에 대한 청사진(비전)이다. 왕이 외교부장은 '인류운명공동체' 구축의 추진은 시진핑 외교사상의 정수이고, '신시대' 중국 특색 강대국 외교의 가장 선명한 깃발"이라고 언급한 바 있다(王毅 2019).

국제체제를 주도해 가겠다는 의지의 반영이다.

이런 전략적 목표를 실현하기 위하여 그동안 견지되어 온, 기회를 기다리고 실력을 배양한다는 도광양회(韬光养晦)의 신중한 대외 정책 기조는 '분발하여 적극적으로 행동한다'는 의미의 분발유위(奋发有为) 정책, 즉 보다 주동적이고 적극적인 대외 정책으로 전환되었다. 또한 이를 실현하기 위한 다양한 대외전략 구상이 제시되었는데, 특히 다음 3가지가 강조되고 있다. 첫째, 중미관계에 대한 원만한 조정과 처리이다. 이는 중미관계가 국제관계의 흐름을 좌우하고, 중국이 성공적 부상의 길로 갈 수 있을 것인가를 결정하는 핵심요소이기 때문이다. 둘째, 일대일로 구상의 안정적 추진이다. 일대일로 구상은 '신시대'로 진입하는 중국의 대외개방 전략으로, 새로운 형식의 지역 협력 메커니즘과 국제적 규칙 체계를 만들고자 하는 중국의 목표를 체현한 것이고, 또한 중국이 새로운 형식의 글로벌 강대국으로 뻗어가는 현실적 경로를 대표하는 것이기 때문이다. 한마디로 일대일로 구상은 신시대로 나아가는 중국의 핵심적인 전략적 설계로, 중국이 성공적 부상을 통해 새로운 형식의 국제관계를 수립할 수 있는가를 가늠하는 전략적 기초로 간주되고 있다. 셋째, 전 세계적 차원의 동반자 관계 네트워크의 구축이다. 글로벌 동반자 관계 네트워크를 수립하는 것은 중국이 새로운 형식의 국제관계를 수립하는 데 있어서 기본적 조건이고, 중국의 국가이익을 전 세계로 뻗어가게 하는 중요한 형식이기 때문이다. 중국은 1993년 브라질과 동반자 관계를 수립한 이후, 현재 약 100여 개 국가 및 국가집단(아세안, 유럽연합)과 여러가지 형식의 동반자 관계를 맺었다. 이것은 양자관계에 기초하지만 전 세계에 골고루 확산되는 중국의 전략적 배치로서, 중국의 국제 전략적 균형유지 및 새로운 형식의 국제관계 수립에 매우 중요한 역할을 할 것이기 때문이다(门洪华 2018, 68-76).

이처럼 시진핑 시대의 등장과 함께 중국은 글로벌 강대국으로서 주동적이고 적극적인 대외 정책을 통하여 글로벌 거버넌스 체제 개혁을 이끌어내고 새로운 형식의 국제관계를 수립한다는 대전략 목표를 제시하였다. 그리고 이를 위해 중미관계의 안정적 발전, 일대일로 구상의 성공적 추진, 그리고 전 세계적 차원의 동반자관계 네트워크 구축 등을 제시하고 있다. 이런 변화는 국가 대전략에 대한 인식에서 발생한 새로운 패러다임의 전환으로, 현행 국제체제가 안고 있는 모순점에 대해 과감하게 문제제기하고, 현행 국제체제의 변혁을 추진하고자 한다는 점에서 현상변경 전략으로 평가할 수 있다.

4. 평가와 전망

시진핑 정부는 18차 당대회 이후 '세 가지 더 강력하게'를 특징으로 하는 정책을 구사해 왔다. 첫째, 글로벌 정치경제와 글로벌 거버넌스에 대한 중국의 적극적 참여를 더욱 크게 확장하고 심화시킨다. 그리고 동시에 일부 영역에서 중국이 선도적 역할을 꾀하는 것을 선택하는 것도 포함한다. 둘째, 아시아 대륙 심지어 더 많은 지역에서 경제와 외교적 우세를 더욱더 강력하게 쟁취하고, 이와 연결하여 일부 지역 또는 거점에서 전략적 존재 또는 영향을 서둘러 수립한다. 셋째, 남중국해와 동중국해에 대한 중국의 전략적·군사적 우위 확립을 더욱 강력하게 쟁취한다(時殷弘 2018).

그러나 2017년 말 이래 미국의 중국에 대한 전방위적 비판과 강력한 견제가 가시화되면서 중국 내에서는 중국의 지위와 역할에 대한 일련의 언술에서 미묘한 변화가 나타나고 있다. 가령 2019년 3월 전국인대 개최를 즈음하여 왕이 외교부장이 한 기자회견에서 중국은 보다 분명하게 현 국제질서를 지키고 더 많은 책임을 질 것임을 강조하면서, 민족부흥을 위한 유리한 조건을 창조하고 세계평화와 인류의 진보를 위하여 더 많은 공헌을 할 것임을 강조했다. 또한 중국은 중국에 맞는 발전모델을 만들어 적용하고 있으며 이 모델을 수입도 수출도 하지 않을 것이며, 현재의 국제질서를 대체하거나 전복하지 않고 개혁을 추진할 것이며 현 국제질서의 보호자이면서 건설자임을 강조했다(《新华网》 2019. 3. 10.) 이런 발언은 현재 미국 내의 여론이 중국을 현 국제질서의 수정주의자로 간주하는 시각을 의식한 대응으로 볼 수 있다(이정남 2020, 70).

이것은 시진핑 주석 등장 이후의 주동적이고 적극적 대외 정책의 전환이 미국의 공격을 불러일으켰다는 공산당 내외로부터의 비판이 일정 부분 반영되면서 전술적인 측면에서 일정하게 퇴각하여 속도조정을 하고 있는 것으로 해석할 수 있다. 그러나 이런 변화는 경제발전과 평화적 대외환경 확보를 위한 수동적이고 방어적인 대외 정책을 추구한 덩샤오핑 시대의 도광양회 전략으로의 회귀를 의미하는 것은 아니다. 즉, 신형국제관계와 인류운명공동체 건설을 목표로 하는 국가 대전략의 변화를 의미하지는 않으며, 다만 이를 위한 구체적 정책방향으로 제기된 일대일로 구상과 글로벌 거버넌스 체제개혁에 대한 기존의 언술을 톤다운 시키고, 실현 시기를 좀 더 길게 잡는 정도의 정책조정의 의미로 해석할 수 있다.

실제로 2020년 6월 제 13기 3차 전국인민대표대회 회기중의 기자회견에서 왕이 외교부장과 리커창 총리는 중국과 미국이 글로벌 강대국으로서 상호 핵심이익을 인정하면서 글로벌 문제에 대한 협조와 책임을 다하자고 주장하면서, 중국이 글로벌 강대국으로서의 책임과 역할뿐만 아니라, 권리도 주장할 것임을 분명히 했다. 또한 제도와 문화의 차이를 인정하고 평화로운 공존의 길을 찾자는 주장을 통해서, 미국이 중국의 부상을 수용하고 인정하면서 글로벌 문제에 대하여 공동의 협력과 책임을 다하는 양자관계를 발전시키자고 제기한 바 있다(〈新华网〉 2020.

5. 24; 〈新华网〉 2020. 5. 28). 이것은 미중 패권경쟁이 가속화되고 중국에 대한 미국의 강력한 견제정책에도 불구하고 시진핑 정부의 국가 대전략의 기본 방향에는 여전히 큰 변동이 없음을 의미한다.

제3장

세력 전환 시대 중국의 동아시아 질서에 대한 인식[1]

자국의 지위와 역할에 대한 인식을 중심으로

1. 서론

동아시아가 중국과 미국 간의 글로벌 질서를 둘러싼 세력 경쟁이 본격화되는 출발점이 되면서, 중미 간 영향력 경쟁의 소용돌이 속에 놓여있다. 중미 간의 치열한 경쟁 속에서 지역 국가들 역시 각자 자국에 유리한 전략적 계산에 기초하여 재빠르게 움직임에 따라 지역의 상황은 더욱 복잡한 양상을 띠고 있다. 따라서 이런 전환기의 동아시아 지역질서가 어떻게 제도화될 것인가가 초미의 관심사가 아닐 수 없다.

세력 전환기 동아시아 지역질서를 제도화하는 데 결정적인 변수는, 동아시아 지역의 강대국으로 부상한 중국이 이 지역에서 자국의 정체성을 어떻게 설정하고 있는가와, 미국이 지역 강대국으로 부상한 중국에 어떻게 대응하는가이다. 중국의 한 학자에 따르면, 현재 중국이 지역 강대국으로서 자국의 정체성을 선택한다면, 아태지역에서 일정정도 미국의 존재를 받아들이고 용납할 수 있어야 한다고 주장한다. 그 이유는 아태지역에서 미국의 존재가 각 국에 광범위한 안보 및 경제영역에서 공

1 이 장은 이정남, "세력 전환기 중국의 동아시아 질서 인식: 부상하는 자국의 지위와 역할에 대한 인식을 중심으로," 이정남-이내영 편,《세력 전환기 동아시아의 국가 정체성과 지역 정체성》(아연출판부, 2014), 64-92에 수록된 논문을 대폭적으로 수정 보강한 것임.

공재를 제공하고 있으며, 아태지역의 중요한 구성원인 중국도 이런 공공재의 수익자가 될 수 있기 때문이다. 그러나 만약 중국이 세계적 강대국으로서의 정체성을 선택한다면, 동아시아 지역은 중국이 세계를 향해 투사할 수 있는 역량의 기점이고, 국가 능력과 국가 책임의 중요한 무대이며, 중국의 경제성장을 유지하고 지키는 생명선이자 중국에 지극히 중요한 지역이므로 이 지역에 대한 주도권을 장악해야 한다(戴長征 2012, 85-91). 이처럼 중국이 동아시아 지역에서 자국의 정체성을 어떻게 설정하는가는 이 지역에서 중·미 관계의 발전 방향에도 결정적 영향을 미칠 수 있다.

따라서 이 글은 글로벌 강대국으로 부상한 중국이 동아시아 질서에서 자국의 지위와 역할을 어떻게 인식하고 있는가를 분석함으로써, 동아시아 정책 및 동아시아 질서 발전 방향을 전망해 보고자 한다. 이러한 분석은 "특정 국가의 태도와 행위는 그 국가의 정체성과 밀접한 관련성이 있으며, 정체성을 달리 규정하는 국가들은 또 서로 다른 관념과 정책을 취한다. 그러므로 한 국가의 정체성 규정의 변화는 국제사회에 대한 관념과 정책의 변화를 초래한다"고 주장하는 구성주의의 관점에 기초하고 있다(Jepperson, Wendt and Katzenstein 1996, 52-65). 이런 논리에 기초해서 이 장은 중국이 세력 전환기 동아시아 질서 속에서 자신의 지위를 어떻게 설정하는지가 동아시아의 정책 방향 설정과 밀접한 관련이 있다고 전제하고 있다.

동아시아 지역에서의 중국의 정체성에 대한 인식을 조사하기 위해, 이 글은 중국 정치 지도자의 각종 담론과 주요 정치학자들이 발표한 논문에 대한 분석을 시도하고 있다. 중국 정부가 직접 동아시아에 대한 전략을 수립하여 대외적으로 공표한 사례가 없는 상황에서,[2] 동아시아 정

2 2013년 10월에 중국 공산당은 주변부 공작회의를 열어 주변부를 중국 전체외교의 최우선순위에 놓으면서 주변외교 원칙을 친밀, 성실, 호혜, 포용을 주요 내용으로 하는 외교 이념을 제출한 바 있다. 이 원칙은 동아시아가 중국의 중요한 주변부라는 점에서 주목할만한 외교원칙이지만, 동아시아 지역의

책 관련 논의에서 담론 형성을 주도하고 있는 학자들의 주장을 살펴보는 것은 중국의 동아시아 인식을 이해할 수 있는 주요한 수단이 될 수 있기 때문이다. 실제로 중국이 점차 개방적이고 다원화된 외교정책 결정체계를 형성하면서, 지식인들의 인식이 대외 정책 결정 과정에서 무시할 수 없는 중요한 변수가 되고 있다. 중국의 대외 정책 전문가들은 자신들의 영향력을 행사하기 위해 다양한 통로를 이용할 수 있게 되었고, 그 결과 전문가들의 역할은 갈수록 증가하고 있다(Liao 2006, 73). 그리하여 전문가들이 대외 정책과 관련된 공적인 담론 형성에 참여하는 것은 외교정책 결정 과정의 일부분이 되었다(Fewsmith and Rosen 2001, 153-154). 중국의 지도부는 외교정책을 제정할 때 이러한 변화에 귀 기울이기 시작했다. 따라서 비록 중국의 지식인이 대외 정책 결정 과정에 직접적인 영향을 미치는 데에는 한계가 있으나, 정부의 대외 정책 결정에 이미 중요한 영향을 미치는 변수가 되고 있음은 명확하다.

따라서 이 글은 중국의 지식인과 정치 지도자의 동아시아 질서 속에서의 중국의 지위와 역할에 대한 인식을 살펴보고, 이를 통해 중국의 동아시아 정책 방향 및 그것이 동아시아 질서의 발전방향에 지닌 함의를 살펴보고자 한다. 이를 위해 우선 중국의 부상과 동아시아 질서에 대한 인식을 살펴보고, 다음으로 변화되고 있는 동아시아 세력관계 속에서 중국의 역할에 대한 인식을 살펴본다. 그리고 이러한 분석에 기초해 중국의 동아시아 정책 방향을 전망하고 동아시아 질서의 변화에 대해서 전망하고자 한다.

전략적인 목표나 대응책 등에 대한 구체적인 언급은 여전히 없었다.

2. 중국의 부상과 동아시아 전략의 등장 및 변화

중국에서 동아시아라는 개념은 어떻게 인식되고 있는가? 비록 중국 정부가 동아시아라는 지역적 인식에 대해 해당 범위를 공식적으로 규정하고 있지는 않지만, 중국의 지도부는 각종 연설에서 중국이 "지리적으로 아시아 중부에 위치해 있고"(江澤民 2006, 314), "동아시아의 일원으로서 동아시아와의 협력을 중시 한다"고 언급하고 있다(胡錦濤 1998). 이에 비추어 볼 때, 중국은 자신을 지리적으로 아시아의 중심에 위치해 있으며 동아시아의 구성원으로 간주하고 있음을 알 수 있다. 한편 1990년대 이후 동아시아에 대한 논의가 활발하게 전개되면서, 중국 학계에서 동아시아에 대한 다양한 정의가 나타나고 있다. 그러나 학자들이 공통적으로 지적하고 있는 동아시아의 범위는 아세안 10개국과 동북아 국가들 중에서 한·중·일 3개국을 포함시키는 수준에서 설정하고 있다(張蘊嶺 2008; 方長平 2008). 이러한 사실을 종합해 볼 때, 중국에 있어 동아시아라는 개념은 지리적인 개념으로 인식되고 있음을 알 수 있다.

1968년 페어뱅크에 의해서 제기된 중화질서(Chinese World Order) 개념은 근대이전시기 동아시아 이웃 국가와 제국 중국과의 관계를 규정하는 전통 패러다임으로 자리해 왔다(Fairbank 1968). 이 개념은 중국학계에 수용되어 중국 내에서는 유학이 주창하는 예(禮)와 질서의 관념에 기초하여 형성된 이른바 화이(華夷)질서론이 근대 이전 동아시아 국가들에 의해서 보편적으로 인정된 일종의 세계질서에 대한 구상으로 간주되고 있다. 화이질서에서 중국은 세계의 중앙에 위치하고 고귀한 문화를 보유하고 있으며 천하(天下)를 주재한다. 반면에 중국 주변의 족군(族群)이나 국가는 주변에 위치하고, 문화적으로 저급하고 비속하며 중국의 번속(蕃俗)으로 간주됐다. 그리고 번속국의 통치자는 중국의 책봉(冊封)을 받아들이고, 정해진 약속에 기초하여 중국과 조공무역을 전개하는 것이 허락되었다. 바로 이러한 화이질서가 근대 이전의 동아시아 공동체의 형식이었다는 것이다(李文 2009).

화이질서 속에서 중국은 천하(세계)로 인식되었고, 중국과 천하의 구별이 모호했으며 하나의 국가로서 간주된 것이 아니었다. 그리고 천하는 중국을 둘러싸고 확산된 광활한 지방을 일컫는 개념이었으며 지역(region) 개념이 아니었다. 근대화와 함께 서구 제국주의 국가의 침입이 시작되면서 지역 개념이 받아들여졌고, 중국이 곧 동방이라는 시각으로부터 중국은 동방의 일부분이라는 시각으로 전환되면서 중국 역사관의 근본적인 변화를 겪게 됐다(俞新天 2008, 21-35). 이 과정은 중화질서가 해체되고 동아시아가 서구 중심적 근대 국제질서로 편입되는 과정이기도 했다. 한 재미중국학자는 이것에 대해 "그동안 제국 중국은 세계의 나머지 지역으로부터 상대적으로 고립되어 존재했지만, 이제 서구가 지배하는 국제체계의 일부가 되었다. 중국은 동아시아에서 더 이상 우월적이지 않았고, 더 이상 그 스스로가 세계가 아니었다. 서구 세계가 지배하는 국제체계의 일부가 되었다. 중국은 민족국가로 급속하게 변신해갔고, 영토주권의 관념이 수용되고, 유럽의 외교 제도와 실천 방식을 채택하며, 정치인과 지식인은 민족국가의 지위가 경제력과 군사력에 의해서 결정된다고 인식하는 강력한 현실주의자가 되어갔다"고 설명하고 있다(Zhao 2015, 961-982).

근대적 국제질서로 편입된 후 동아시아 지역은 식민지 질서와 냉전질서가 장기간 존재했었고, 이 기간에 중국은 동아시아의 중심국가로 등장할 수 있는 대외적이고 대내적인 여력이 부재하였다. 그 결과 중국은 이 기간에 사실상 동아시아에 대한 어떠한 전략적 구상과 비전도 없었다. 이에 대해 중국의 한 학자는 중국 정부는 20세기 들어 1999년 전까지는 동아시아 지역의 외교안보 및 경제에 대한 어떠한 체계적인 시각도 없었다고 주장한다(龐中英 2001, 30-35). 그리하여 1990년대 이전까지 동아시아에서는 지역수준에서의 공식적인 정부 간 협력 논의가 사실상 부재하였고, 시장만이 동아시아 일체화를 추동하는 유일한 요소였다(门洪华 2009, 60-61).

1990년대 중반 이후 중국은 다시 동아시아를 자신들의 핵심 지역으로 간주하고 동아시아 핵심 국가로의 부상을 꾀해 왔다. 중국은 동아시아를 중국의 정치, 안보, 경제적 이익이 집중된 지역으로 보고 자국이 지속적인 발전을 하는 데 가장 중요한 지역으로 간주하고 있다. 그리하여 동아시아를 현 단계 중국의 대외전략에서 고려해야 할 중점지역으로 간주하기 시작한 것이다(门洪华 2009, 54). 특히 1997년 동아시아 금융위기는 중국이 스스로를 동아시아 국가로 인식하고 정체성을 발전시키는 중요한 계기가 됐다. 중국은 동아시아 금융위기의 파급영향을 보면서 동아시아 국가들 사이의 상호의존성 및 이로 인한 운명공동체적 성격, 중국이 받게 될 영향 등을 분명하게 인식하게 됐다. 이런 과정에서 동아시아 지역 국가로서의 정체성을 지켜나가면서 역내 국가로서의 책임의식을 한층 강화하게 됐다(Shambaugh 2004, 68).

그리하여 동아시아 지역에 대한 중국의 정책은 과거 소극적이고 피동적인 정책에서 점차 적극적이고 능동적인 정책으로 변화과정을 밟아왔다. 개혁·개방 이전만 하더라도 중국은 국제사회에서 상대적으로 고립된 상태로 국제체제의 규범에 익숙하지 않았다. 개혁·개방 초기 중국은 덩샤오핑이 제시한 "평화와 발전이 세계의 추세"라는 세계관에 기초하여 평화공존 5원칙을 제기하면서 국제무대에 본격적으로 나오기 시작했다. 그러나 중국과 동아시아 국가들과의 관계는 개별적인 쌍무관계에 집중되었고, 다자적인 지역 협력 무대에서 본격적인 관계로 나아가지는 못했다. 다만 성공적인 개혁·개방 정책과 함께 급속한 경제발전이 이루어지고, 이에 기초하여 중국이 동아시아 지역의 핵심 국가로 부상하면서 동아시아의 지역주의에 본격적인 관심을 가지게 된 것이다

(서정경·원동욱 2009, 274).

중국이 이처럼 동아시아 지역주의를 적극적으로 추진하게 된 것은 우선 동아시아 지역주의가 중국의 경제발전 및 세계경제로의 효과적인 진입에 주요한 의미를 지니고 있다고 판단했기 때문이다. 둘째, 지역주의를 통해 중국 위협론과 같은 중국에 대한 주변국가의 의구심을 줄이고 동아시아 안보 딜레마를 제거할 수 있으며, 중국 경제의 순조로운 발전을 위한 외부적인 환경을 조성할 수 있다고 판단했기 때문이다. 셋째, 중국이 동아시아의 일원이라는 정체성 확보를 통해 지역적인 리더십과 국제적 위상을 높이는 데 도움이 된다고 판단했기 때문이다(한석희·강택구 2009, 287-289).

특히 2008년 글로벌 금융위기 이후 중국이 예상보다 빠른 속도로 지역 강대국으로 부상하면서 동아시아 지역에서 주도적인 지위를 확보해 가자, 이에 대응하기 위해 미국이 동아시아 회귀 및 재균형 정책을 통해 이 지역의 주도권을 놓고 중국과의 경쟁을 본격화해 가면서, 동아시아 지역은 중국에 더욱 더 중요한 전략적 지역이 되었다(韋宗友 2012, 60-66). 이것은 역사적으로 볼 때 글로벌 강대국으로의 부상은 모두 자국이 위치한 지역으로부터 주도적인 위치를 확보한 것을 기초로 이루어졌다는 점에서 더 중요시되었다(门洪华 2015, 25-35).

이러한 인식은 2012년 2월 시진핑(習近平) 국가주석이 미국 방문길에 워싱턴 타임스와의 회견에서 "아태지역은 중국과 미국의 이익이 가장 집중된 지역이고, 중국과 미국은 아태지역의 핫 이슈에서 소통과 협력을 강화해 아태지역의 평화와 번영을 추진해야 한다"고 언급한 데에서 확인할 수 있다(戴長征 2012, 85-91). 또한 2013년 10월, 60년 만에 최초로 주변외교공작회의를 개최하고, 주변외교를 중국외교에서 가장 중요한 위치에 둘 것을 결정했다. 그리고 2014년 5월, '아시아 교류 및 신뢰구축회의(CICA)'에서 아시아 안보관을 수립하여 지역 안보행위준칙을 제정할 것을 주장하고, 이 지역의 국가들이 중대한 돌발적 위기에 대응하는 데 협력할 것을 제기하였으며(习近平 2014), 2014년 11월 28-29일, 중공 중앙외사공작회의에서 주변외교를 중국외교에서 최우선순위로 둔다는 점을 재차 확인했다. 이러한 방향 하에 시진핑은 집권초기 2년 동안 30여 방문국 중 절반 정도를 중앙아, 동남아, 동북아 및 남아시아 국가에 할애했다(斯洋·郁岗 2015).

중국은 또한 2013년 가을에 일대일로 구상과 아시아인프라투자은행 수립을 제기하고 이것을 주변지역 외교의 기초로 삼고자 했다. 일대일로구상은 중국 서부지역과 중앙 및 서남아시아와 러시아, 유럽으로 연결되는 육상 실크로드, 그리고 중국 동남부 해안을 통해 동남아, 중동, 아프리카, 유럽까지 포괄하는 해상 실크로드를 지칭한다. 이 구상의 주요 내용은 도로, 철도, 전력 등의 인프라와 무역, 투자, 금융 등으로 중국과 주변국 사이의 상호 네트워크를 강화하고, 이를 바탕으로 공동 발전을 추구하는 것이다. 그리고 이를 통해 중국과 주변국과의 관계를 안정화시키고 장기적으로 중국을 중심으로 한 공동의 경제권 및 국제질서를 형성하는 것을 지향하고 있다. 이런 점에서 일대일로전략은 중국의 지속적인 경제발전을 위한 에너지 자원 확보 및 무역투자 활성화 등의 목적뿐만 아니라, 미국의 대아시아 및 글로벌 전략에 맞서는 중국의 지역 및 세계 전략이라 할 수 있다(이정남 2015, 90-96). 왕이저우 베이징대 교수는 일대일로 구상에 대해 첫째, 미국의 아시아 재균형정책이 중국과 주변국에게 조성한 피동적 국면을 전환시키고, 둘째, 중국이 주도하여 수립하고자하는 아시아 무역 및 안보구도를 위한 적절한 분위기를 만들며, 셋째, 중국을 중심으로 하는 동아시아 지역이 상대적 번영과 안정에 기초하여 더 큰 글로벌 영향력을 쟁취하기 위한 것이라고 주장한 바 있다(王逸舟 2015, 79-81).

중국의 동아시아에서의 영향력 확장은 상술한 경제적 영역에만 한정된 것이 아니었다. 스윈홍 교수의 주장에 따르면, 2012년 18차 당대회이래 시진핑 주석은 동아시아 지역에서 전략군사(strategic military)와 전략경제(strategic economy)라는 두 가지 수단을 사용하여 이 지역에서 중국의 영향력을 강화하기 위해 미국과 치열한 경쟁을 전개해 왔다. 그러나 시진핑 정부는 2012년 11월 18차 당대회가 끝나는 시점부터 2014년 가을까지 '전략군사'의 수단을 주로 사용하였다. 그것은 중국의 전략적 군사력 증강의 가속화된 추진, 해상 및 공중에서의 군사활동 범위의 현저한 확장이 나타나고, 미·일 등에 대한 강력한 경쟁과 강경한 견제가 출현했으며, 남중국해와 동중국해의 분쟁지역에 밀집된 군사 및 준군사 활동에 대한 종사로 나타났다. 이 같은 '전략군사'는 전략적 군사력의 대폭적 증강, 전략적 활동 범위의 빠른 확장, 그리고 중국의 전략적 권리를 쟁취하기 위하여, 남중국해 및 동중국해 해역에서의 중국의 주권과 해양 권익에 대한 주장을 강력하게 떠받쳤다. 이런 '전략군사'적 행위는 중국의 소프트파워를 약화시켜서 이 지역에서의 중국의 전략적·외교적 환경을 더 복잡하고 취약하게 만들었고, 미국 및 일본과의 군사적 충돌 가능성과 리스크를 증대시켰다. 이것에 대한 주요한 반작용으로 미국은 동아시아 재균형정책을 추진하고 일본은 집단적 자위권의 강화를 추진했다. 따라서 중국 정부는 2014년 가을부터 일대일로 구상과 아시아 인프라은행 건설의 주도 등 이른바 '전략경제'에 유리한 전략적 전환을 시도하는 의사결정을 했다(时殷弘 2018).

그럼에도 불구하고 '전략군사'의 몇 가지 중대한 측면은 중국의 기본적 전략 태세에서 계속해서 드러나고 있다. 중국의 전략적 군사력의 급속한 증강이 계속되고 있고, 중국의 무장 역량은 해양과 육지 모두에서 맞설 수 있는 군사투쟁 준비를 빠르게 진행하고 있다. 중국은 남중국해에서 해양 권익과 전략적 능력을 대대적으로 신장시키고, 특히 남사군도의 여러 섬에서 대규모 인공섬 확장을 빠르게 진행시키면서 군사력을 구축해 왔다. 이는 남중국해에서 중국의 군사적 지위를 크게 강화하고, 중국의 해양 전략능력을 증강시켰으며, 미국과의 전략적 경쟁과 대립을 현저히 증가시켰다. 또한 동남아시아 해양 국가들과의 긴장을 증가시키고, 서태평양에서의 미국의 동맹국, 준동맹, 기타 전략적 동반자들이 서로 간의 안보협력 네트워크구축을 착수하도록 했다(时殷弘 2018).

이에 따라 미국은 군함과 항공기를 여러 차례 파견해 중국이 확장한 인공섬 부근 수역의 공역, 심지어 12해리 주변 수역까지 넘나들었으며, 중국은 남사군도와 서사군도에 미사일과 전투기, 레이더를 배치하고 군함을 동원해 미국과 대치하고 있다. 또한 이러한 중국의 영향력 강화를 견제하기 위해서 2017년 11월 트럼프 대통령이 이른바 '인태(인도-태평양)전략'을 제기하면서, 동아시아 지역은 미중 간의 패권경쟁이 본격화되는 장기적 불확실성의 시대로 진입하였다. "아시아-태평양" 개념을 "인태" 개념으로 확장한 것은 냉전 종식이후 20여 년 동안 존속해 왔던 넓은 의미에서의 아시아 지역의 역량 대비와 지정학적 전략정세의 변화를 반영하는 것이다. 중국 내에서는 인태전략에 대하여 신흥국인 인도를 미국의 아시아지역 내 군사파트너, 더 나아가 동맹체제로 끌어들이겠다는 구상으로, 뉴델리를 중국을 직접 '견제'하는 제1선으로 만들어 동서 양 전선을 통해 중국을 견제하려는 것이라고 주장한다. 또한 아시아 지역에서 서방 진영을 확대하고, 남중국해 정세와 중국의 해군력 발전에 대응하여 새로운 "진영화" 추세의 추진을 도모하는 것으로, 지정학적으로 중국을 위협하고 견제하기 위한 것으로 인식하고 있다(朱锋 2018).

3. 동아시아 질서에서 중국의 위상에 대한 인식

2008년 글로벌 금융위기를 거치면서 미국 경제가 침체되고, 이에 반하여 상대적으로 중국경제가 성장함에 따라, 중국학계에서는 금융위기 이후 국제질서의 전환과 중국의 지위에 대한 논쟁이 격렬하게 전개되었다. 우선, 글로벌 금융위기에도 불구하고 여전히 미국의 단극적 패권질서가 유지될 것으로 보는 시각이다. 이 시각은 금융위기가 미국에 패권의 쇠퇴를 가져온 것은 사실이지만, 근본적인 쇠퇴는 아니고 미국의 패권적 지위는 변함이 없다는 점을 강조한다(尙鴻 2009, 32-33; 朱鋒 2009, 24-26; 林利民 2009, 36-37). 그러나 대다수의 학자들은 1초 다강이라는 현 구조의 근본적인 전환은 아니지만, 국제질서가 다극화를 향해 구조적 전환을 시작했다는 점을 강조하였다(崔立如 2009, 1-3; 门洪华 2009, 35-36; 彭光謙 2009, 26-27; 秦亞靑 2009, 35-37; 劉江永 2009, 23; 金燦榮 2009, 15-17). 심지어 혹자는 이러한 국제질서의 전환을 보다 강조하기 위해 1초인 미국이 약세 추세를 보이고, 다강이 1초보다 상대적으로 강한 추세를 보인다는 점에서, 현재의 국제질서를 '1초 다강'이 아닌 '다강 1초' 구조로 성격 지어야 한다는 점을 강조하기도 한다(袁鵬, 2009, 39-40; 李興 2009, 29-30). 그리고 1초인 미국이 다강, 특히 다강 중에 1위를 점하고 있는 중국과 협력을 하지 않고서는 전 지구적 차원의 문제를 해결할 수 없다는 점을 강조한다(袁鵬 2009, 41; 蔡拓 2009, 30-32; 林宏宇 2009, 27-28).

이와 더불어 2010년 말 중국의 국민총생산(GDP) 규모가 일본을 초월하여 세계 2위가 되면서, 국제 사회에서 중국의 지위에 대한 논쟁은 이제 중국이 어떤 정도의 강대국에 속하는가에 초점이 맞추어졌다. 즉 중국이 지역 강대국인가, 세계적 영향력을 지닌 아태지역 강대국인가, 세계적 강대국 혹은 준수퍼파워인가 등에 초점이 맞추어졌다(门洪华

2012). 그 후 2012년 말 18차 당대회를 통해 등장한 시진핑 주석은 이른바 '중국 특색의 강대국 외교'를 제기하고 적극적이고 주동적인 대외 정책을 펼치면서 글로벌 강대국으로서의 정체성을 추구하기 시작했다. 글로벌 강대국으로서의 위치 정립은 시진핑 주석이 2017년 10월 19차 당대회에서 "거대한 중국이 역사 무대의 중앙으로 회귀하면서 세계는 신시대에 진입했다"고 선언하면서, 새로운 형식의 국제관계 건설과 인류운명공동체 건설이라는 글로벌 강대국으로서의 목표와 비전을 제시한 점을 통해서 잘 나타난다. 이런 흐름 속에서 왕이저우 베이징대 교수는 중국은 전 세계 다수 국가가 공인하는, 종합국력이 미국 다음가는 신흥초강대국(新兴超级大国)이 되었고, 미국과 어깨를 견줄 수 있는 초강대국이라는 데 의견을 같이한다고 주장한 바 있다(王逸舟 2019, 41-47).

물론 글로벌 강대국으로 부상한 중국의 국력이 미국과 비교하여 여전히 차이가 난다는 데에는 중국 내에 공통된 인식이 있다. 비록 2019년 기준 향후 5년 내에 미중이 양극 구도를 형성할 것이라는 낙관론도 있지만(阎学通 2019), 다수의 학자들은 중국이 첫째나 둘째의 위상을 점하는 것으로 꼽는 것은 주로 경제 분야이며, 아직 전방위적 강대국은 아니라고 인식한다(王逸舟 2019, 41-47). 경제적 측면에서 2030년을 전후로 해서 중국경제가 미국을 앞지를 수 있지만, 교육, 과학기술, 혁신, 문화, 군사력 방면에서는 중국이 예견할 수 있는 미래에 미국을 앞지를 가능성은 크지 않다는 것이다(吴心伯 2019a). 다만 중국이 앞으로 20~30년 동안 계속 성공한다면, 2045년까지, 즉 제2차 세계대전이 끝난 후 100년 또는 2049년 중화인민공화국 건국 100년이 되는 때가 바로 여러 면에서 미국을 제치고 세계 제일 강국, 종합 국력 제일 강대국이 될 것이다는 인식이 제기되었다(楚树龙 2019).

이처럼 미국과 비교한 글로벌 차원의 강대국으로서의 중국의 지위와 위상에 대하여 다양한 의견이 있지만, 동아시아에서 미국의 상대적 영향력 약화와 중국의 영향력 상승에 대해서는 큰 이견이 없어 보인다. 시진핑 정권이 등장하기 이전인 2012년에 중국의 한 학자는 아직 글로벌 차원에서 중·미간의 세력 전이는 현실적으로 직면해 있지 않지만, 동아시아 지역에서 권력 전이는 더 빨리 발생하고 있다고 지적한 바 있다(周方銀 2012, 10). 이런 인식들은 당시 다른 학자들에 의해서도 공감되고 있는 것으로 보이며, 중국이 현재 지역 강대국에서 세계 강대국으로 성장하고 있다고 인식하고 있거나(季志業 2013, 1-2), 혹은 아직 세계 강대국은 아니지만 영향력 있는 아시아 강대국(《京華時報》 2013. 11. 8.) 혹은 부상 중인 지역 강대국으로서 경제 지역주의를 추구함으로써 협력적인 참여전략을 펼쳐 전체 지역을 이끌어야 한다는 인식을 나타냈다(范斯聰 2013, 90-94). 또한 중국은 세계적인 영향력을 지닌 아태지역 강대국이고(门洪华 2012), 아시아 지역에서 중국은 이미 여러 나라의 가장 주요한 무역 파트너가 되었고 경제관계는 정치관계의 충돌을 이끌어내고 있으며, 제2차 세계대전 이후 아시아지역에서 미국은 지정학적, 지경학적으로 주도적 위치에 있었지만 미국의 주도적 지위는 점차 약화되고 있다는 인식도 제기되었다(吴心伯 2019a). 그 결과 제2차 대전 이후 미국과 미국의 동맹국들에 의해서 장악된 동아시아 구질서는 중국의 부상 하에 특히 최근 몇 년간 충격과 진동을 받으면서 심하게 균열되었고, 그 결과 동아시아 신질서의 저울은 현재 중국 쪽으로 기울어지고 있다는 주장도 제기되었다(王逸舟 2015, 79). 이처럼 현재 동아시아 지역질서에서 중국의 위상에 대해 학계에서는 다양한 논의가 전개되고 있다.

동아시아 지역에서 중국의 지위에 대한 인식은 중·미 관계와 지역질서에 대한 학자들의 다양한 시각을 통해서도 확인할 수 있다. 우선, 동아시아 질서를 중국이 주창하는 다자협력체계와 미국이 주도하는 쌍무적 동맹체계의 집합으로 보는 시각이다. 이는 중국과 미국이 동아시아에서 제도적인 균형전략을 채택한 결과 형성된 것으로, 중국이 주창하는 다자협력체계와 미국이 주도하는 쌍무적 동맹체계 중 한쪽이 다른 한쪽을 대체할 수 없는 기초 위에서 만들어졌다고 주장한다(祁怀高 2011). 또한 동아시아 질서를 중국과 미국 및 그 동맹체계 간의 전략적 상호작용 관계로 간주하는 시각도 있다. 이 시각에 따르면, 2010년 중국경제가 일본을 추월하면서, 중국의 경제적 능력의 부상이 미국의 주도적 지위에 도전할 정도는 아니지만, 동아시아 지역 경제에서 그 영향력을 뚜렷하게 상승시킨 것만은 분명하다. 비록 경제력, 군사력, 소프트 파워 능력에서 미국의 지역 동맹체계가 여전히 동아시아 질서의 핵심역량이지만, 중국의 지역 영향력이 점차 확대되면서 동아시아 지역질서 구성에서 중국은 무시할 수 없는 중요한 역량이 되었다. 그리하여 미국이 동맹체계에 의존하여 부상하고 있는 중국과 협조해서 공동으로 지역의 규칙을 만들고, 지역 안보를 안정적으로 유지해야 하는 상황이 되었다는 것이다(孫學峰 2011, 148-162).

한편 다수의 중국학자들은 중국이 아태지역에서 경제적으로는 핵심적 영향력을 발휘하고 있지만, 군사안보적으로는 미국이 결정적인 영향력을 발휘하는 이중 리더십 구조(dual leadership)를 형성해가고 있다는 시각을 견지하고 있다(Zhao 2014; 范斯聰 2013, 90-94; 陳向陽 2013, 24-28; 陳世清 2013, 88-89; 張蘊岭 2013, 118-119; 周方銀 2012, 4-32). 이 시각에 따르면, 중국의 국력이 상승하고 중·미 간의 세력 전이가 일어나면서 안보영역에서는 미국과 동아시아 동맹국들이 여전히 주도적 지위를 차지하고 있지만, 경제영역에서는 중국의 중심적 지위가 강화되면서 상호 의존관계를 형성하고 있다. 이처럼 안보와 경제 영역의 이중 리더십 혹은 이원구조의 출현은 동아시아 질서가 이미 비교적 중요한 전환점에 들어섰음을 인정하는 것이다. 즉, 미국 단일 역량 중심의 질서에서 경제와 안보라는 2개의 중심 구조로 전환된 것으로 간주함으로써, 중국이 미국과 나란히 지역 강대국으로서의 지위를 차지하고 있음을 인정하고 있다.

그러나 동시에 미국과의 관계에서 중국이 여전히 취약성을 지니고 있다는 점도 강조하고 있다. 즉 군사안보 영역에서 미국의 우세가 크게 안정화되어 있어 군대와 국방의 현대화 작업에도 불구하고 중국이 동아시아 지역에서 장기간 내에 미국의 주도적인 지위를 무너뜨리기는 어렵다는 것이다. 동아시아 지역에서 중국의 경제적 중심 지위도 미국의 군사안보적 지위와 비교할 때 아직 초보단계라는 것이다. 이는 이 지역의 국가들이 중국의 경제적인 중심 지위를 받아들일 준비가 되어 있지 않아, 지역의 제도나 규칙의 제정에서 중국의 영향력은 중국의 경제적 중심 지위만큼 증가하지 않고 있기 때문이다. 현재까지 중국의 경제적인 중심 지위는 주로 무역관계에서 나타나고 있으며, 시장의 의존 정도, 경제 규칙 제정권 면에서 볼 때 이 지역에서 중국의 경제적 중심 지위는 아직 실질적으로 완성된 것으로 볼 수 없다. 특히 경제 중심을 둘러싸고 형성되는 구조화된 생산 네트워크, 효과적으로 작동하는 지역경제제도 설립, 보편적으로 받아들일 수 있는 규칙체계 등을 제대로 갖추지 못해 지역경제 중심지위가 효과적으로 구조화·제도화하지 않았다고 인식한다. 따라서 미래 일정기간 중·미 간 동아시아 경쟁의 중심은 지역경제의 주도권을 누가 쥐느냐에 집중될 것으로 전망된다. 이를 위해 중국은 앞으로 동아시아 지역제도, 지역 국가의 관념, 지역 국가 간 관계 등에서 더더욱 질서 전환의 성과를 구현하는 데 집중할 것이다(陳世清 2013, 88-89; 周方銀 2012, 21-28).

상술한 내용을 볼 때, 비록 글로벌 차원에서 중국의 세계적 강대국으로서의 지위가 미국에 못 미치고 있지만, 동아시아 세력질서 속에서 중국이 이미 지역 강대국으로 부상했다는 점에선 이견이 없어 보인다. 이와 함께 비록 일부 학자나 기관들은 군사력에서도 동아시아 지역적인 차원에서 이미 중국이 미국과 같은 수준을 확보했다는 주장도 있지만,[3] 지식인들은 동아시아 강대국으로서의 중국의 지위는 경제력에 기초하고 있으며, 군사력이나 소프트파워 능력에서는 여전히 미국이 우위를 점하고 있는 것으로 인식하고 있다. 이는 중국이 동아시아 지역에서 지역 강대국으로 부상했지만, 미국과 비교할 때 종합국력에서 압도적 우위를 형성한 것은 아닌 것으로 인식함을 의미한다.

4. 동아시아 세력관계의 변화와 중국의 역할에 대한 인식

1) 중국의 역할에 대한 인식

상술한 바대로 중국 지도자나 학자들은 중국이 세계적 강대국으로서의 중국의 위상에 대해서는 상이한 의견을 지니고 있지만, 동아시아 지역의 강대국이 되었다는 점에서는 이견이 없다. 그렇다면 동아시아 지역 강대국으로서 중국은 이 지역에서 자신의 역할 정체성을 무엇으로 규정하고 있는가?

주지하다시피 시진핑 주석의 등장 이후 중국은 글로벌 강대국으로서의 정체성을 분명히 하고, 강대국 외교를 본격적으로 전개하면서 미국과 '규칙 다시 쓰기'를 통한 세계질서 차원의 경쟁에 돌입했다. 이런 점은 중국이 이제 글로벌 거버넌스 체제의 참여자에서 중요한 지도자가 되고자 하며, 글로벌 거버넌스에서 중국의 중요한 역할에 대한 국제사회의 기대에 조응해 국제질서 변혁의 목표를 적극적으로 이끌어가겠다는 인식의 전환이 일어나고 있음을 의미한다.

이러한 중국의 외교전략의 변화 내용과 그것의 역사적 의미에 대해

3 호주 시드니대학 미국학연구센터는 2019년 8월 19일 발간한 보고서에서 미국은 태평양 지역에서 더 이상 중국에 대해 군사적 우위를 누리고 있지 못하며, 중국으로부터 동맹을 보호하기도 어려울 수 있다는 분석을 내놓았다. 이 보고서는 미군은 '위축되어 가는 힘(atrophying force)'이며, 미군이 태평양 지역에서 감당할 수 있는 능력이 위험 수준을 넘어섰고, 중국과의 대립에도 대비가 미흡하다고 분석했다(《조선일보》(2019. 8. 20.).))

진찬롱 인민대 교수는 다음과 같이 언급하였다.

> "이제 중국이 글로벌 강대국으로서 역사무대의 중앙으로 회귀하였고 세계 또한 새로운 시대에 진입했다. 미래의 세계 세력구도는 미국이 바라는 바와 같은 '1초 다강'이나 중국이 그동안 말해왔던 바처럼 '다극구도'가 되지 않을 것이고, 중미라는 두 개의 초강대국과 기타 몇몇 강대국으로 구성된 '양초 다강' 구도가 될 것이다. 따라서 중국은 이제 스스로의 실천적 '역사적 자각'에 기초하여 '역사의 종언'에 대한 종결을 선언하고, 서구의 모델과 다른 발전경로, 이론, 제도, 문화를 기초로 한 '중국식의 역사 발전의 길'을 가야 한다. 이런 중국의 전략적 선택은 근대 이래 중국과 세계와의 "자극 → 반응"식의 상호작용 및 그 대응이라는 특징을 철저하게 변화시켰다. 그리고 이것은 지난 백여 년 이래 중국이 서방을 미래의 이상상태로 인식했던 잠재적 설정을 변화시킨 것이다"(金灿荣·张昆鹏 2018).

상술한 내용은 다소 과장된 측면도 있지만, 중국의 부상과 함께 나타나고 있는 외교전략에 대한 인식의 변화를 나타내주는 것으로 볼 수 있다. 바로 이런 상황은 중국에 대한 미국 내의 인식에도 큰 영향을 미쳐, 최근 미국의 학계와 정계에서 중국이 부상한 국력에 기초하여 미국 주도의 자유민주주의 국제질서를 수정하고자 하는 전략적 경쟁자가 되었다는 시각이 급부상하게 했다(Li and Liang 2018; 郭至君 2018). 특히 미국은 가치영역에서 중국의 영향력 강화와 미국의 영향력 약화에 대하여 매우 중시하고 있으며, 중국모델에 대한 중국 내부의 토론이 중국의 경험을 세계에 전파하여 미국 주도의 자유민주주의 발전모델에 도전하는 것으로 인식하면서, 대중국 억제정책을 통하여 중국을 약화시키고 중국의 도전을 막아야 한다는 주장이 범람하고 있다(Steinberg 2018).

그러나 2017년 하반기부터 미국이 중국에 대한 견제정책을 본격적으로 전개하면서, 중국 내에서는 상술한 언술에 미묘한 변화가 나타나고 있다. 가령 2019년 3월 전국인대 개최에 즈음하여 왕이 외교부장이 한 기자회견에서 중국은 보다 분명하게 현 국제질서를 지키고 더 많은 책임을 질 것임을 강조하면서, 민족부흥을 위한 유리한 조건을 창조하고 세계평화와 인류의 진보를 위하여 더 많은 공헌을 할 것임을 강조했다. 또한 중국은 중국에 맞는 발전모델을 만들어 적용하고 있으며 이 모델을 수입도 수출도 하지 않을 것이며, 현재의 국제질서를 대체하거나 전복하지 않고 개혁을 추진하는 현 국제질서의 보호자이자 건설자임을 강조했다. 이런 발언은 현재의 미국 내의 여론이 중국을 현존 국제질서의 수정주의자로 간주하는 시각을 의식한 것으로 볼 수 있다(《新华网》 2019. 3. 10.). 이런 상황은 18차 당대회와 19차 당대회를 거치면서 중국이 국제질서의 중앙으로 다가가고 있으며, 따라서 중국 특색의 (강)대국외교를 통하여 신형국제관계를 수립하고 인류운명공동체를 구현하기 위해 나아갈 것이라는 확신에 찬 태도를 보인 것과는 달리 신중모드로 전환된 감이 있다.

그렇다면 동아시아에서의 중국의 역할에 대해 중국 정치지도자나 학계는 어떤 인식을 하고 있는가? 중국의 학계에서는 중국 주도의 동아시아질서를 수립하고자 하는 의지에서는 전반적으로 큰 이견이 없어 보인다. 이것은 필자가 2017년 베이징과 상하이의 46명의 국제정치학자들을 대상으로 한 조사에서도 확인 할 수 있었다(이정남 2018). 또한 먼홍화 전 중앙당교 교수가 중국 주도의 동아시아공동체 건설을 중국의 동아시아전략의 목표로 삼아야 할 뿐만 아니라, 정치, 경제, 안보, 인문 등과 같은 각 방면에서의 전략적 자원의 배치를 통해, 동아시아 질서의 적극적 구성자(塑造者)가 되어야 한다고 주장한 데서도 확인할 수 있다(门洪华 2015, 25-35).

그러나 현 단계에서 중국의 동아시아 질서에 대한 구상은 미국을 배제한 중국 주도의 배타적 질서 수립보다는, 이 지역에서 중미 간 신형 강대국 관계를 수립하자는 주장으로 나타나고 있다. 이는 다수의 중국 지식인들이 미국과의 신형 강대국 관계의 건설을 동아시아 지역에서부터 시작해야 한다고 인식하는 데에서 확인할 수 있다(金燦榮 2013, 16-17; 李向陽 2013, 37; 韋宗友 2012, 60-66; 袁鵬 2013, 30-32). 그리고 왕이(王毅) 외교부장이 미국 방문기간 중에 아태지역을 중·미 간 신형 강대국 관계를 만드는 시금석이라고 말한 것에서 볼 수 있듯이, 이러한 인식은 중국 정부도 공유하고 있는 것으로 보인다(袁鵬 2013, 30-32).

중국의 경제적 부상으로 동아시아 지역에서 중국 중심의 경제질서와 미국 중심의 안보질서라는 이중구조가 형성되고, 이를 견제하기 위한 미국의 재균형 정책이 본격화하면서 동아시아 지역에서 중·미간 경쟁이 강화되어 왔다(李向陽 2013, 37-38). 이런 상황에서 중국의 지도자는 미국과 신형 강대국 관계를 제시했고, 쌍방 간 평등, 존중, 협력, 윈윈, 핵심이익의 존중에 기초한 관계를 정립함으로써 부상하는 강대국과 수성 강대국 간에 충돌이 수반되지 않는 새로운 강대국 관계를 수립할 것을 주장였다(이정남 2013, 54-58; 季志業 2013, 1-2). 이처럼 신형 강대국 관계의 설립을 동아시아 지역에서부터 출발할 것을 요구하는 것은 동아시아 지역에서 중국 주도의 배타적인 질서를 확립하기보다는 중·미 간 공존하는 질서를 형성함으로써 미국이 아태지역에서 건설적인 역할을 하도록 하는 동시에 중국의 이익에 손해를 끼치는 것을 방지하고자 하는 인식이 반영된 것으로 보인다(戴長征 2012, 85-91).

이처럼 중국 주도의 동아시아 질서를 수립하고자 하는 목표를 지니고 있음에도 불구하고, 이 지역에서 미국과 신형 강대국 관계를 형성하고자 하는 것은 지역 강대국으로서 중국의 위상이 여전히 취약하다는 인식에 기초하고 있다. 중국의 국력이 상승하고 중·미 간 세력 변화가 나타나면서 중국의 중심적 지위가 강화됐지만, 미국과의 경쟁에서 미국의 국력이 여전히 우위인 상황이며, 이 지역의 국가들은 관념적으로 여전히 중국의 경제적 중심 지위를 받아들일 준비가 안 되어 있기 때문이다(陳世淸 2013, 88-89). 그러나 다수의 중국학자들은 2020년대 중반을 전후로 한 시점을 동아시아 지역에서 중국이 미국을 능가하는 지역 강대국이 될 것으로 전망하기도 했다(戴長征 2012, 85-91; 周方銀 2013, 32-33; 張蘊岭 2013, 118-119). 따라서 중국은 미국과 윈윈하는 동아시아를 강조하면서도 동시에 중국이 주도하는 동아시아를 건설하기 위한 노력을 강화할 것이다.

이를 위해서 특히 지역질서와 규칙 형성에 참여해 규칙의 제정자가 되도록 해야 한다고 강조한다. 중국의 지식인들은 중국이 평화적 부상을 통해 세계적인 강대국이 되기 위해서는 국제적 규칙의 방관자나 준수자로부터 규칙의 제정자가 되어야 한다고 인식하고 있다. 이런 관점에서 중국의 주변전략의 목표는 반드시 지역의 질서와 규칙에 대한 영향력에서 시작해서 전 세계의 질서와 규칙에 대한 영향력으로 상승토록 해야 한다고 주장한다(李向陽 2013, 37-38; 陳世淸 2013, 88-89). 그러나 예측 가능한 미래에 중국이 국제업무와 지역업무에 참여하는 데 있어 비교우위는 이데올로기나 사회제도 등 비경제적 영역이 아니라 경제적 영역이기 때문에, 현재 중국은 경제적으로 이 지역의 중심적인 지위에 걸맞게 지역의 제도나 규칙 제정에서 영향력을 확보해야 한다는 점을 강조한다. 즉 지역 제도, 지역 국가의 관념, 지역 국가 간 관계 등에서 진일보한 세력전환의 성과가 나타나도록 해야 한다는 것이다(李向陽 2013, 37-38).

2) 각 영역별 중국의 역할에 대한 인식

이처럼 지역 강대국의 지위를 공고화하고 세계적 강대국으로 부상하기 위해, 중국은 우선 부상한 국력에 기초하여 지역협력에 적극적으로 참여하고 지역협력의 제도화를 주도하고자 시도해 왔다. 1990년대 이래 동아시아 각국이 동아시아 공동체를 강조해 왔고, 중국도 이를 적극적으로 지지해 왔다. 그러나 중국은 동아시아 공동체의 건설을 지역전략으로 제기하지는 않았다. 다시 말하면 동아시아 공동체 목표 속에서 중국은 자신의 지위와 역할을 명확하게 설정하지 못한 상황이었다(兪新天 2008, 24). 그리고 현재 동아시아 지역에서 중·미 간 세력 경쟁이 본격화되면서 동아시아 공동체 논의는 현실적으로 학자들의 관심에서 멀어졌다(張蘊岭 2013, 118-119). 그럼에도 불구하고 중국은 이 지역에서 우세를 점하고 있는 경제적 지위를 이용해 경제협력을 주도하고 제도화하여 지역경제의 규칙 제정권을 확보하고자 한다. 또한 종합안보, 공동안보, 협력안보를 내용으로 한 신안보관을 기초로 신지역안보질서를 구상하고 이를 통해 안보영역에서의 어젠다 설정과 규칙 제정에도 강력한 의지를 나타내고 있다.

우선, 경제영역에서 중국 주도의 지역협력의 제도화의 추진이다. 시진핑은 2013년과 2014년 APEC회의 연설에서 중국이 아태지역의 많은 국가들에게 자본, 시장, 상품, 투자 등의 공공재를 제공함으로써 아태지역의 발전과 번영을 위해 최선을 다할 것임을 강조했다. 그리고 아시아 국가들과 기반시설과 금융협력을 연결시켜 '아시아인프라투자은행(AIIB)'건설을 제의하고 총 500억 달러에 달하는 기금을 약속했다(习近平 2013). 아시아인프라투자은행(AIIB)의 설립은 기존 국제금융질서인 미국 주도의 세계은행 및 일본 주도의 아시아개발은행과 경쟁하면서 이들을 대체할 새로운 중국 주도의 아시아금융질서를 구축하려는 시도라고 볼 수 있다.

또한 중국은 아태지역에서 중국 주도의 통상질서 재편을 추진하고 있다. 환태평양동반자협정(TPP)을 통해 동아시아 지역에서 중국 경제의 영향력을 견제하고 이 지역의 경제적 규칙 제정권을 유지하려는 미국의 시도에 대응하여, 중국 주도의 동아시아 통상질서를 이끌어내기 위해 2006년부터 아태지역 전체를 자유무역지대로 만들고자 하는 '아시아·태평양자유무역지대(FTAAP)'를 제기하고, 이것을 아태지역의 경제공동체로 발전시킬 것을 강조해 왔다. 이는 APEC 21개 회원국을 대상으로 한 FTA로 미국과 중국을 모두 포함하고 있는 점이 특징이다. 아직 협상이 개시되지 않은 구상 차원이지만, 이를 통하여 아태지역 경제 공동체 논의를 주도하고자 하는 중국의 의도가 엿보인다. 또한 트럼프 정부의 등장 이후 미국이 환태평양동반자협정(TTP)에서 탈퇴하면서 중국은 역내 포괄적 경제동반자협정(RCEP) 구성에 주력하여 2019년 인도를 제외하고 일본을 포함하여 15개국이 향후 시장 개방 등 협상을 마무리해 2020년에 최종 타결 및 서명을 추진키로 했다(《연합뉴스》, 2019. 11. 4.).

중국의 대외원조도 역내 경제적 영향력을 증대시켰다. 2009년 이후 중국의 원조와 개발차관 예산은 미국을 앞질렀다. 트럼프 대통령이 미국의 지원 예산을 삭감하려는 시도는 중국의 개발 지원 역할을 더욱 두드러지게 하고 있다. 2009년 이래 중국이 제창한 아시아인프라투자은행(AIIB)과 중국의 주변 및 보다 광범위한 지역에서의 인프라 건설을 촉진하는 일대일로(一带一路) 구상은 중국을 동아시아 지역 전체의 인프라 구축에 가장 중요한 자금원으로 만들었다. 동아시아의 거의 모든 나라가 아시아인프라투자은행(AIIB)에 가입해 일대일로 구상 하에서 동반자 관계를 맺고 있다(Robert Ross(陆伯彬) 2019).

둘째, 군사안보영역에서도 중국은 군 현대화 계획의 성과 및 해상 매립 활동 등을 통해 부상중인 군사대국일 뿐 아니라 동아시아의 해상강국으로 나아가고 있다. 비록 미국의 앞선 기술, 경험, 훈련으로 인해 미국이 여전히 이 지역에서 군사적 우위를 유지하고 있지만, 미중 간의 군사적 격차는 이미 크게 좁혀졌다는 평가다. 구체적으로 첫째, 현재 중국은 고성능의 잠수함, 구축함, 호위함 및 쾌속정(快攻艇) 등을 포함하여 거대하고 유형이 풍부한 현대적 해군함대를 보유하고 있으며, 중국의 잠수함은 미 해군의 동아시아 내해 진입을 막기에 충분하고, 수상 함선은 미군이 이 구역 내에 배치한 수상 함선을 겨냥할 수 있는 첨단 순항 미사일을 갖추고 있다는 평가다. 둘째, 육상 탄도미사일은 사거리를 최대한 늘려서 남중국해 전체를 사거리 안에 넣을 수 있고, 더 나아가 미국이 괌에 배치하는 시설까지 사거리 범위에 포함할 수 있다. 셋째, 중국은 항공기 제조업의 현대화를 추진하여 선진 국산 기종의 생산을 점진적으로 달성하여 러시아 항공기 제작에 대한 의존도를 줄인다는 목표를 추진하고 있어, 중국의 해군과 공군 역량이 동아시아 해역에서의 미국의 해-공 통치권에 도전장을 내밀고 있다. 넷째, 중국이 남중국해에 건설한 군용 후방 시설은 동아시아 해역 남부에 중국 해공군의 존재를 확대하는 데에도 유리하다. 중국은 쟁의 수역의 암초에 인공섬 8기를 건설했고, 이것은 중국의 전쟁 능력을 강화시키거나 중미 해군의 균형을 바꾸지는 않았지만, 이들 거점이 중국의 해군 및 해안경비대의 선박과 공군 항공기로 하여금 필리핀, 싱가포르, 말레이시아 등 미국 안보파트너와 인접한 수역에 지속적으로 존재할 수 있게 만듦으로써, 중국의 강제권을 강화했다. 동시에 중국이 남중국해에서 미국의 해공군 활동을 더 자주 감시하는 것을 가능하게 했다(Robert Ross[陆伯彬] 2019).

한편, 중국은 지역 내 안보영역 어젠다 설정능력 제고에도 관심을 기울이고 있다. 2013년 9월 리커창은 동아시아정상회의에서, 지역의 실제에 부합하고, 각 국의 수요를 만족시키는 지역안보구조를 건립하는 것은 피할 수 없는 추세라고 언급하면서 아태지역에 완전히 새로운 안보 틀을 건립할 것을 제의한 바 있다. 창완취안(常萬全) 국방부장도 2013년 8월 29일 제2회 아세안 국방장관 확대회의에서 아세안을 초월한 범아태지역안보구조의 건립 노력을 주창했다. 10+8 아세안 국방부장 확대회의의 건립을 주장하고, 이것에 기초하여 냉전 색채가 강렬하고 제3국을 대상으로 한 쌍무적인 군사동맹 체계를 초월해야 한다고 주장했다(蘇浩 2013, 15). 또한 2014년 '아시아 교류 및 신뢰구축회의(CICA)'에서 시진핑은 '아시아의 안보는 아시아인의 손으로'라는 신안보관을 제기하면서 중국 주도의 안보질서구상에 대한 속내를 드러낸 바 있다. 아시아의 문제는 철저하게 아시아인이 처리해야 하며, 아시아인의 협력 강화를 통해 아시아의 평화와 안정을 실현해야 한다고 강조하면서 CICA에 기초하여 지역 안보협력을 위한 새로운 틀을 만들어야 한다고 주장한 것이다(习近平 2014).

1992년에 창설된 CICA가 아시아 및 중동 등 26개국을 정식 회원국으로 하는 광범위한 대화체임에도 불구하고 기존의 역내 안보를 주도하던 미국과 일본을 배제하고 있음을 고려할 때, 중국은 CICA를 통해 미국이 주도하는 기존의 아시아 안보질서를 대체할 수 있는 새로운 안보협력의 틀을 구축하려 시도하고 있는 것으로 보인다. 이처럼 중국 정부 수뇌가 아태지역에서 처음으로 안보구조를 건립하자고 제의한 것에 대해 중국 학자들은 중국이 지역 안보문제에서 어젠다 설정 능력을 강화하고자 하는 것일 뿐만 아니라(陳世清 2013, 88-89), 지역 안보에 적극적으로 책임을 지려는 의지의 표현으로 해석하고 있다(馬箭妍 2014, 37-39). 그리고 미국처럼 지역 안보를 주도할 수 없는 상황에서, 다양한 지역 국가들과 공동으로 아태지역 안보구조의 건설을 추진하고 참여하려는 중국의 지역안보구상이 뿌리를 내린다면, 미국 주도의 아태지역 안보구조에 대한 도전일 수 있다고 주장한다(苏浩 2013, 15).

셋째, 주변국 외교의 강화를 통해 주변국가에 대한 중국의 소프트파워를 제고하려는 노력을 강화하고 있다. 중국 정부는 주변국 외교를 강조하면서 주변국가의 지지에 기초하여 지역 강대국에서 세계 강대국으로 성장하고자 하며, 주변의 지지가 없다면 중국이 진정한 세계 강대국이 되기 어려울 것으로 인식하고 있다. 이런 맥락에서 중국 정부는 2013년 10월 24일 주변외교공작회의를 열고, 주변국 외교를 중국 외교의 최우선순위에 놓으면서 주변국가에 운명공동체의식이 뿌리내리도록 할 것을 제기했다. 그리고 2013년 11월에 거행된 21세기 이사회에서 양제츠는 주변국이 중국 외교의 가장 우선 방향이 될 것이라고 선언했다(《多維新聞》 2014. 2. 2.). 이처럼 중국이 주변국 외교를 최우선순위로 설정하는 것은, 주변국가로 하여금 중국에 더 우호적이고 친밀하며, 일체감과 친화력, 호소감과 영향력을 느끼게 함으로써 중국의 부상 과정에서 불가피한 미국과의 경쟁에서 주변국가의 지지를 얻기 위함이다(閻學通 2013, 15-16).

이처럼 중국은 지역 강대국으로서 현재 동아시아 지역에서의 미국과의 공존을 인정하지만, 동시에 장기적으로 이 지역에서 미국을 능가하는 지역 강대국으로 부상하고, 이것에 기초해 세계 강대국으로 가고자 한다. 그러나 동아시아 지역에서 미국과의 공존은 이 지역에서 미국이 주권, 국가안전, 체제유지, 경제발전이라는 핵심이익을 침해하지 않을 때 가능한 것이다. 만약 미국이 이 지역에서 중국의 핵심이익을 침해할 경우, 미국과의 도전도 불사한다는 입장을 취하고 있다. 2013년 1월 28일 중앙정치국 1차 집단회의에서 시진핑은 외교업무에 관한 연설을 통해 "중국이 현재 평화와 발전을 추구하고 있지만, 이것은 국가이익을 희생하는 대가로 얻어서는 안 되며, 어떠한 외국도 중국이 핵심이익을 두고 거래할 것이라는 기대를 해서는 안 된다. 즉 중국이 주권, 안보, 발전이라는 이익에 손해를 보는 약과를 삼키는 것을 갈망해서는 안 된다"고 언급한 바 있다(《多維新聞》 2014. 3. 11.). 또한 2014년 3월 전국인대 정부보고에서 리커창 총리도 센카쿠(중국명: 댜오위다오)에 대해 분쟁중인 일본을 대상으로, 제2차 세계대전에서의 성과와 전후질서를 지킴과 동시에 역사의 수레바퀴를 되돌리는 것을 허용하지 않겠다고 언급하는 등 동아시아 지역에서 핵심이익 수호와 지역질서 형성에 제 목소리를 낼 것임을 분명히 했다(《多維新聞》 2014. 3. 11.).

이것은 미래 일정기간 동아시아 지역에서 미국과 공존하는 데 있어 중국이 양보할 수 없는 마지노선이 핵심이익이라는 점을 분명히 하고 있음을 의미한다. 따라서 미국이 중국의 핵심이익을 침해하지 않는다면, 중국은 미국과의 관계에서 이 지역의 경제, 안보, 소프트 파워 영역을 포괄하는 실질적인 최강대국이 되기 위해 미래 상당기간 치열한 경쟁을 전개해 나갈 것으로 보인다. 그리고 이 지역에서 최강대국이 된다는 것은 곧 전 지구적 차원의 최강대국으로 가는 출발점을 의미한다.

5. 평가와 전망

2008년 가을 미국이 금융위기로 경제적 쇠퇴를 경험한 반면, 중국은 빠르게 부상하여 경제와 군사력 등에서 세계 제2의 강대국으로 부상하였다. 이런 상황에서 중국은 비록 국내적으로 여전히 복잡한 도전에 직면하고 있었지만, 국내문제보다 대외업무와 외부세계에 대한 영향력을 더 중시하기 시작했다. 특히 2012년 11월 18차 당대회를 통해 시진핑이 등장하면서 이런 추세는 전례없는 발전추세를 나타냈다. 시진핑은 중화민족의 위대한 부흥 과정의 가속화를 추진하고, 대외 정책에 상당 정도로 에너지를 투여하여, 매우 단기간 내에 종전과는 다른 많은 담론과 실천을 이끌어내었다. 이것은 중국과 미국의 동아시아에서의 영향력 경쟁을 빠른 속도로 증강시켰다.

이런 상황에서 미국은 중국에 대한 본격적인 억제정책을 가시화하기 시작했다. 탈냉전기 미국의 대중국정책은 줄곧 '개입'과 '견제'를 중심으로 한 것이었고, 중미관계는 줄곧 협력과 경쟁이 병존하는 관계였다. 비록 오바마 행정부가 '아시아 태평양 재균형' 전략을 추진하고 중국과 아태지역에서의 지정학적 및 지경학적 경쟁을 강화했지만, 기본적으로 미국의 대중국 경쟁은 줄곧 개별적 측면과 일부 분야에 초점이 맞춰져 있었다. 그러나 트럼프 행정부는 대중국 경쟁을 경제, 군사, 인문사회영역으로까지 확대하며 전방위적으로 중국에 대한 압박을 전개하고 있다.

중국과 미국은 경제와 과학기술영역에서 규칙 제정권 및 표준 경쟁을 전개하고 있고, 안보영역에서는 남중국해와 동중국해에서 항행의 자유원칙과 타이완문제 등을 둘러싸고 치열하게 대립하고 있다. 외교 분야에서는 중국의 인태전략과 중국의 일대일로 구상이 경쟁을 강화하고 있으며, 이 지역에서 자유주의 국제질서의 지속적 발전을 주장하는 미국의 주장에 대해 중국식의 발전모델과 발전의 길을 강조하는 중국의 주장이 강하게 대립하고 있다. 이에 지역질서의 방향을 둘러싸고 미중이 디커플링되고 신냉전으로 갈 것인가, 아니면 중미 간 무력충돌로 치달아 투키디데스의 함정에 빠질 것인가, 또는 양국이 합의 가능한 새로운 질서의 틀을 만들어 낼 것인가 등은 학계의 초미의 관심사가 되었다.

이처럼 미중 양국의 국력대비의 변화와 전략 및 정책적 조정이라는 커다란 배경 하에서, 동아시아에서 중미 전략적 경쟁의 서막은 이미 시작되어, 중미 갈등의 강도와 범위가 탈냉전기 이후 전례없는 수준에 달하고 있다. 단기적으로 중국은 미국의 압력에 정면으로 대응하기 보다는 일정한 타협과 향보를 통하여 정면충돌을 피하는 조정을 해 갈 것이다. 그러나 장기적으로 동아시아 지역에서의 주도권 확보에 기초하여 세계적인 강대국으로 부상하고자 하는 중국의 의지는 막지 못할 것이며, 따라서 이 지역에서 중미 간의 치열한 주도권 경쟁이 지루한 장기전의 형태를 띠고 전개될 것이다.

제4장

세력 전환 시대 중미관계의 변화와 중국의 대미 정책[1]

1. 서론

부상하는 중국은 세력전이를 통하여 세계적인 최강자로 자리매김할 것인가? 아니면 미국을 대체하는 최강자가 아닌 미국과의 평화적 공존을 추구할 것인가? 중국의 부상과 함께 중미 간의 경쟁이 치열해지면서 국제질서 속에서 중미관계가 어떠한 형식을 취할 것인가는 국제사회의 중요한 관심사가 되고 있다. 특히 2008년 미국의 경제위기 이후 중국 내에서는 미국의 국제적 지위의 상대적 약화와 중국의 부상, 국제질서속의 세력구도 전환 등에 대해 많은 학자들이 논쟁을 전개하고 있다. 그리고 이러한 논쟁의 중심에는 신흥 강대국으로 부상한 중국과 기존 강대국인 미국과의 관계가 어떻게 형성되어야 하는가가 핵심적 쟁점이 되고 있다.

중국은 지난 40여 년 동안 이룩한 눈부신 경제성장에 기초하여 세계적 강대국으로 부상하면서 중화민족의 부흥을 이룬다는 국가적 목표를 제시하고 있다. 중국은 이러한 목표를 추구하는 데 있어, 무엇보다도 현재의 패권국인 미국을 가장 중요한 대외적 요인으로 인식하고 있다. 실

1 이 장은 필자의 "중미관계에 대한 중국의 인식: '이익 상관자', 'G2'와 '신형 강대국관계'를 중심으로" 《현대중국연구》 15집 1호(2013, 8월)와 "중미 간 경제무역 갈등의 본질 및 대응방향에 대한 중국 내의 인식," 《국가전략》(세종연구소) 제26권 1호 등의 두 논문에 기초하여 수정 보강하여 작성한 것임.

제로 덩샤오핑(邓小平)은 대미관계에 대한 처리와 중국의 근대화 전략의 선택을 연결시켜 사고하였으며, 안정적이고 적극적인 중미관계를 건설하는 것을 부강한 중국을 건설하는 데 있어 가장 중요한 대외적 조건으로 사고하였다(牛军 2013). 그리고 시진핑도 중미관계가 세계에서 가장 중요한 쌍무적 관계이며, 두 나라의 협력 없이는 아태지역은 물론 세계 평화도 담보하기 어렵다고 인식하고 있다(《중앙일보》 2012. 2. 15.). 이런 점에서 중미관계에 대한 중국의 인식을 살펴보는 것은 중국의 대외정책과 중미관계의 발전방향을 전망하는 데 있어 핵심적인 요소이다.

중국의 급속한 부상과 함께 미국에 의해 '책임을 다하는 이해당사자론(a responsible stakeholder)'이 제기되면서 중미관계는 세계적 영향력을 가진 국제관계로 주목받기 시작하였다. 1979년 수교 이래 미국은 세계적 영향력이라는 관점에서 중미관계를 바라보지 않았으며, 2005년에 이르러서 마침내 세계적 영향력이라는 관점에 기초하여 중미관계를 바라보기 시작했다. 구체적으로 2005년 로버트 졸릭 국무부 부장관이 중국을 '책임을 다하는 이해당사자'로 규정하면서 세계질서 속에서 중국과의 관계를 사고하고 중국의 역할을 제기하기 시작한 것이다. 미국의 중미관계에 대한 이러한 인식의 전환은, 2001년 중국이 세계무역기구(WTO)에 가입한 이후 지속적인 경제 성장을 통해 국제무대에서 영향력이 증가하면서, 미국이 대중국정책을 과거처럼 지역적 정책으로 더 이상 다룰 수 없었으며 세계무대에서 새로운 중국의 역할을 분명히 할 필요가 있었기 때문이다(刘波 2013).

그러나 세계질서 속에서 중미관계를 어떻게 위치지을 것인가는 중국과 미국 사이에 여전히 뜨거운 논쟁점이 되고 있으며 명확한 성격 규정이 되고 있지 못한 상황이다. 그 이유는 중국과 미국이 국제질서 속에서의 각자의 위상과 역할에 대한 상이한 인식을 갖고 있기 때문이다. 따라서 이 장에서는 2005년 미국에 의해 제기된 이익상관자 개념의 등장 이후, 중미관계에 대한 중국의 인식 변화를 살펴보고자 한다. 왜냐하면 이 시기부터 국제학계 뿐만 아니라 중국 내에서 신흥 강대국으로서의 중국의 위상에 대한 보다 진전된 평가가 이루어지고, 중미관계를 세계적 영향력을 가진 쌍무적 관계로 사고하기 시작했기 때문이다. 구체적으로 2005년 이해 당사자 개념의 등장 이후, 2008년 글로벌 금융위기를 거치면서 중미관계를 설명하는 새로운 개념으로 이른바 G2 혹은 Chimerica 개념이 등장하여 폭발적인 관심을 일으켰다. 또한 2012년부터 중국 정부가 이른바 '신형 강대국 관계론'을 주동적으로 제기하면서 중미관계를 규정짓는 새로운 담론으로 등장하였다. 이들 개념들은 각 시기별로 중미관계를 규정하는 대표적인 개념으로 국제사회로부터 높은 관심을 받았다. 따라서 중미관계에 대한 중국의 인식을 살펴보기 위해서는 위 개념들에 대한 중국학자나 정치지도자의 논의를 살펴볼 필요가 있다.

따라서 이 장에서는 국제질서 속에서 중국과 미국의 위상과 역할에 대한 중국의 인식과 이에 따른 중미관계에 대한 인식의 변화를 분석함으로써, 중국의 대미전략 및 중미관계의 발전방향을 전망하고자 한다. 특정 국가의 태도와 행위는 그 국가의 정체성과 밀접한 관련성이 있으며, 정체성을 달리 규정하는 국가들은 또 서로 다른 관념과 정책을 취한다. 그러므로 한 국가의 정체성 규정의 변화는 국제사회에 대한 관념과 정책의 변화를 초래한다고 주장하는 구성주의론의 관점에 기초하고 있다(Jepperson, Wendt and Katzenstein 1996, 52-65). 이런 관점에서 보면, 중미관계에 대한 구상도 중국이 국제질서 세력구도 속에서 중국의 위상과 역할을 어떻게 인식하고 있으며, 또한 미국의 위상과 역할을 어떻게 인식하고 있는가에 의해서 결정된다고 볼 수 있다.

이에 이 장에서는 우선, 2005년 이해 당사자론의 등장과 함께 나타난 중미관계에 대한 인식의 전환을 살펴본 후, 두 번째로 글로벌 금융위기 이후 국제사회로터 제기되어 중국에서도 광범위하게 논의된 G2담론에 대한 분석과 2012년부터 중국 정부에 의해 주동적으로 제기되고 있는 '신형 강대국 관계론'에 대한 분석을 통해, 중미관계의 위치설정에 대한 중국의 인식 을 살펴볼 것이다. 그리고 세 번째로 시진핑 정권의 등장 이후 중미관계에 대한 인식과 2017년 이래 미국의 본격화된 견제 정책에 대한 중국의 인식을 살펴보고, 마지막 결론에서 시진핑(习近平)정부의 대미전략 및 중미관계 추진 방향을 전망하고자 한다.

2. 이해 당사자론의 등장과 중미관계에 대한 중국의 인식

중미관계에 대한 중국의 인식은 중국의 위상과 역할에 대한 인식과 밀접한 관련이 있다. 개혁개방정책의 실시 이전 중국은 자신을 소련을 중심으로 한 사회주의 블록과 미국을 중심으로 한 자본주의 블록도 아닌 제3세계 국가로 규정하면서, 국제질서의 혁명적 개조에 자신의 역할 정체성을 두었다. 그리고 소련이라는 공동의 위협에 대응하기 위해 미국과 안보협력관계를 형성하였다. 1980년대에 들어서도 미국과의 전략적 협력을 통해 소련과 전략적 균형을 유지하고 소련의 확장을 막아야 한다는 사고가 유지되었지만, 덩샤오핑은 개혁개방정책의 성공적 추진과 중미관계를 연결시켜 사고하였다. 당시 중국은 개혁개방정책의 성공적 추진을 위해 외교의 모든 초점을 국내경제 발전에 두었고, 안정적이고 적극적인 중미관계의 형성을 중국의 부강을 실현하는 데 있어 가장 중요한 대외적 조건으로 사고하였다(牛军 2013). 그러나 이 시기에 중국은 미국에 대해 기본적으로 적도 아니고 친구도 아닌 것으로 인식하면서 새롭게 변화되는 국제정세에 대응하여 미국과 부득이하게 실용적으로 전략적 협력을 진행했지만, 중국의 핵심이익과 관련된 문제에 있어서는 투쟁적인 자세를 견지하였다(杨晓萍 2009, 116-117). 이러한 중국의 미국에 대한 인식은 제3세계 국가임을 여전히 주장하였지만 자신의 정체성을 기존의 국제체제 밖의 제3세계 국가에서 국제체제 내의 제3세계 국가로 간주하면서, 국제질서의 혁명적 개조로부터 평화적 개조에 자신의 역할 정체성을 두고자한 것으로 간주할 수 있다(김애경 2004, 39-40).

1990년대 초에도 중국은 국내경제 발전을 최우선의 가치로 생각하였으며, 대외 정책에 있어서는 이른바 도광양회라는 모호한 정책을 통하여 자신의 분명한 의도를 드러내지 않으면서 경제성장에 주력하는 정책을 취하였다. 이러한 정책을 취한 것은 당시 대내적으로 천안문사태와 대외적으로 소련과 동유럽의 붕괴를 경험하면서, 국제사회에서 중국의 위상을 제3세계 국가로 간주하고 국제질서의 평화적인 개조를 역할 정체성으로 하고 있었기 때문이다(김애경 2004, 41-42). 이러한 상황에서 1990년대 중반까지 중미관계에 대한 중국의 관심은 미국이 중국에 대해 봉쇄정책을 취하고 있는가와 개입(engagement)정책을 취하고 있는가에 대한 논의로 집중되어 있었다. 당시의 주된 인식은 미국이 중국에 대하여 이데올로기적으로는 봉쇄 입장을 취하고 있지만, 경제나 기술, 관념의 교류를 추진하고 이 분야에서 중국에 대한 봉쇄에 비판적인 입장을 취하고 있다는 내용이었다(서정경 2008, 115-142).

그러나 1990년대 중반 동아시아 금융위기를 거치면서 중국은 '책임을 다하는 대국(负责任的大国)'을 제기하면서 강대국 외교 개념을 제기하기 시작하였다. 이는 중국이 동아시아 금융위기 중 위안화를 평가절하하지 않고, 동남아 국가들에게 40억 달러를 원조하여 이들 국가들이 금융위기를 극복하는 데 도움을 줌으로써, 지역안정을 도모하는 데 지도자적 역할을 수행하였다고 평가받기 시작한 것이 계기가 되었다. 특히 1997년 클린턴이 중국에 대해 책임을 다하는 강대국의 역할을 언급한 이후, 중국의 학자들이나 관변에서도 책임을 다하는 강대국의 역할을 강조하기 시작하면서, 중국 스스로도 자신의 역할 정체성을 책임을 다하는 강대국으로 재평가하기 시작하였다. 이는 1997년 15차 당대회에서 주변국가와 개도국과의 관계에 대한 표현을 가장 앞에 두고 선진국과의 관계에 대한 언급을 생략하였다면, 2002년 16차 당대회에서 선진국 및 강대국과의 관계를 가장 먼저 서술한 점을 통해서 알 수 있다.[2] 비록 이 시기에 중국이 자신의 정체성을 강대국으로 인식하고 있다고 단정 짓기는 어려우나, 강대국 편향적인 역할을 강조함으로써 자신의 정체성에 대해 제3세계 국가에서 강대국으로 변화시키고 있었다. 따라서 강대국의 위상에 걸맞는 책임감 있는 강대국으로서 국제질서의 안정적 유지라는 자신의 역할 정체성을 모색하기 시작한 것으로 판단할 수 있다(김애경 2004, 43-44).

그러나 이 시기 중국이 강대국으로서 자신의 정체성을 확립해가고 있었음에도 불구하고, 미국과의 관계를 세계적 수준의 영향력을 지닌 쌍무적 관계로 평가하지는 않았다. 이런 과정에서 2005년 미 국무부의 로버트 졸릭 부장관의 '이해 당사자' 개념 제기는 중미관계에 대한 인식에 새로운 전환점이 되었다(王洪涛 2009, 57). 졸릭이 중국을 이해 당사자로 간주한다는 것은, 미국이 중국을 전략적 협력 상대로 인정하고 중국의 부상을 억제하려고 하는 것이 아니라, 부상을 인정하고 책임을 다하는 강대국으로서 중국을 이끌어가고자 하는 인식을 반영한 것이다(Zoellick, 2005).

졸릭의 이해 당사자 발언은 중미관계를 세계적 영향력을 지닌 쌍무적 관계로 사고하기 시작한 것을 의미한다. 이러한 발언의 등장은 중국이 2001년 세계무역기구(WTO)에 가입한 이후 지속적인 경제적 성장을 통해 국제사회에 대한 영향력이 강화됨으로써, 미국이 대중정책을 과거

2 17차 당대회와 18차 당대회에서도 선진국과 강대국 외교관계를 가장 전면에 서술함으로써 강대국으로서의 정체성과 강대국 외교를 강조하고 있다.

처럼 지역적 차원에서 다루기 어려웠으며, 이로 인해 세계무대에서 중국의 새로운 역할을 분명히 할 필요가 있었기 때문이었다(刘波 2013). 사실, 부시 대통령 집권기인 1990년대 초까지만 하더라도 미국은 소련이 붕괴하면서 중국으로부터 얻을 수 있었던 전략적 이익이 더 이상 중요하지 않다고 인식하였고, 공산당 영도의 중국을 이데올로기적 적으로 간주하였다. 이런 상황에서 중국에 대한 억제전략의 필요성이 지속적으로 제기되었고 중국위협론이 부상하였다. 그러나 클린턴 정부(1993-2001)가 들어선 이후, 미국은 중국을 전 세계적 영향을 지닌 아태 강대국으로 간주하면서 중국의 미래가 아태지역과 전 세계의 안보와 번영에 심각한 영향을 미칠 것으로 인식했다. 그리하여 미국은 개입주의 전략을 제기하면서 중국을 국제질서 속으로 끌어들여야만 국제사회 속에서 책임을 지는 강대국으로 만들어 낼 수 있다고 인식했다(李鹏 2006, 3). 이러한 인식이 발전되어 2005년에 '책임을 다하는 이해당사자' 개념으로 제기되게 된 것이다.

중국의 입장에서 볼 때 졸릭의 발언은 양날의 칼이었다. 즉 이해당사자로 중국을 간주한다는 것은 세계질서의 주도자인 미국에 의해서 중국이 받아들여지는 것을 의미한다는 점에서 긍정적인 것이었지만, 동시에 책임을 다해야 한다는 말은 커다란 부담으로 작용하였다. 그래서 중국정부는 처음에 이 정의에 대해서 명확한 입장을 표하지 않았다. 그러나 이것은 중국의 학자들에게 당시의 현실을 비교적 잘 반영한 것으로 보였고, 또한 중미 양국의 이익에 더 잘 부합하는 정의로 보였다. 그리하여 졸릭의 발언이후 중국 내의 많은 학자들은 미국이 중국을 과거의 전략적 경쟁상대로 보던 것에서 벗어나 전략적 협력 상대로 여기기 시작했으며, 미국의 대중국 전략의 목표가 중국의 부상을 억제하려는 것에서 중국의 부상을 인정하고 중국을 책임을 다하는 강대국으로 유도하는 것으로 전환되었다고 평가하였다(刘蜂 2006; 刘建飞 2007; 周琪 2009). 이러한 상황에서 중국은 미국과 국제무대에서 건설적 협력을 함으로써, 중국의 책임을 다하는 강대국 이미지를 제고하고 동시에 대미관계에서 유리한 위치를 차지하고자 하였다. 이는 2006년 후진타오(胡锦涛)가 중미관계를 이해당사자로 규정하고 있는 것을 통해서도 알 수 있다(陈高·罗辉 2006).

이런 상황에서 미국의 재무장관이 제안한 중미 간 전략 및 경제대화는 중미 간 소통을 위한 매우 좋은 메커니즘이 되었다. 양국은 2005년 8월과 11월 중미 전략대화(战略对话: Senior Dialogue)를 2차례 개최하였고, 2006년부터는 매년 1차례 장관급이 참여하는 정례화된 '중미전략경제대화(战略经济对话: Strategic Economic Dialogue)'를 개최해오다가 2009년부터 '중미 간 전략 및 경제대화(中美战略经济对话: Strategic & Economic Dialogue)'를 개최해 오고 있다.[3] 그러나 중미 전략 및 경제대화는 기본적으로 안보상의 문제가 배제된 경제무역에 대한 담판의 무대였고, 주로 미국이 이것을 이용해 환율 등의 의제에 대해 중국에 압력을 가하는 무대였으며, 중국은 주로 피동적인 대응을 하는 상황이었다(刘波 2013). 따라서 비록 이 시기 중국이 강대국으로서의 정체성을 수용해가고 있었지만, 여전히 미국과의 관계에서 경제와 지역안보 등의 문제에서 적극적 협력을 하면서 책임을 다하는 강대국 역할을 하고자 하는 상황은 아니었다. 그리고 미국이 중국과 건설적인 협력을 통한 공생 혹은 윈윈관

3 중미전략대화(中美战略对话: Strategic Dialogue, 미국명: 고위급대화(Senior Dialogue))는 2005년 8월에 베이징에서 처음 개최되고 12월에 워싱턴에서 개최된 이후, 2008년까지 연 한 차례씩 중국과 미국에서 교대로 개최되었다. 또한 '중미전략경제대화(战略经济对话: Strategic Economic Dialogue)'는 2006년 12월 베이징에서 처음 개최된 이후 2008년까지 매년 두 차례씩 중국과 미국에서 각각 개최되었다. 이 두 대화 기제는 2009년 '중미 간 전략 및 경제대화(中美战略经济对话: Strategic & Economic Dialogue)'로 통합하여 하나의 대화 기제 속에 '전략' 트랙과 '경제' 트랙을 갖추게 되었고, 수준도 부총리급으로 격상시키면서 연 1회 양국에서 번갈아 개최해 오고 있다. '고위급대화'는 2005년 미 국무부 부장관이던 로버트 졸릭과 당시 외교부 수석 부부장이던 다이빙궈가 참석하였으며, 2006년 시작된 '경제전략대화'는 미국 측 재무장관과 중국 측 경제담당 부총리가 주재했다. 그런데 2009년 '중미 전략 및 경제대화'부터 미국 측에서는 힐러리 클린턴 국무장관과 팀 가이트너(Timothy Geithner) 재무장관이, 그리고 중국 측에서는 왕치산 부총리와 다이빙궈 국무위원이 대표로 참석해 본격적인 부총리-장관급 대화기제가 갖춰지게 되었다. 이를 통해 미중은 G2개념에 걸맞게 양자 차원뿐만 아니라 지역적이고 글로벌 차원의 의제들에 대한 협의를 진행하게 된다.

계를 수립하려고 하기보다는, 서방세계와 함께 중국을 공동 관리하고자 하는 패권적 인식에 기초하고 있다는 시각이 중국학자들의 공통된 인식으로 여전히 존재하고 있었다(袁鹏 2006; 袁鹏 2007a; 袁鹏 2007b; 刘婉媛 2005).

이는 곧 이해 당사자 개념의 제기 이후 중국이 중미관계를 세계적 수준의 영향력을 지닌 쌍무적 관계로 사고하기 시작하면서도, 국제질서는 여전히 초강대국으로서 지위를 지닌 미국에 의해서 주도되고 있으며, 중국은 경제와 안보문제에서 미국과 함께 책임을 다하는 강대국 역할을 하기에는 시기상조로 인식하고 있음을 말해준다.

3. G2개념의 등장과 중미관계에 대한 인식

2007년부터 시작되어 2008년 9월에 폭발한 미국의 금융위기가 세계적인 경제위기를 초래하면서 중미관계의 위치설정은 다시 한번 관심의 대상으로 등장하였다. 중국 및 전 세계적으로 수많은 학자들이 미국의 패권적 지위에 대한 의문을 공개적으로 제기하고 중국의 부상을 강조하기 시작하였다. 이런 상황에서 중국과 미국에 의한 '공동통치(bi-hegemony)'를 의미하는 G2론에 대한 관심이 폭발적으로 증가하였고, 국제질서 세력구조의 변화와 미국의 국력 쇠퇴 등에 대한 논의가 활발하게 이루어졌다. 중국 내에서도 G2개념을 둘러싼 논쟁이 가시화되고, 국제질서 세력구조의 전환과 미국의 국제질서에서의 패권적인 지위에 공개적인 의문을 제기하는 각종 글들이 쏟아져 나왔다(王伟男 2009; 褚国飞·陈文鑫 2009; 刘建飞 2009; 刘卫东 2009a; 刘卫东 2009b; 刘淑梅 2009).

G2(Group of Two)론은 가장 강력한 국력을 가진 두 개의 국가가 국제사회를 공동통치(bigemony)한다는 의미가 내포된 개념이다(顾国平, 梅

仁毅 2011, 95-102). G2론의 제기는 국제질서가 단극 혹은 다극체제가 아니라 양극 혹은 양극화되어 가고 있다는 것에 대한 일종의 인정을 의미한다(刘丰 2013, 4). 그리고 국제질서가 양극화 방향으로 발전되고 있고, 미국과 중국이라는 초강대국이 미래의 양극을 주도할 것이라는 인식과(阎学通 2011) 일맥상통한다고 볼 수 있다. 따라서 이해 당사자 개념이 중미관계를 세계적 수준의 영향력을 지닌 쌍무적 관계로 인식하기 시작하였다는 데 의의를 찾는다면, G2론의 제기는 중미관계를 새로운 (양극)국제질서를 주도하는 양 초강대국 간의 관계로 인식한다는 점에서 차이가 있다고 볼 수 있다.

G2론이 중미관계에 대해 사용되기 시작한 것은 하버드대의 퍼거슨(Ferguson)교수가 'Chimerica'라는 개념을 2007년 3월 영국의 *Sunday Telegraph*에 발표하면서부터이다. 그는 세계 최대 소비국인 미국과 최대 저축국인 중국이 상호 의존하는 이익공동체로서 세계경제에 긍정적 영향을 발휘할 것임을 언급했다(Ferguson 2007). 그러나 이 개념은 글로벌 금융위기가 폭발하면서 G2론으로 대체되었다. 2008년 7월, 버그스텐(C. Fred Bergsten)은 *Foreign Affairs*에 중미 양국이 G2를 구성하여 양국 간에 평등한 협상을 진행하고, 전 세계의 경제적 업무에 대하여 공동으로 지도적 역할을 해야 한다는 언급이 결정적인 계기가 되었다(Bergsten 2008, 57-69). 이처럼 중미 양국 간의 경제적 영역에서의 상호협력과 지도적인 역할을 설명하는 개념으로 사용되었던 G2론은, 2009년 초에 이르러서 경제와 안보 등에서 중미관계를 포괄적으로 설명하는 중요한 담론으로 부상하였다. 2009년 1월 12일 키신저와 브레진스키가 중미관계 30주년 기념식에서 G2를 경제적 측면에서 전략적인 측면으로 상승시켜야 한다는 점을 공개적으로 주장한 것이 중요한 계기가 되었다(Kissinger 2009; Brzezinski 2009).

이러한 상황에서 G2론은 2008년과 2009년에 걸쳐 중국의 매체와 학계에서도 뜨거운 쟁점으로 부상하였고, 중국의 학술지와 매체는 G2구상의 수용을 둘러싼 논쟁으로 가득 찼다. G2론에 대해 중국의 학자들은 공통적으로 미국의 학계나 정계에서 중국과 중미관계를 중요시하는 것에 대해 긍정적으로 평가하면서도(Lee 2011, 88), G2론을 수용하는 데 있어서는 국제 질서 속에서 중국의 위상과 역할에 대한 상이한 평가에 따라 다른 의견을 나타냈다.

첫 번째 시각은 중국이 양적인 측면에서나 질적인 측면에서 여전히 미국과 국력 차가 큰 상황에서, 미국과 중국이 공동으로 세계질서를 주도할 수 있다는 발상은 어불성설이며, 중국에게 국제사회의 책임을 떠넘기려는 전략적 함정에 불과하다는 시각이다. 이 시각은 글로벌 금융위기에도 불구하고 미국의 종합국력은 여전히 쇠락하지 않았으며 경쟁력도 전혀 충격을 받지 않고 있다고 주장한다. 비록 경제력, 정치력, 군사력, 소프트파워 등의 측면에서 일정한 손해를 경험하고 있어 쇠퇴론이 제기되고 있지만, 예상되는 미래에 미국의 패권적 지위는 쇠락이 없을 것이라고 전망한다(李春园·范建中 2008 30-36; 牛新春 2008). 또한 G2는 글로벌 금융위기에 대응하기 위해 제기된 개념에 불과하며, 미국은 안보와 정치적인 면에서는 여전히 북대서양조약기구(NATO)나 유럽을 G2로 사고한다. 그리고 미중 사이의 국력차가 현실적으로 커서 미국과 평등한 동반자 관계인 G2를 형성하는 것은 어려우며, 기타 강대국이나 많은 중소 국가들도 G2가 국제 업무를 주도하는 것을 원치 않을 것이라고 주장한다(刘建飞 2009, 37).

이런 관점에 기초해서 당시 국제사회나 중국에서 광범위한 관심을 불러일으키고 있는 G2론에 대해 G2는 근거가 없으며 중국은 다극화를 지지한다는 명확한 입장을 표명함으로써, G2구상에 대한 기타 국가의 의구심을 제거해야 한다고 주장한다. 그리고 중미관계는 G2라는 구호가 아닌 개별 안건에 대한 구체적 행동을 통해 협력하면서, 갈등과 협력이 공존하는 건설적 관계로 발전시켜야 한다고 주장한다(刘卫东 2009b, 8). G2에 대한 이러한 인식은 중국이 강대국으로 부상하고 있지만, 여전히 미국과 국력차가 크고, 또한 국내경제 발전 수준이 개도국에 머물러 있어, 미국과 어깨를 나란히 하면서 국제사회에서 책임을 다하는 강대국으로서의 역할을 하기 보다는 국내경제 발전에 주력해야 한다는 인식에 기초하고 있다. 즉 개발도상국으로서 중국이 당면한 가장 큰 문제는 국제문제가 아닌 국내문제이므로 국내문제의 해결에 주력해야 한다는 인식에 기초하고 있다.

둘째, 비록 중국이 미국과 함께 G2를 실현할 가능성이 크지 않지만, 구체적 영역별로 G2 메커니즘의 실현 가능성이 있음을 강조하는 시각이다. 이 시각은 비록 미국이 중국에게 더 많은 책임을 전가하기 위해서 G2 구상을 제기한 것이지만, G2 구상은 미국정부가 중국에 대해 억제나 대항정책을 펼치는 것보다는 적극적이고 긍정적인 의의가 있으므로 미국의 제의에 적절한 긍정적인 반응을 해야 한다고 주장한다. 그리고 미국의 제안을 빌려 능력이 허락하는 범위 내에서 더 많은 국제적 책임을 지는 것은, 미국이 중국에게 책임을 다하지 않는다고 비난하는 것을 제거할 수 있고, 국제무대와 업무에서 중국이 더 큰 영향력과 능력을 발휘할 수 있도록 도와준다는 것이다(顾国平, 梅仁毅 2011, 107-108). 그러나 중미 간의 상호인식, 경제적 공생구조, 국제질서의 세력구조 등의 요인으로 중미 간의 G2 메커니즘을 형성할 가능성은 매우 낮다. 그러므로 중국은 미국이 규정짓고 있는 G2개념을 그대로 받아들일 수 없으며, 중국의 관점에서 G2 개념을 분명히 해야 한다고 주장한다. 그리고 중국이 구상하는 G2는 전방위적 협력관계가 아닌 G2라는 틀 하에서 중미 간에 안건별로 협력이 이루어지는 형태가 되어야 한다고 주장한다(王伟男 2009, 6). 이처럼 중미 간에 구체적 영역별로 G2와 유사한 메커니즘을 형성할 가능성을 배제해서는 안 된다고 지적하면서, '중미 전략 및 경제대화'는 이런 메커니즘 형성을 위한 제도적인 틀을 만들어주고 있다고 주장한다(褚国飞·陈文鑫 2009, 18-22, 42; 余万里 2009).

이 시각은 상술한 첫 번째 시각과 달리 국제질서 속에서 중국의 위상에 대한 보다 적극적인 평가에 기초하고 있다. 중국의 부상으로 인해 국제질서에서 중국의 지위가 상승하면서 다극화 추세가 강화되고, 세계화로 인해 미국과 중국이 전 지구적 차원의 문제에 대하여 공동으로 대응해야 하면서, 현재의 강대국인 미국과 신흥강대국인 중국과의 관계는 양자관계를 넘어 전 세계적 의미를 지니게 되었음을 강조한 것이다(吴心伯 2009, 21-29). 또한 비록 중국이 미국과 G2를 이루고 있지는 않지만, 중국은 국제체제에서 미국 다음으로 제2위의 지위를 점하는 강대국이라는 점을 강조한다. 중국은 개발도상국(developing country), 부상 중의 강대국(rising power), 세계적 강대국(global power), 준초강대국(quasi-superpower)이라는 4개의 지위를 동시에 점하고 있으며, 싫든 좋든 많은 국가들은 중국을 이미 미국 다음의 세계 제2 강대국으로 간주하고 있다(袁鹏 2009, 43). 따라서 중미관계의 성격은 1초와 다강 중의 하나의 관계로부터, 제1인자와 2인자의 관계로 나아갈 것이며, 쌍방의 모순과 갈등은 훨씬 더 심각해 질 것이라고 주장한다(袁鹏 2009, 44). 이렇게 구체적 영역별 G2론을 제기한 데에는, 중국의 종합국력이 상승하면서 국제사회에서 자신의 국력에 부합하는 영향력을 어떻게 발휘할 것인가의 문제에 이미 직면해 있다는 인식에 기초하고 있다.

이처럼 중국의 학계는 국제질서 속에서 중국의 지위와 역할 정체성에 대한 상이한 평가에 기초해 서로 다른 의견으로 나뉘어져 있었다. 그러나 이러한 학계의 활발한 논의에도 불구하고, 중국 정부는 중미관계를 G2로 인식하는 것에 대하여 부정적 입장을 견지했다. 2009년 4월 1일 런던에서 후진타오(胡锦涛)를 만난 오바마 대통령은 중미관계는 세계에서 가장 중요한 쌍무적 관계라고 언급함으로써 중미관계에 대한 보다 적극적인 표현을 사용하였다. 반면에 후진타오는 양국은 공동 노력을 통하여 21세기에 적극적이고, 협력적이며, 전면적인 중미관계를 건설해야 한다고 얘기하면서 G2에 대한 언급을 회피하였다(张三男·刘卫东 2009, 61). 그 후 2009년 11월 19일 오바마 대통령을 만난자리에서 원자바오(溫家寶)총리는 안정적이고, 협력적이며, 발전적인 중미관계는 양국의 발전이나 세계의 발전에 유리한 영향을 미친다고 언급하면서도, G2라는 표현 방식에 대하여 반대를 명확히 했다. 그 이유로 "중국은 여전히 경제적으로 개발도상국이고, 독립자주외교를 펼치면서 어느 국가나 국가집단과도 동맹을 형성하지 않으며, 세계의 일들을 모든 국가들이 공동으로 결정해야지 두개 국가가 마음대로 결정해서는 안되기 때문"임을 지적하였다(《新华网》2009. 11. 18.). 이처럼 중국은 국제사회에서 자국의 위상을 G2 국가로 간주하는 데 유보적인 태도를 취하였으며, 경제적으로 개도국임을 강조하면서 국제사회에서 책임을 다하는 데 유보적인 입장을 견지하였다. 그리고 중국은 양적인 측면에서나 국제 영향력이라는 측면에서 모두 미국과 나란히 앉아 전 세계 질서를 주도할 정도에 도달하지 못했다고 인식하고 있었다.

G2 구상은 강대국으로 부상한 중국과의 협력과 접촉을 추구하여 현 체제 내로 중국을 융합시키고자하는 미국 내의 시각에서 출발하였다. 비록 중국 정부와 주류 지식인들이 국제질서 속에서 미국과 맞먹는 초강대국으로서의 중국의 지위를 부정하고, 개도국으로서의 경제적 수준의 평가로 인해 아직 국제사회에서 G2 국가로서의 역할을 할 수 없다고 인식하고 있었지만, G2 구상의 등장은 글로벌 금융위기를 그치면서 중국의 위상이 급속하게 제고되고 있음을 반영하는 것이었다. 그리고 미국과 중국 주도의 국제질서가 형성되어가고, 중미관계가 양국관계를 뛰어 넘어 국제사회 전반에 결정적인 영향력을 발휘해 가고 있는 현실을 반영하는 것으로 볼 수 있다. 따라서 비록 중국 정부가 G2 구상을 수용

하는 데 비판적 입장을 취하였지만, G2 구상을 둘러싼 논쟁을 통해 중국은 생각한 것보다 빠른 속도로 진행되고 있는 자국의 국제사회에서의 위상 제고 및 미국의 위상 쇠퇴를 인지하는 중요한 계기가 되었다. 그리고 이러한 변화된 상황을 반영하여 중미관계에 대한 새로운 모델을 제시할 필요성을 인식하는 성과를 남겼다(黄仁国 2012, 39).

4. '신형 강대국 관계(新型大国关系)'와 중미관계에 대한 중국의 인식

G2 논쟁은 중국의 지식인이나 정치지도자들로 하여금 국제질서 속에서 미국과 중국의 위상 변화를 감지하는 중요한 계기가 되었다. 이는 2012년부터 중국 정부가 미국에 대해 이른바 '신형 강대국 관계'를 주동적으로 제시하면서, 중국의 국제적 지위에 걸맞는 새로운 중미관계를 수립하고자하는 의지로 나타났다. 또한 2012년 11월에 개최된 18차 당대회보고에서 중국은 국제사회에서 강대국으로서의 책임을 다해야 하며, 강대국의 위상에 걸맞게 군사력과 경제력을 겸비한 종합국력을 강화해야 함을 강조하는 것으로 나타났다(《人民网》 2012. 11. 19.). 이는 바로 중국이 강대국으로서 국제사회에서 책임을 다하는 역할을 해야 한다는 정체성 전환이 이루어지고 있음을 의미한다. 아래에서는 '신형 강대국 관계'의 내용과 등장배경에 대한 분석을 통해, 중미관계에 대한 중국의 새로운 인식의 전환을 살펴보고자 한다.

1) 신형 강대국 관계의 주요 내용과 특징

2010년에 접어들어 중미 양국 사이의 긴장관계가 부각되면서 G2론에 기초하여 중미관계를 분석하는 중국학자들의 시도들도 시들해졌다. 이는 2010년 초 미국의 타이완 무기판매, 오바마 대통령의 달라이 라마 접견, 무역마찰, 천안함 사건과 남사군도 사건을 둘러싸고 중미 간에 긴장감이 고조되면서, 중국 내에서는 G2의 가능성에 대한 강한 의문이 제기되었기 때문이다(顾国平, 梅仁毅 2011, 102). 그러나 2011년부터 중국 정부가 미국과의 관계를 과거와는 다른 새로운 관점에서 규정짓는 일련의 변화가 나타나기 시작했다. 그 변화는 2011년 1월 후진타오 주석의 미국 방문을 통한 미중 정상회담에서 중국이 "상호존중, 호혜공영의 협력적 동반자 관계 건설"이라는 중국식 화법을 통해 상호 '존중'을 강조하는 양국관계의 새로운 비전을 제시하는 것으로 나타났다(이동률 2012, 20-22). 그 후 2012년부터 중국은 '신형 강대국 관계'를 제기하면서 중미관계에 대한 새로운 구상을 제기하기 시작했다. 그 출발점은 2012년 2월 당시 부주석인 시진핑이 미국 방문에 앞서 워싱턴포스트지와의 서면 인터뷰에서 미국과 중국은 태평양을 사이에 둔 양안 대국으로서 태평양은 두 대국을 충분히 포용할 수 있다고 말하면서, 두 나라의 긴밀한 협력 없이는 아태지역은 물론 세계평화도 담보하기 어렵다고 언급한 내용이다(《人民日报海外版》 2012. 2. 14.). 또한 그는 미국 방문 중에 중국과 미국이 협력 동반자관계를 부단히 추진하여 새로운 진전을 이끌어냈다고 언급하면서, 양국의 협력 동반자관계를 21세기의 신형 강대국 관계로 만들자고 제안했다(〈新华网〉 2013. 6. 6.). 이러한 발언은 그 동안 G2 구상을 반대해 온 중국의 주장에 비추어 볼 때, 중미관계에서 중국의 위상과 역할에 대해 매우 전향적인 태도를 나타내는 것이다.

그 후 2012년 5월 제4차 중미 간 '전략 및 경제 대화' 개막식에서 후진타오는 중미 간에 '신형 강대국 관계'를 건설할 것을 제기하였다. 그는 "중국과 미국의 협력은 양국과 세계에 커다란 기회를 제공할 것이고, 중국과 미국의 대항은 양국과 세계에 큰 손해를 끼칠 것이기 때문에,

쌍방은 모두 협력동반자 관계를 견고히 추진하여, 양국 인민과 전 세계 인민이 안심할 수 있는 신형 강대국 관계를 발전시켜야 한다고 언급했다."(《新华网》 2012. 5. 3;《解放日报》 2012. 5. 28.). 이 연설에서 '신형 강대국 관계'의 주요 내용이 다음과 같이 제시되었다: 첫째, 역사상의 충돌과 대항으로 존재해 온 강대국 관계를 타파하고, 21세기 경제의 세계화 시대에 걸맞은 신형의 강대국 관계를 발전 시킬 수 있는 새로운 경로를 탐색해야 한다. 둘째, 상호 '신뢰' 에 기초하여 지구라는 충분한 공간에서 중미 양국과 기타 국가의 공동 발전을 이끌어내야 한다. 셋째, 서로를 '존중'하면서 공통점을 찾아 공동의 이익을 극대화하고, 다른 것에 대해서는 정확히 대응해 서로의 중요한 이익이 존중되고 배려되도록 해야 한다. 넷째, 광범위한 영역에서 실용적인 '협력'을 추진하여, 세계와 지역의 문제에서 협조를 강화하고, 아태지역과 세계의 평화와 안정을 추진하여, 양국 인민이나 각국 인민이 중미협력이 가져온 긍정적인 성과를 향유할 수 있도록 해야 한다(《新华网》 2012. 5. 3;《解放日报》 2012. 5. 28;《中国网》 2012. 6. 20.)

또한 2012년 6월 20일 멕시코에서 G20 회담을 종료한 후, 오바마 대통령과의 회동에서 후진타오는 중미 간 신형 강대국 관계를 수립하기 위한 4가지의 구체적 방안을 언급했다: 첫째, 지속적인 방문, 회담, 통화 등의 형식을 통해 고위급의 전략적 소통을 강화하여, 고위급 교류가 중미관계를 이끌고 추동하는 역할을 하도록 한다. 둘째, 협력을 심화하고, 상호 이익에서 윈윈하고, 전통적인 영역과 비전통적인 영역의 상호 교류를 확대해서, 정치, 경제, 안보, 인문 등의 영역에서 교류를 확대해야 한다. 셋째, 미국이 적극적이고 실용적인 대중 정책을 통해 중국의 국내정치에 개입하지 말아야 하며, 중국과 타이완 사이의 평화로운 발전이 가능하도록 여론을 이끌어 중미관계의 안정성을 확보하도록 해야 한다. 넷째, 중국과 미국이 각종 책임을 공동으로 분담함과 아울러 도전에 대해 공동 대응을 하고 상호 신뢰 증강과 의심 해소를 통해 실용적인 협력을 이끌어냄으로써, 아태지역에서 양호한 상호작용이 이루어지도록 해야 한다. 중국의 중대한 이익과 합리적인 관심에 대해 미국이 존중해 주기를 바라며, 중국은 미국 측과 지역 이슈에 대한 소통과 조율을 지속하면서 문제 해결을 추진해 나가길 원하고 있다(《中国网》2012. 6. 20.).

상술한 내용을 통해 볼 때 중국은 신형 강대국 관계론을 제기함으로써 중미관계가 상호 국익에 대한 '존중', '협력', '윈윈'을 할 수 있는 관계로 발전시키고자 함을 알 수 있다. 그동안 중미관계에 대해서 제기된 이해당사자나 G2 구상이 모두 미국의 학자들에 의해서 제기된 후 이에 대해 중국의 정부나 학자들이 논의를 진행한 점과 비교하면, 중국이 먼저 선제적으로 양국관계에 대한 구상을 제기하였다는 점에서 신형 강대국관계론은 중국외교의 새로운 변화로 볼 수 있다. 또한 강조되고 있는 내용에 있어서도 상호 '평등', '존중', '협력', '윈윈', '신뢰', '상호 인정' 등 보다 평등하고 간섭하지 않으며 존중받는 관계를 강조하고 있다는 점에서도 새로운 변화를 찾을 수 있다.

중국 정부는 이러한 신형 강대국관계의 성격을 G2와 구분하여 C2로 언급하기도 했다. 외교담당 국무위원인 다이빙궈(戴秉国)는 2012년 5월 4일 미국과 제4차 중미 간 '전략 및 경제대화' 과정에서 "중국과 미국은 G2를 추구하지 않고, 세계를 주재하지 말아야 하며, 충돌과 대항을 하지 말아야 한다. 양국의 협조를 통하여, 소통과, 협조, 협력을 강화하고, 평화공존, 협력, 공동발전의 새로운 모델을 찾아야 한다"고 제기하였다(戴秉国 2012). 그리고 그는 이러한 중미관계의 성격을 '공동통치(bigemony)'라는 의미를 지닌 G2가 아닌 양국 협조를 강조하는 C2(Cooperation 2)로 규정지었다. 비록 C2 개념을 구체적으로 어떻게 규정지을 것인가에 대하여 중국 정부가 공식적으로 설명을 내놓지 않았고, 중국 학계에서도 'C'에 대해 '조절'(Conciliation), '협조'(coordination),

'협력'(cooperation), '보충'(complementary), '운명공동체'(community) 등의 다양한 개념으로 사용하였지만, G2의 국제질서에 대한 양국 '공동통치'의 의미와 구별되는 개념으로 'C2'를 사용하고자 했음은 분명해 보인다(黄仁国 2012, 37).

이러한 내용들을 통해 볼 때, '신형 강대국 관계'는 '평등', '협력', '윈윈', '존중'에 기초한 중미관계의 발전 방향을 제기한 것이지, 그 구체적 내용은 향후 중미관계의 구체적 발전과정에 달려있다고 볼 수 있다. 중국의 현대국제관계연구원 세계경제연구소 천펑잉(陈凤英)소장은 'C2'는 미래 일정 시간동안 중미관계의 하나의 표현 방식과 발전방향이 될 것이고, 구체적 추진과정에서 중국과 미국 쌍방이 그 내용을 탐색을 해가야 한다고 지적하고 있다. 그리고 이를 위해 미국은 중국의 현 단계의 발전전략을 이해하고 강대국의 신분에 매달려서 과도하게 보수적으로 신흥강대국인 중국을 배척해서는 않되며, 쌍방의 발전에서 많은 다른 점을 인정하고 동시에 적극적으로 협력 공간을 넓혀가야 한다. 그리고 중국 역시 성숙한 외교전략이 필요하고, 복잡한 국제정세에 적극적으로 대응하여 성숙한 대화기제를 건립하여 다방면의 협력을 추구해야 한다고 지적하고 있다(《中国新闻周刊》2012. 5. 14.).

결국 신형 강대국 관계는 21세기라는 새로운 시대적 조건에서 중국과 미국이 상호 '존중', '협력', '윈윈', '신뢰', '인정'에 기초한 양국관계를 발전시켜나가야 한다는 의지를 피력한 것이다. 이를 통해 중국이 미국과 국제사회에서 공동으로 책임을 다 할 것임을 분명히 밝히면서, 동시에 미국의 중국에 대한 내정간섭이나 핵심적 국익에 대한 도전에 대해 분명한 반대를 할 것임을 피력하고 있다. 이는 바로 중국이 사고하는 중국과 미국이 주도하는 새로운 국제질서 속에서의 중미관계의 상(像)으로 간주할 수 있다. 또한 이는 냉전시대의 양극체제 하에서 두 초강대국의 갈등과 패권적 세계통치를 암시하는 G2 개념과 달리, '존중', '협력', '윈윈'을 주요내용으로 국제질서를 주도하는 새로운 강대국관계의 상을 수립하고자 한다는 점에서 의의를 찾을 수 있다. 그럼에도 불구하고 중미가 주도하는 새로운 국제질서의 구상을 제시하고자 하였다는 점에서, G2 구상과 본질적인 차이가 있다고 보기는 어렵다. 이런 점에서 볼 때, 중미 간 신형 강대국관계는 '중국식 G2 구상'으로도 간주할 수 있다.

2) 신형 강대국관계의 제안 배경과 의미

그렇다면 중국은 왜 신형 강대국관계론을 제기하였는가? 신형 강대국관계의 제기는 중국의 국력상승에 따른 중미 간의 권력관계 변화에 부합하는 중미관계를 재정립하고자 하는 시도로 볼 수 있다. 동시에 중미관계가 존중과 협력, 윈윈관계에 기초한 새로운 강대국관계가 되어야 함을 강조함으로써, 중국의 부상에 대한 미국의 경계를 누그러뜨리면서 국가경쟁력을 극대화해 가겠다는 의지의 표현으로 볼 수 있다.

우선 신형 강대국관계론의 제기는 중국의 국력이 상승하면서 미국에 뒤이은 강대국으로서의 지위를 확보하였다는 인식에 기초하고 있다. 중국의 학자들은 중미 간의 신형 강대국관계는 중국의 강대국으로의 부상에 따른 새로운 중미관계의 재편을 설명하는 개념으로 이해한다. 오늘날의 중미관계는 제1위와 2위 국가의 관계, 패권국가와 새롭게 부상하는 강대국 간의 관계로, 국제관계사에서 권력전이가 일어나는 특수한 의미가 있는 관계로 인식한다. 비록 중미 간의 국력이 여전히 차이가 많이 나지만, 부정할 수 없는 것은 21세기 진입 이후 10년 동안 중국이 다양한 강대국 가운데에서 국력 상승의 우위를 뚜렷하게 보여주고 있어, 미국의 엘리트층이 중국을 미국의 지역적인 군사적 맞수로서, 전 지구적인 경제적 맞수로서, 전면적인 정치적 맞수로 인식하고 있다고 여기기 때문이다(袁鹏 2012, 6-7; 陈健 2012, 11-17).

둘째, 중국의 급속한 국력 상승과 이에 대한 미국의 견제가 본격화되는 상황에서, 세계화시대에 신흥 강대국의 부상은 과거의 강대국 부상과 달리 협력과 윈윈, 존중에 기초한 강대국 관계가 될 것임을 선제적으로 제기함으로써, 새로운 강대국관계로서 중미관계를 설정하고자 하는 의도로 분석할 수 있다. 즉 신형 강대국관계론의 제기를 통해 경제의 세계화시대에 부응하여 무력 충돌이라는 파괴적 경쟁을 초래한 과거의 강대국관계와는 다른 새로운 국제관계를 건설할 것임을 강조함으로써, 중국의 국력상승에 필연적으로 초래될 다양한 미국의 견제를 막아내고자 하는 발상이 내재되어 있다고 볼 수 있다(陈健 2012, 13).

셋째, 미국과 '평등' '존중' '윈윈' '협력'하는 관계를 유지할 것을 강조하면서, 중국의 핵심이익에 대한 인정과 중국의 내정간섭과 견제에 대한 반대의사 표시를 분명히 하는 것으로 간주할 수 있다. 인민일보는 "신형대국관계는 공허한 개념이 아니라"는 사설에서 중미 간 협력을 순조롭게 하려면, 서로 간의 신뢰를 바탕으로, 상호간에 핵심이익을 존중해야 하며, 중국이 미국과 동등하게 존중받을 권리가 있다는 점을 강조하고 있다. 이런 점에서 신형 강대국론은 미국의 '아시아 재균형 전략(rebalancing toward Asia)'에 대한 고차원적 대응으로 간주할 수 있다. 미국은 아시아 재균형전략이라는 기치 하에 동맹을 강화하고, 동남아에 대한 구애작전에 돌입했으며, 서태평양지역의 제해권(制海權)수호를 위해 해·공군 전력을 강화하기 시작했다(김성한 2013). 이런 상황에서 신형 강대국 관계론을 통해 각자의 핵심 이익을 건드리지 않는 가운데 건설적인 경쟁을 하고 지역 및 범세계적 이슈에 관해 협력을 해 나아가자고 주장하고 있는 것이다.

넷째, 국제사회와 지역에서 중국의 국력에 걸맞은 책임을 지면서 자신의 목소리를 내겠다는 의지의 피력으로도 볼 수 있다. 2012년 8월 14

일 미국과 중국이 처음으로 중동 관련 중미 중동대화를 개최하고 양국 간 차관급 고위회담을 정례화하여 개최하기로 결정한 것은(《조선일보》 2012. 8. 16.), 이러한 중국의 의지를 나타내주는 상징적 사건이라고 볼 수 있다. 또한 8월 25일 중국 인민해방군 부총참모장이 미 국방부를 방문한 자리에서, 신형 강대국 관계 건설은 하나의 역사적인 창조로서, "존중, 평등, 포용, 윈윈"의 내용과 함의를 지닌다고 지적하면서, 양군관계에서도 상호 평등, 상호이익, 그리고 협력적인 윈윈을 견지하여 양국 군의 관계에서도 신형 강대국 관계를 발전시켜야 한다고 언급했던 사실에도 주목할 필요가 있다(《多维新闻》 2012. 8. 25.).

이처럼 신형 강대국관계의 제기와 함께 중국은 미국과의 관계에서 존중, 협력, 윈윈을 주요 내용으로 한 관계를 정립하고자 했으며, 동시에 각자의 핵심이익을 건드리지 않는 가운데 건설적 경쟁을 하고 지역 및 범세계적 이슈에 관해 협력을 해나가자는 의도를 피력한 것이다. 이것은 중국의 국력상승에 따른 중미 간 권력관계의 변화에 부합하는 중미관계를 재정립하고자 하는 시도이고, 동시에 아직은 중국의 힘이 미국에 못 미치므로 미국 중심적 질서를 변화시키기보다는 미국과 협력을 표방하면서 미국의 경계심을 누그러뜨리고 중국의 국가 경쟁력을 극대화하려는 의도의 표현인 것이다.

2012년, 중미관계를 신형 강대국관계로 만들어가야 함을 처음 제기한 이래, 중국의 정치지도자들은 미국의 정치지도자를 만난 각종 자리에서 중미 간에 신형 강대국관계를 만들어가야 함을 반복해서 강조하고 있다. 2013년 6월 7일 방미를 통해 가진 오바마와의 회담에서 시진핑은 중미관계의 발전을 위한 청사진을 만들고 태평양을 뛰어넘는 협력을 이끌어내는 것이 방문목적이라고 언급하면서, 중미 간 신형 강대국관계 구상에 대한 미국 측의 지지와 이해를 이끌어내고자 하였다. 그러나 오바마는 중미 간 무역불균형요인, 가치영역에 잠재된 양국 간 충돌요인,

아태지역에서의 전략적 소통강화 방안 등을 강조하면서 중국 측의 언급에 직접적인 대답을 주지 않았다(《新京报》 2013. 6. 9; 吉密欧 2013; 丁咚 2013). 또한 2013년 7월 10-11일 워싱턴에서 개최된 제5차 중미 간 전략 및 경제대화에서 양제츠(楊潔篪) 국무위원은, 신형 강대국관계를 상대방의 주권과 영토완정에 대한 존중, 각자의 발전경로 선택에 대한 존중, 각자의 이익과 차이성에 대한 존중 등 중미 쌍방간 상호 존중을 바탕으로 협력을 통한 윈윈을 이끌어내는 것을 목적으로 하는 관계라고 정의하면서, 신형 강대국관계에 대한 미국 측의 동의를 이끌어내고자 하였다. 그러나 미국 측은 국가 행위의 자제와 국제 규범의 준수를 신형 강대국관계 건립의 기본 전제로 인식한다고 언급하고, 자제와 규범 준수의 기본적 함의는 인권의 보편성 존중, 지적 재산권의 존중, 아태지역 자유항해의 보호라고 말하면서, 중국이 이러한 측면을 준수하고 있지 않음에 따라 현재 중국 측이 제기하는 신형 강대국관계의 수립은 시기상조라고 주장했다(《联合早报》 2013. 7. 18.).

이처럼 중국이 신형 강대국관계를 선제적으로 제기하였지만, 미국은 줄곧 중국의 신형 강대국관계론에 대하여 분명한 화답을 하지 않았다. 중국은 상호간 핵심이익에 대한 존중과 내정 간섭 반대, 중국의 핵심이익인 타이완, 티베트, 센카쿠열도(중국명 댜오위다오), 남중국해 영유권에 대한 미국의 인정을 강조하였지만, 미국은 여전히 대만에 무기를 수출하여 중국을 분노하게 만들었고, 동·남중국해 문제에서 일본, 베트남, 필리핀의 편을 들어 중국의 자존심을 건드렸다. 이에 중국 내에서는 미국이 국제질서의 규칙을 변화시켜 중국의 부상을 받아들이기보다는 여전히 현재의 미국 주도의 국제질서 틀 내에서 중국이 책임을 다하는 강대국 역할을 하기를 원하기 때문이라는 비판이 제기되었다(刘波 2013). 따라서 중미 간에 상호 '존중', '협력', '윈윈'을 내용으로 하는 신형 강대국 관계의 형성은 여전히 이루어지지 못하고 있다.

5. 중미 세력 경쟁의 본격화와 중미관계에 대한 중국의 인식

1) 중미 무역분쟁으로 시작된 중미 간 세력 경쟁

시진핑 주석이 집권한 이후 중국은 미국과 '상호 존중, 협력과 윈윈, 비대항'의 이른바 신형 강대국관계를 수립하여 전쟁이 수반되지 않은 평화적 부상을 이끌어낼 것임을 강조해 왔다. 동시에 그는 '중화 민족의 부흥'이라는 '중국몽(中國夢)'을 전면에 내걸고 국내외 정책에서 새로운 방향 전환을 이끌어내었다. 대외적으로 국제사회에서 '글로벌 강대국'으로서의 중국의 지위를 공개적으로 인정하고 이른바 '중국 특색의 강대국 외교'를 통하여 '새로운 형식의 국제관계(신형국제관계)' 수립과 '인류운명공동체'의 형성을 이끌어 낸다는 목표를 제시했다(《新华网》 2019. 3. 10.). 이를 위한 구체적 정책으로 글로벌 거버넌스 체제개혁, 일대일로(一帶一路) 구상을 통한 새로운 형식의 지역 협력 메커니즘과 국제적 규칙체계의 확립, 그리고 세계적 동반자 관계 네트워크 수립 등을 통한 중국 국가이익의 세계적 확대를 추진하고 있다(门洪华 2018). 대내적으로는 집권 1기에 이른바 '소조정치'를 통해 당정의 핵심적 정책에 대한 결정권을 시진핑에게 집중시키고, 대대적 반부패 투쟁을 통해 권력기반을 강화하여 주석직에 대한 임기제한을 폐지하는 헌법 개정을 통해 장기집권을 위한 조건을 구비하여 왔다.

특히 시진핑은 2018년 6월 22~23일 열린 중앙외사공작회의에서 "중국은 근대 이래 최고의 발전기에 있고, 세계는 '백년 미증유의 대변화 국면(百年未有之大变局)'에 처해 있으며, 이런 상황이 함께 뒤엉켜 서로 격동하고 있다"고 규정했다. 더 나아가 외사업무에서 당 중앙의 통일적 영도를 강화하여 중화민족의 위대한 부흥을 사명으로 하는 중국 특색의 (강)대국 외교를 추진하고, 인류운명공동체 건설, 일대일로 구상의 추진, 평화적 발전의 길의 견지, 전 세계적 동반자 관계의 구축, 글로벌 거버넌스 체제 개혁의 선도(引领), 핵심 이익의 수호와 중국 외교의 독특한 품격의 확립 등을 중심으로 시진핑 외교사상으로 일컬어지고 있는 내용을 제시하였다(《新华网》2018. 6. 23). 그 이후 다수의 학자들은 시진핑이 제시한 '백년 미증유의 대변화 국면'의 본질은 국제적 세력관계의 변화에 따른 세계질서의 재구성임을 강조해 왔다(陈向阳 2018; 朱锋·黄仁伟 2019).

이런 상황에서 미국은 무역, 과학기술, 금융, 안보, 인권과 민주주의 등 전방위적 영역에서 동맹국들과 연대하면서 중국에 대한 공격과 견제를 본격화하기 시작했다. 그리하여 2018년 무역전으로 시작된 중미 갈등이 무역전을 넘어 과학기술, 안보, 이념과 제도에 대한 영역으로까지 확대되면서 세력 경쟁의 양상을 띠고 있다. 푸단대 우신보(吴心伯) 교수는 미국이 경제무역 관계를 돌파구로 삼아, 외교·안보, 인문 분야까지 전방위적으로 압력을 확대하면서 대중국 관계의 틀을 재구성하려 한다고 평가하면서, 미국의 중국에 대한 구체적 압력을 다음 3가지로 설명한다: 첫째, 경제무역 영역에서 관세전, 기술전, 금융전을 통해서 관계를 재편하고 있다; 둘째, 안보 영역에서 중국의 핵심 이익인 타이완 문제에 대해, 사상 최대 금액의 타이완 무기판매, 미-타이완 외교적 교류의 등급 격상, '인태전략보고서'에서 타이완을 '국가(country)'로 간주하면서 타이완의 '주권국가'로서의 지위를 부각시키려는 행위 등을 통해 중국에 압력을 가하고 있다. 또한 미군이 2019년 남중해에서 벌인 25년 이래 최대 횟수의 이른바 '항행의 자유' 행동, 일대일로 구상(Belt and Road Initiative: BRI)에 대한 공격과 '인태전략'을 통해 중국을 견제하고 있다; 셋째, 정치와 이데올로기 영역에서 중국의 정치체제에 대한 공격 강화, 홍콩과 신장(新疆)문제에 대한 개입 등을 통한 중국에 대한 압력 강화이다(吴心伯 2020). 이런 미국의 태도 변화에 대해 중국 내에서는 대체로

1978년 개혁개방이래 비록 약간의 굴곡이 있긴 하였지만 미국이 중국에 대해서 일관되게 취해 온 개입주의 정책이 억제정책으로 전환되고 있는 것으로 인식한다.

트럼프 정부의 대중국정책의 변화는 2017년 말부터 미국 내에 나타난 일련의 중국 관련 조치들을 통해서 알 수 있다. 2017년 말에 발표된 미국의 〈국가안전보고서(NSS)〉에서 중국을 전략적 협력의 대상이 아닌 경쟁자로 규정한 이후 미국의 정계와 학계에서는 중국에 대한 비판을 강화한 바 있다. 또한 2018년 10월 4일 마이클 펜스 부통령은 허드슨 연구소(Hudson Institute)에서 행한 연설에서 미중 무역전쟁이 제2의 냉전이라고 선언하고 미중이 냉전으로 가는가에 대한 결정권은 중국에 있으며 만약 중국이 미국과 냉전을 피하고자 한다면 반드시 그 행위를 바꾸어야 하며 미국은 절대 퇴각하지 않을 것임을 강조한 바 있다(The White House, October 4, 2018). 뒤이어 스탠포드대학교 후버연구소(Hoover Institution)는 2018년 11월 29일 미국 내 중국 전문가 32명이 1년에 걸쳐서 작성한 213쪽의 보고서를 발표하여 중공이 미국의 정부, 대학, 매체, 싱크탱크기관, 기업과 화교계에 전면적으로 침투하여 조종하고 있다고 경고했다(Diamond & Schell eds. 2018). 또한 2019년 6월 1일에 미 국방부는《인도-태평양 전략 보고서(IPSR)》을 발표하여, 인태지역의 전략 추세 및 도전으로 지역 내 현상유지를 타파하려는 중국, 그리고 지역 안정과 평화를 해치는 악성 국가로 부활하려는 러시아, 핵과 재래식 위협으로 지역안보를 저해하는 불량국가 북한 등을 명시하였다. 특히 이 보고서는 중국의 이런 위협적 행위를 중국공산당이 이끌고 있다고 언급하고 타이완을 '국가(country)'로 언급하는 등 전통적으로 중미 사이에서 넘지 말아야 할 경계선인 '공산당'과 타이완의 '주권국가' 지위 문제를 정면으로 건드렸다(The Department of Defense, June 1, 2019).

이런 중국에 대한 고강도의 비판적 흐름 속에서 미국 내에서는 공자학원 폐쇄, 중국이 지원하는 미국 내의 프로젝트나 기구의 운행 중지, 유학생 비자 발급 자격강화 등, 비록 현재의 중미 간 갈등이 냉전기의 양대 진영 간의 대립에 완전히 부합한다고 볼 수는 없지만, 흡사 이념, 경제무역, 정치적 대항이 냉전적 모습을 나타내고 있는 상황이다. 한 중국의 전문가는 이런 상황에 대해 "중미관계가 아직 냉전의 정도는 아니지만, 정치, 경제무역, 인문 3대 기둥 모두에서 붕괴의 지경에 이르고 있다"고 언급하였다(吴湘宁 2019).

재미 중국학자인 브루킹스연구소의 리청 박사는 미국 사회 내의 중국에 대한 비판적인 인식은 정파를 초월하여 일종의 컨센서스를 형성하고 있다고 주장하면서, 현재까지 제기된 비판의 내용을 크게 4가지로 요약한다: 첫째, 경제와 무역에 있어서 시진핑의 국가자본주의에 대한 지원과 불공정한 비즈니스 및 무역 관행에 대한 비판이다. 국유기업에 대한 중국 정부의 보조, 사영 및 외국기업 내 공산당 지부 설립, "중국제조 2025" 계획 등을 중국경제에서 시장의 역할을 후퇴시키는 것으로 보았고, 이에 대해 중국이 세계시장에 통합되어 규칙을 준수할 것이라는 기대를 저버린 것으로 인식한다; 둘째, 중국이 대외경제정책에서 경제를 전략적으로 사용해 정치적 영향력을 확대하고자 한다는 우려이다. 일대일로 구상을 '부채 덫 외교'로 비판하면서, 감당할 수 없는(unsustainable) 대출 및 부채 고통을 통해 중국이 주변국에 대해 영향력을 발휘하고 대형 양보를 끌어내려 하고 있다고 비판하고 있다. 그리고 일대일로 구상을 중국의 부상으로 인한 미국의 세력과 글로벌 리더십에 대한 침식이라는 위험요인으로 간주하고, 중국에 대항하는 수단으로 인-태전략을 제기하면서 인도-태평양 지역의 우방국들을 연결하여 중국을 견제하려 하고 있다; 셋째, 시진핑 정부가 취한 공세적 안보정책에 대한 우려이다. 특히 중국이 남중국해에서 군사 장비와 인력을 배치하는 인공섬의 건설을 앞두고 남중국해에서 해상활동을 증가시켰는데,[4] 이것은 아태지역에서 미국의 영향력, 기존 해상 규칙의 유지, 영토 분쟁의 유발, 타이완의 지위 등에 대한 미국정부의 우려를 초래했다. 이런 우려는 특히 중국이 국제무대의 중앙으로 진입하면서 부상하고 있다는 시진핑의 반복된 언급에 의해서 강화된 측면이 있다; 넷째, 중국의 과학기술 진보에 대한 야심이 미국의 경계를 초래했다. 특히 중국의 인공지능(AI)과 5G 기술 추구는 미국의 기술 지배력을 약화시키고 21세기 혁신의 성과물을 장악하면서 미국과 동맹국의 정보 및 안보 위험을 점점 더 커지게 하고 있다(Li & Liang 2019).

이처럼 미국 내의 중국에 대한 비판적 인식은 경제, 과학기술, 군사안보, 지정학적 전략, 심지어 사회문화 영역에까지 걸친 전 방위적 영역에 걸쳐서 나타나고 있다. 미국은 중국이 지난 40년간의 개혁개방을 통해 미국의 생각대로 변하지 않고, 오히려 거대한 경제력에 기초하여 정치, 경제, 문화측면에서 더욱 더 적극적으로 '중국적' 방식으로 국제사회에 참여하거나 혹은 '중국식'으로 변화시키려 한다고 사고하고 있다(Campbell & Ratner 2018, 60-70). 리청은 현재 미국 내의 이런 중국에 대한 비판적 인식은 보편적인 현상으로, 다만 대중국 정책을 어떻게 이끌고 가야 하는가에 대해서 일정한 합의에 도달하고 있지 못할 뿐이라고 지적한다(Li & Liang 2019). 실제로 2019년 7월 미국 내 학자 100여 명이 서명한 대중국 정책에 대한 7가지 제안서가《워싱턴 포스트》에 발표된 점을 통해서 확인할 수 있다. 학자들은 중국이 최근 억압적 행동을 통해 국제사회에 심각한 도전을 제기한 것에 대하여 미국의 강력하고 효과적 대응이 필요하다는 점에 동의하면서도, 다른 한편으로 현재처럼 중국을 적으로 간주하고 세계경제로부터 격리하려는 노력은 미국의 국제적 역

4 2018년 7월까지 중국이 조성한 인공섬은 서사군도 트리톤(Triton) 산호초, 남사군도 수비(Subi), 가번(Gaven), 피어리 크로스(Fiery Cross), 커어터온(Cuarteon), 존슨(Johnson), 미스칩(Mischief) 산호초 그리고 스카보로 산호초 등 8개로, 이들은 남중국해 외곽 구단선에 인접되어 마치 구단선을 합리화하는 모양새를 띄고 있다(윤석준 2019).

할과 명성을 손상시키고 모든 국가의 경제적 이익을 해칠 것이라고 주장했다. 그리고 이런 제안서를 통해 미국 내에 중국에 대한 적대적 입장만이 있는 것이 아니라는 점을 보여주고자 한다는 점을 강조했다(Fravel·Roy·Swaine·Thornton·Vogel 2019).

중국 내에서는 현재와 같은 미국 내의 중국에 대한 비판적 인식은 트럼프 시기 이전에 이미 시작된 것으로 간주하면서 그 본질은 중미 간 국제질서를 둘러싼 세력 경쟁으로 인식하고 있다. 중국의 한 전문가에 따르면, 부시 정부 때부터 미국 내의 전략가들은 중국의 부상에 대한 위협론을 강화했고, 오바마 대통령은 아시아 재균형 정책을 통하여 이런 입장을 분명히 한 바 있다. 중미 양국은 지적 재산권, 외국기업의 중국시장 진입문제, 인민폐 환율 및 국유기업에 대한 정부 보조 등의 문제에 대해 지속적으로 논쟁해 왔다. 이런 상황에서 2015년 중국 정부가 제기한 '중국제조 2025'는 직접적이고 분명하게 미국의 인공지능과 생명과학기술 영역의 주도적 지위에 도전하는 것이었고, 중국이 제기한 일대일로 구상과 아시아 인프라 투자은행(AIIB) 설립은 미국으로 하여금 중국의 지정학적 의도를 의심케 했다. 따라서 현재 중미 간의 충돌은 전략적 핵심 이익의 충돌로 미국은 중국이 미국의 국제질서에서의 주도적 지위에 도전할 의도가 없음을 믿을 수 없고, 중국은 미국이 중국의 발전모델을 바꾸고자 하지 않는다고 믿을 수 없다는 데서 기인한 것이다(吴湘宁 2019).

중국 정부 역시 현재의 중미 간 경쟁과 갈등은 중국의 부상에 따른 불가피한 과정으로 인식하며, 현 시기를 '백년 미증유의 대변화 국면'으로 규정지으면서 장기적 대응 태세를 강조하고 있다. 시진핑 주석이 2018년 6월 중앙외사공작회의에서 '백년 미증유의 대변화 국면'에 처했다고 언급한 이후, 중국학계는 '백년 미증유의 대변화 국면'에 대한 담론을 중국의 영도자가 세계적 범위에서의 중국의 지위 설정과 영향력의 변화에 근거하여 제시한 것으로 간주하면서(王逸舟 2019), 그 본질은 세계질서의 재구성이고, 그 핵심은 세계의 힘(power)이 국가 간과 정부와 사회 간에 재분배되고 있는 것으로 해석하고 있다(陈向阳 2018). 다만 세계가 대변화 국면에서 중국의 위상과 역할을 수용하기까지는 오랜 시간이 걸리기 때문에, 중국은 긴 시간을 갖고 준비해야 하고, 장기적인 과정을 통하여 각국의 중국에 대한 몰이해를 해소해 가야 한다는 의미로 해석한다(朱锋, 黄仁伟 2019). 결국 이것은 중국 정부도 현재의 중미 간 갈등의 본질을 중국의 부상에 따른 세력 경쟁으로 보고 장기적 대응 태세를 준비하고 있음을 말해준다.

2) 중미 갈등의 대응방식에 대한 중국의 인식

중미 경제무역전을 거치면서 중국 내에서는 현재의 중미 간 경쟁과 갈등은 중국의 부상에 따른 불가피한 과정으로 인식하면서, 현 시기를 '백년 미증유의 대변화 국면'으로 규정짓고 장기적인 대응태세를 강조하고 있다. 동시에 이러한 거시적 국면 속에서 중국이 어떻게 대응해야 하는가에 대한 논쟁이 전개되고 있다. 이같은 중국 내의 시각은 크게 다음 3가지로 정리할 수 있다.

첫째, 중미 간의 현재의 전면적 대결은 피할 수 없는 추세로 담담하게 받아들여야 하지만, 중국은 현재의 국제질서를 수정하거나 대체하지 않고 현재의 국제질서 속에서 개혁자로서의 역할을 할 것임을 분명히 해야 한다는 시각이다. 현재 중미 간에는 세력전이를 둘러싼 갈등이 무역전의 형태로 나타나고 있으며, 이는 불가피한 과정으로 중국은 무역전에 직면하여 담담하게 임해야하지만, 다만 아직은 중국과 미국 간의 국력차가 커서 미국을 대체하기 어렵기 때문에, 중국은 현 국제질서를 수용하고 불합리한 부분을 개혁하는 입장을 취해야 한다는 것이다(郑永年

2019).

이런 시각은 중국국제관계연구원의 천샹양 박사의 주장을 통해서 비교적 잘 이해할 수 있다. 그는 시진핑이 언급한 세계가 '백년 미증유의 대변화 국면'에 처했다는 주장의 본질은 세계질서의 재구성을 의미하는 것이며, 그 핵심은 세계의 힘(power)이 국가 간과 정부와 사회 간에 재분배되고 있는 점이라고 지적한다. 그리고 이런 '신시대'에 중국의 외교는 '분발유위(奋发有为: 분발하여 성과를 내다)'하면서도 '도광양회(韬光养晦)'가 필요하고, '도광양회'와 '유소작위(有所作为)'를 총괄적으로 고려함으로써 '중요한 전략적 기회의 시기'를 지키고 연장함과 동시에 리스크를 미리 예측하고 위기관리를 강화하는 것이어야 한다고 주장한다. 이를 위해 ① 대외전략 지침으로 '도회유위(韬晦有为: 도광양회와 유소작위의 결합)'를 중시하고, 중국의 부상과 민족부흥을 위한 '신지구전(新持久戰)'을 구사해야 한다. 중국과 미국의 국력의 차이에 대해 명확히 인지하여, 문제와 도전을 충분히 예측하고, 적시에 몸을 낮추어, 침착하게 차근차근 전진하며, 확실하게 전투를 하면서 안정 속에서 전진을 추구하고, 객관적 조건을 무시하면서, 서둘러 목적을 달성하려 하지 말고, 능력을 뽐내며 자신을 과시하지 말아야 하며, 불을 일으켜 자신을 태우지 말아야 한다; ② 미중 간 경쟁게임에서 중국이 주도적으로 책략을 짜서 정면충돌로 치닫는 투키디데스의 함정을 피해야 한다; ③ 기타 강대국들과의 관계를 균형적으로 발전시키고 잘 다루어, 중국이 뭇 화살의 표적이 되지 않도록 해야 한다; ④ 강온정책을 적절히 결합하여 중국 주변지역을 잘 관리하고, 대규모의 지역 군사적 충돌에 휘말리지 않도록 해야 한다고 주장한다(陈向阳 2018).

둘째, 현재의 중미 간 충돌을 중국의 부상에 따른 불가피한 추세임을 인정하고, 중미 간에 새로운 양국관계를 수립하여 냉전적 충돌로 나아가지 않도록 해야 한다는 시각이다. 환구시보는 2018년 12월 28일 사설에서 "중미관계는 이미 심각한 변화가 발생했으며 무역전쟁 이전으로 되돌릴 수 없다. 미국의 대중국 전략은 이미 변했으며, 그 근본적 원인은 중국이 이미 부상하여 미국의 패권국가로서의 지위를 불안하게 하는 임계점에 도달했기 때문이다. 기타 원인은 지엽적인 것이다. 중국의 부상은 변할 수 없는 것이고 숨길 수도 없다"는 주장으로 현재의 미중 간 갈등에 대한 인식을 나타냈다. 푸단대 우신보 미국연구소 소장도 중미 간의 모순은 1등과 2등간의 모순으로 미국을 추월하려고 하는 중국을 막고자 하는 데서 시작된 것이고, 미중 간의 경제적 이익 분배를 둘러싼 모순이며, 체제의 모순, 특히 발전모델 간의 모순 등 구조적 모순에서 기인한 것으로 분석했다(吴心伯 2019).

이 시각은 이처럼 중미 갈등의 원인을 구조적 요인에서 찾으면서 새로운 중미관계의 수립이라는 보다 적극적 대응방향을 제시하고 있다. 이것은 우신보 교수의 중미관계 발전방향에 대한 4가지의 언급에서 잘 알 수 있다: 첫째, 미중 관계는 진정한 글로벌 강대국 간의 관계가 되어야 하며, 중국이 과거로 되돌아가서 미국을 따라가거나 완전히 미국의 포로가 되는 단계는 이미 지났다. 중미 간 강대국의 게임은 우리가 좋든 싫든 간에, 그리고 준비가 되었든 안 되었든 간에 이미 이 단계로 진입했다; 둘째, 협력에는 새로운 모델이 있고 경쟁에는 새로운 규칙이 있어야 한다. 지난 40년 동안 중미관계는 기본적으로 중국이 미국의 지지를 소중히 여겨, 중국의 경제발전, 타이완문제, 국내정치 문제 등에서 미국이 이해해주고 지지해주길 바랬다. 이제 중국도 미국의 국익에 영향을 줄 수 있는 능력이 있기 때문에, 앞으로는 미국이 점점 더 많이 중국을 찾아 협력할 것이다; 셋째, 투키디데스의 함정은 결국 전면적 군사적 충돌로 이어질 수 있기 때문에, 중미 간에 이 문제를 잘 관리하여 군사적 충돌로 나아가지 않도록 해야 한다; 넷째, 중국은 양호한 국내 발전에 대한 확신을 유지하고 외교에서 지난 40년간의 경험을 흡수하여, 앞으로 미국과 더욱 완전하고 균형잡힌 관계를 구축할 수 있도록 해야 한다. 트럼프가 중미관계를 포괄적 전략경쟁으로 정의했지만 두 나라 간에 협력에 대한 필요성이 존재하고 불가피한 측면이 있다. 경제뿐 아니라 많은 국제문제, 지역문제, 새로운 분야에서 미국은 중국과 협력 없이 문제를 해결할 수 없다. 따라서 중미관계는 경쟁과 협력을 병행하는 관계가 지속될 수밖에 없다(吴心伯 2019).

셋째, 현재의 상황을 중국 정부의 너무 빠른 정책전환(이른바 모진(冒進))으로 인해 초래된 상황으로 보는 시각으로, 경제발전을 중심으로 하는 대외 정책의 재조정이 필요하다는 시각이다. 칭화대 쑨리핑 교수에 따르면 현재 세계의 세력구도에서 중미관계는 과거로 되돌아갈 수는 없으며, 이것은 중국이 놓인 국제환경이 이미 근본적으로 변했기 때문이다. 문제는 역사가 최소한 10년 정도 앞당겨져서, 미국으로 하여금 최소 10년은 먼저 각성하도록 했다는 점이다. 다시 말하면, 중국은 도광양회에 기초하여 경제발전에 10년 정도 더 집중했더라면, 그 때에 이르러 미국은 경제적으로 감히 중국을 어쩔 수 없었을 것이다. 그러나 중국이 갑자기 정책을 전환하고 중국의 부상과 중국몽을 제기하면서, 자신의 정체성을 재규정하고 누구를 적으로 삼을 것인가를 고민하고 있는 트럼프 정부로 하여금 중국이 바로 적임을 분명하게 발견하도록 만들었다(孙立平 2019). 따라서 중국은 경제발전이라는 큰 문제를 다시 고려할 필요가 있으며, 중국의 미래는 경제발전을 위한 국제적 평화와 협력환경을 어떻게 다시 형성하는가에 달려있다고 지적한다(时殷弘 2019).

칭화대의 추수롱 교수 또한 이 시각을 견지하면서 중국이 근대화와 이를 위한 평화적 대외환경의 확보에 주력해야 한다고 주장한다. 그에 따르면: 중국의 국가전략은 줄곧 명확하게 근대화를 실현하는 것이었으며, 1978년 덩샤오핑이 개혁개방이라는 목표를 제시한 이래, 중국몽이라 하든, '두개의 백년'이라 하든, 그 실질은 지난 40년 동안 변하지 않았다. 중국이 향후 20-30년 동안 계속 성공한다면, 2045년까지, 즉 제2차 세계대전이 끝난 후 100년 또는 2049년 중화인민공화국 건국 100년이 되는 시기에 여러 면에서 미국을 제치고 세계 제일의 강국(强國), 종합국력 제일의 대국(大國)이 될 것이다(중국의 경제 총량이 미국보다 앞서고, 경제의 질에서 미국과 맞먹고, 기술 분야도 미국에 뒤지지 않으며, 국제정치적 영향력, 문화적 영향력도 미국에 뒤지지 않아야 한다). 그리고 전 세계가 중국의 이론, 제도, 경로, 문화를 기본적으로 인정하고 중국이 초강대국이 되면, 그때에서야 중국모델이 나타날 수 있다. 따라서 이 과정에서 중국의 국가전략은 경제를 발전시키고 현대화하는 것이지, 결코 세계의 패권을 추구하는 것이 아니고, 세계의 리더가 되는 것이 아니다. 중국은 자신을 발전시켜야 하고, 과업의 중심을 국내 건설에 두어 근대화를 실현해야 한다. 중국의 목표는 세계 1위가 되는 것이 아니고, 미국을 대체하려는 것이 아니며, 현존하는 국제체제를 무너뜨리고 중국적 체제를 구축하려는 것이 아니다. 중국에게 필요한 것은 중국의 부흥에 유리한 평화로운 국제환경을 확보하는 것이다(楚树龙 2019, 48-52).

상술한 중국 학계의 3가지 시각 모두 현재의 중미 간의 충돌을 중국의 부상에 따른 불가피한 과정으로 보고 있다는 점에서는 공통점이 있다. 그러나 대응방향에 있어서는 다소 차이를 보이고 있다. 미국과 보다 균형적인 새로운 강대국 관계 설정을 강조하는 시각과 경제발전과 평화적 대외환경의 확보를 중심으로 하는 도광양회정책으로의 회귀를 주장하는 시각도 있다. 현재 중국 정부는 이 3가지 입장 중 첫 번째 입장, 즉 기본적으로 미국과 정면으로 대결하기에는 중국이 경제, 과학기술, 군사 등 모든 영역에서 여전히 불리한 위치에 놓여 있으며, 따라서 중국이 현존 미국 주도 국제질서의 수정자가 아닌 참여자로서의 역할을 강조하면서 국제사회의 평화역량으로서 미국과의 협력과 타협의 길을 찾아야 한다는 시각을 나타내고 있다.

4. 결론

1990년대 후반 이래로 중국은 강대국과 개발도상국이라는 이중적인 정체성을 강조해 왔다. 1997년 책임 강대국론을 제기하기 시작한 이후, 중국은 국제사회에서 중국의 역할과 지위에 걸맞는 책임과 의무를 다할 것이라는 입장을 지속적으로 피력해 왔다. 그러나 중국의 대외 정책의 기본 방향은 여전히 국내경제 발전에 주력하면서 대외적으로 소극적이고 피동적 입장을 견지하는 도광양회 정책이 중심이 되어 왔다. 뿐만 아니라 2002년 16차 당대회 이후 중국은 개도국이나 주변국과의 관계보다, 선진국과의 관계를 우선해 왔다. 그리고 2005년 이해당사자 개념의 등장을 계기로 중미관계에 대해 전 세계적 차원에서 영향력 있는 양자 관계를 고민하기 시작하였다.

2008년 글로벌 금융위기를 거치면서 중국은 국제사회 속에서의 중국의 위상과 역할에 대해 다시 한번 심각하게 고려하기 시작했다. 중국이 국력의 상승에 걸맞게 강대국 외교를 펼치면서 미국에 대항하는 동맹관계를 맺고 국제사회의 각종 사안에 적극 개입해야 한다는 시각을 견지하는 현실주의자가 있는가 하면, 국력이 상승한 것은 부정할 수 없지만 중국은 여전히 국내경제 발전에 주력하면서 강대국으로 부상하기 위한 준비를 하는 개도국 대외 정책을 전개해야 한다는 시각이 대립하였다. 전자의 시각을 취하는 학자들은 중미관계를 G2 혹은 '세계에서 가장 중요한 양자 관계', 즉 공동으로 국제질서를 주도하는 관계로 인식하기 시작했고, 후자의 시각을 견지하는 다수의 주류학자들은 이에 대해 부정적인 입장을 견지하였다.

비록 이러한 논쟁에서 중국 정부는 후자의 입장을 견지해 왔지만, 2012년부터 중국의 국제질서 속에서의 위상과 역할 정체성에 대한 인식에서 변화를 나타내기 시작했다. 2012년 11월 18차 당대회보고서에 처음으로 당의 공식문서에 국제문제에 적극적으로 참여하여 책임을 다하는 강대국 역할을 다하고, 공동으로 전 지구적인 도전에 대응해야 한다는 입장을 피력하였다. 또한 신형 강대국 관계론을 제기하면서 국력의 부상에 걸맞게 중국이 미국과의 관계를 재편하고 국제문제에서 책임을 다하면서 상호 존중과 협력에 기초한 윈윈관계를 확립해 갈 것임을 강조하기 시작했다. 그리고 2013년 3월 제12기 1차 전국인대 폐막 기자회견에서 리커창 총리는 과거 '가장 큰 개도국'이라는 표현 대신에, '개발도상의 강대국'이라는 말을 사용함으로써, 강대국으로서의 정체성에 방점을 찍는 발언을 하였다.

이러한 모든 추세들을 보면 중국은 경제적으로는 개도국 정체성을 지니고 있지만, 정치적으로는 강대국 정체성을 지니고 있으며 강대국 외교를 전개해가는 방향으로 전환하고 있음을 알 수 있다. 신형 강대국 관계론은 바로 이러한 강대국 외교의 표현으로 간주할 수 있다. 그러나 중미 간의 국력 불균형이 여전히 존재하고 있고 미국 주도의 중미관계가 전개되고 있는 상황이었으며, 또한 미국은 중국이 제기한 신형 강대국관계에 대한 구체적인 응답을 내어 놓은 바가 없다.

그러나 시진핑 정권은 18차 당대회와 19차 당대회를 거치면서 중국이 국제질서의 중앙으로 다가가고 있으며, 따라서 중국 특색의 (강)대국 외교를 통하여 새로운 형식의 국제관계를 수립하고 인류운명공동체를 건설하기 위해 나아갈 것이라는 확신에 찬 태도를 보이기 시작했다. 시진핑은 2015년 9월 정치국 집단학습회에서 글로벌 거버넌스 체제에 대한 변화의 불가피성과 개혁의 필요성을 강조하면서, 국제질서와 국제체계에 '규칙을 정하고 방향을 결정'하는 것이 거버넌스 체제 개혁의 핵심임을 강조했다. 그리고 이러한 거버넌스 체제의 변화과정에서 중국은 국제질서를 '학습하고 적응하는(学习适应)' 역할에서 벗어나 '개혁을 추진하는' 역할을 함으로써 글로벌 거버넌스 체제의 불공정하고 비합리적 배치를 변혁하는 더 공정한 신국제질서의 수립을 강조했다(李建广·杜文明·邱耀洲·冯慧文 2015).

그러나 중국에 대한 미국의 전방위적 비판과 강력한 견제가 가시화되면서 중국 내부에서도 국제사회에서의 중국의 지위와 역할에 대한 일련의 언술에서 미묘한 변화가 나타나고 있다. 가령 2019년 3월 전국인대 개최를 즈음하여 왕이 외교부장이 한 기자회견에서, 중국은 보다 분명하게 현 국제질서를 지키고 더 많은 책임을 질 것임을 강조하면서, 민족부흥을 위한 유리한 조건을 창조하고 세계평화와 인류의 진보를 위하여 더 많은 공헌을 할 것임을 강조했다. 또한 중국은 중국에 맞는 발전모델을 만들어 적용하고 있으며, 이 모델을 수입도 수출도 하지 않을 것이고, 현재의 국제질서를 대체하거나 전복하지 않으면서 개혁을 추진할 것이고, 현 국제질서의 보호자이면서 건설자가 될 것임을 강조했다(《新华网》 2019. 3. 10.). 이런 발언은 현재 중국을 현 국제질서의 수정주의자로 간주하는 미국 내의 여론과 시각을 의식한 것으로 볼 수 있다.

2019년 10월 31일에 종료된 공산당 19기 4중전회 〈공보〉에서도 대외 정책의 방향으로 기존에 제시되었던 새로운 형식의 국제관계 수립과 인류운명공동체 수립이라는 언급과 달리, 새로운 형식의 국제관계 수립에 대한 언급이 사라지고 독립 자주 평화외교와 인류운명공동체 건설을 견지하고 완비한다는 언급이 눈에 띤다. 또한 시진핑 외교사상을 구현하는 핵심 내용인 일대일로에 대한 언급도 없고, 새로운 국제관계의 수립이 아닌 현재의 글로벌 거버넌스 체계의 개혁과 건설에 적극 참여한다고만 언급하고 있다(中共十九届四中全会公报(2019. 10. 31.)). 이런 언술은 19차 당대회보고에서 시진핑 주석이 "글로벌 거버넌스 체제와 국제질서의 변혁이 가속화되고 있다", "국제적 힘이 점점 균형을 이루고 있다", "새로운 형식의 국제관계 건설", "일대일로 구상의 추진" 등을 언급한 점과 대비된다. 이것은 시진핑 주석 등장 이후의 주동적이고 적극적 대외 정책의 전환이 미국의 공격을 불러일으켰다는 공산당 내외로부터의 비판이 일정 부분 반영되면서, 인류운명공동체건설이라는 장기적 대전략의 방향을 지속하면서 전술적인 측면에서 일정하게 퇴각하여 속도 조정을 하고 있는 것으로 해석할 수 있다.

그러나 이런 변화는 신형 대국관계와 인류운명공동체 건설을 목표로 하는 시진핑 주석의 국가 대전략의 변화를 의미하지는 않으며, 다만 이를 위한 구체적 정책방향으로 제기된 일대일로 구상과 글로벌 거버넌스 체제 개혁에 대한 기존의 언술을 톤다운 시키고, 실현 시기를 좀 더 길게 잡는 정도의 정책조정의 의미로 해석할 수 있다. 다시 말하면 인류운명공동체 건설과 신형 국제관계 건설이라는 국가 대전략의 목표와 이것을 위한 신형 대국외교, 전 지구적 동반자 관계의 구축, 일대일로 전략의 추진, 글로벌 거버넌스체제 개혁의 추진 등의 정책 방향은 여전히 유지되고 있다. 그러나 전술적으로 보다 신중한 태도로 전환하여 신형국제관계 건설을 덜 부각시키고 현재의 거버넌스 체제를 대체하는 것이 아니라 참여하여 개혁한다는 주장을 통해, 현 국제질서를 수정함으로써 미국을 대체하려 한다는 우려를 불식시켜나가고자 하는 것으로 보인다.

제5장

중미 세력 경쟁과 중국의 대러시아 정책

1. 서론—강화되고 있는 중러관계

2019년 6월에 시진핑 주석과 푸틴 대통령은 모스크바 회동에서 양국관계를 '신시기 전면적 전략 협력 동반자 관계(新时期全面战略协作伙伴关系)'로 선언하면서,[1] 양국관계는 역사상 어느 때보다도 "가장 신뢰도가 높고, 가장 협력 수준이 높으며, 가장 전략적 가치가 높다"고 언급했다. 또한 시진핑이 "러시아는 자신이 가장 많이 방문한 국가이고, 푸틴은 가장 친밀한 외국 친구이며, 마음을 알아주는 가장 좋은 친구"라고 언급했을 뿐만 아니라, 푸틴도 2019년 10월 3일 소치(Сочи)회의에서 중국을 '동맹국'으로 표현하는 등, 양국 지도자는 다양한 방법으로 양국관계의 긴밀함을 강조했다. 이런 양국관계의 친밀도는 2013년부터 2019년 말까지 시진핑과 미국 대통령이 16차례 회동을 한 것에 비해, 시진핑

1 중국은 한국, 인도, 스리랑카, 아프카니스탄 등에 대해서는 전략적 '합작' 동반자 관계(战略'合作'伙伴关系)를 맺고 있는 반면, 러시아와의 관계에 대해서는 전략적 '협작' 동반자 관계(战略'协作'伙伴关系)를 맺고 이것을 가장 높은 수준의 쌍무적 관계로 간주하고 있다. 전략적 협작 동반자 관계는 협력의 영역에서 군사영역을 포함하고, 장기적이고 안정적인 협력 메커니즘을 형성하고 있으며, 양국의 핵심 이익에 대한 상호 지지 등을 주요 내용으로 하고 있는 점을 특징으로 들 수 있다. 다만 이 장에서는 의미가 유사한 '합작(合作)'과 '협작(协作)'을 엄격하게 구분하지 않고 모두 '전략적 협력 동반자 관계'로 칭하고 있다.

과 푸틴과의 회동이 총 30차례에 달한 점에서도 잘 나타나고 있다(曹辛 2019).

이에 서방의 전문가들은 중러가 미국에 대한 교란이라는 전략적 이익이 일치하면서 갈수록 긴밀해지고 있다고 분석하면서 경계의 시선을 보내고 있다. 비록 러시아가 제3국을 상대로 군사훈련을 하지 않는다고 하지만, 2012년부터 매년 진행되고 있는 중러 간 해상군사훈련은 사실상 미국을 겨냥하는 것으로 간주되고 있다(林书友 2015). 실제로 중국 내의 다수의 학자들은 미국을 견제하고자 하는 중러 간의 전략적 협력이 동맹관계로 발전할 것인가를 둘러싸고 논쟁이 전개되기도 했다(赵灵敏 2014; 阎学通 2013; 赵华胜 2013; 邓聿文 2015). 또한 서구의 학자들도 중러관계가 동맹관계로 갈 것인가에 대한 논의가 있었으며, 중러 간에는 표면적으로 협력이 이루어지고 있지만 경쟁과 갈등요인으로 인해 동맹으로 발전되지 못할 것이라는 비관적 전망(约瑟夫·奈(Joseph Nye) 2015; Cohen 2013, 1-13)과 낙관적 전망(Migranyan 2015; Korolev 2015)이 맞서고 있는 상황이다.

사실 탈냉전 이후 중국과 러시아는 미국의 일방주의를 견제하고 자국의 국익을 증진하기 위해 협력해 왔지만, 동시에 중국의 부상을 견제하고자 하는 러시아의 견제로 팽팽한 긴장관계도 존재해 왔다. 이런 상황에서 2013년 시진핑은 국가주석이 된 이후 첫 번째 해외 순방국으로 러시아를 선택하면서 중러관계 강화를 추진해 왔다. 이처럼 시진핑 정권의 등장 이후 양국관계가 급속히 진전된 데에는 무엇보다도 미국 요인이 가장 중요한 변수로 작용했다고 볼 수 있다. 미국이 동아시아 재균형 정책에 뒤이은 인태(인도-태평양)전략을 통해서 중국의 부상에 대한 견제를 본격화하면서, 중국은 러시아와의 협력을 통한 미국에 대한 공동 대응이 절실한 상황이다. 특히 중국몽(中國夢)을 전면에 내걸고 강대국 외교를 본격화하기 시작한 시진핑 정부는 미국 단일 패권의 종결과 신형 국제관계 수립이라는 거시적 구상을 실행하는 데 있어 러시아와의 협력이 그 무엇보다도 중요하다고 인식하고 있다. 이런 상황에서 러시아가 2014년 5월 러시아의 크림반도 강제 합병이후 미국과 유럽국가의 제재와 국제 석유가격 급락에 대한 돌파구를 마련하고자 중국과의 관계 강화를 시도한 것이 양국관계 진전의 전환점이 되었다.

이 장은 시진핑 정부의 등장 이후 중러 간 전략적 협력강화의 배경과 내용을 중국의 대외전략이라는 맥락에서 살펴보고 중러관계가 어떻게 발전될 것인가를 전망하고자 한다. 이를 위해 이 글은 우선 중러관계의 역사적 전개과정과 더불어 시진핑 정부의 대외 정책에서 중러관계가 차지하는 중요성을 분석한다. 다음으로 중러간 지속적인 전략적 협력 강화의 추진과 이에 대한 장애요인을 분석하고, 중러관계가 향후 어떠한 성격을 띠어갈 것인가를 전망하고자 한다.

2. 중러관계의 발전과 중러관계의 위상

1) 소연방의 해체와 중러 간 전략적 협력 동반자 관계의 발전[2]

중화인민공화국 수립 이후 1992년 러시아가 소련을 승계하여 중러관계가 정상화되기 이전, 중국과 소련은 사회주의 동지적 동맹관계를 자랑하던 시기(1949-1958)를 지나 심각한 이데올로기적 논쟁과 국경지역에서의 무력충돌로까지 악화되었던 중소 분쟁시기(1959-1982)를 거친 후, 개혁개방의 필요성이 인식되면서 국교 정상화 모색 시기(1982-1991)에 이르기까지 관계를 발전시켜 왔다. 그리고 1991년 말 소련의 해체로 러시아가 등장한 이후, 중국과 러시아는 동반자 관계를 수립하면서 양국

2 2장 1절의 내용은 (이정남 2008)의 2장의 내용을 요약 정리하여 재구성한 것임.

관계를 형성하고 발전시키는 노력을 해왔다.

새로이 형성된 중러관계는 중소관계가 놓여진 상황과 달랐다. 무엇보다도 러시아의 국력 쇠퇴와 중국의 부상이 가장 주요한 차이다. 소련의 해체와 냉전의 종식으로 러시아는 더 이상 미국과 쌍벽을 이루는 초강대국이 아니었으며, 냉전시대처럼 중국의 가장 큰 위협으로 간주되지도 않았다. 이와는 반대로, 소련 붕괴 이후 국내적 혼란에 휩싸인 러시아와는 달리, 근대 이래 장기간 러시아에 대한 국력의 약세를 면치 못했던 중국은 성공적 개혁개방정책의 추진으로 러시아와 국력의 균등성을 확보해 갔다(姜毅主编 2007, 2). 이처럼 탈냉전과 함께 러시아의 국력이 쇠퇴하고 러시아가 지닌 전략적 중요성이 냉전시기보다 하락하면서 중국외교에서 한동안 중러관계가 중미관계나 중일관계보다 덜 주목을 받아온 것이 사실이다.

그러나 비록 탈냉전기 중국외교에서 러시아가 미국보다도 그 우선순위가 뒤처지지만, 여전히 매우 중요한 위상을 점하고 있는 것 또한 사실이다. 그 이유는 우선, 비록 세력균형의 변화로 전통적 '소련의 위협'은 사라졌지만, 그 대신 탈냉전시대의 일초 다강구도에서 미국의 패권주의를 경계해야 한다는 전략적 공동이익이 제기되었기 때문이다. 둘째, 개혁개방을 통해 경제발전을 추구하기 위한 상호 경제교류와 협력의 필요성이 확대되었기 때문이다. 셋째, 전체 4천 3백 킬로미터에 달하는 긴 국경을 접하고 있고 유혈충돌의 역사적 경험이 있는 양국은 국경지역의 안정화를 위해서도 협력이 필요했기 때문이다(서진영 2006, 216).

바로 이같은 현실적 필요성으로 1991년 12월 27일 중국이 러시아연방정부를 승인한 이후 중러관계는 빠른 속도로 성장하였다. 1992년 12월 양국은 상호를 '우호국가(友好国家)'로 간주하고, 평화공존 5원칙에 근거하여 상호 우호적이고 이익을 가져다주는 관계로 발전시킨다는 데 합의했다. 또한 쌍방의 발전경로의 선택을 존중하고 양국 사이의 모든 문제를 평화적으로 해결하는 데 합의했으며, 지역과 세계패권을 추구하지 않고 어떠한 형식의 패권주의와 강권주의도 반대한다고 선언하였다(《人民日报》 1992. 12. 19.). 그 후 1993년과 1994년에 걸쳐서 양국관계는 차관급 이상의 대표단 방문이 각각 25차례와 36차례에 이를 정도로 신속하게 확대 발전했다(姜毅主编 2007, 16).

이같은 발전은 러시아가 1993년을 전후로 하여 초기의 서방 일변도의 외교정책으로부터 서방과 동방을 동시에 중요시하는 정책으로 바뀌기 시작한 것이 한 요인이다. 이에 양국은 1994년 '건설적 동반자 관계(建设性伙伴关系)'를 수립하고, 1996년 '전략적 협력 동반자 관계(面向21世纪的战略协作伙伴关系)'로 격상시켰으며, 2001년에는 '선린우호 협력조약'을 통하여 양국 간 전략적 동반자 관계를 제도적 형식으로 보장하였다. 이런 전략적 동반자 관계는 양국 간 쌍무적 협력 강화와 국제질서 속에서의 협력을 통해 양국의 국익을 지킴과 동시에 국제질서에서 유일 초강대국인 미국을 견제하기 위한 전략적 제휴라고 볼 수 있다(《人民日报》 1997. 4. 24.). 따라서 미국은 전략적 동반자 관계의 외재적 동인이고, 양국 사이의 긴밀한 협력을 통한 경제발전과 국익을 지키는 것은 내재적 동인이라고 볼 수 있다.

1990년대부터 냉전시기 동맹외교를 대체하는 새로운 국가간 관계 유형의 하나로 등장한 동반자외교는 국가간 관계에서 적대적이기 보다는 상호협력을 중시하는 것이 특징이다(이정남 2009, 103). 제3의 국가에 대항하기 위해 다른 국가와 연합하는, 이른바 적과 아를 분명히 구분하는 동맹이 아니므로(陈志敏 1999, 16) 당사국에 대한 법적인 의무나 책임에 대한 규정이 없다. 대신 제도 혹은 제도적 형태를 통해 국제관계에서 협력을 이끌어내고자 하는 것이 특징이다(苏浩 2000, 11-12; Shambaugh 2000, 99). 그동안 중국과 러시아의 전략적 동반자관계는 미국에 대한 견제와 다극체제 유지라는 공통의 전략적 목표를 공유해 왔으며, 국제적 수준과 양자 영역에서 장기적이고 전면적인 협력을 통해 양국의 국익을 증진시키기 위해, 일련의 제도적 장치를 마련하여 뒷받침해 왔다.

양국은 정상회담을 연례화하고 총리위원회를 설립하여 매년 한 차례씩 정기회담을 개최하며, 쌍방의 외무부장관은 필요하다면 언제든지 회담을 개최하고, 양국 지도자 사이에 핫라인전화를 개설하여 중대한 문제에 대하여 언제든지 협상과 협조를 한다는데 합의했다(姜毅主编 2007, 12). 또한 1997년 장쩌민과 푸틴은 정상회담을 통해 세계의 다극화 경향과 신국제질서 건설, 미국의 패권주의에 반대하는 공동성명을 발표하면서 전략적 협력의 방향을 명확히 했다(《人民日報》 1997. 4. 24.).

1999년 3월 이후 발생한 일련의 사건들로 인해 양국은 미국의 일방주의에 대한 공동대응을 통해 쌍방의 절박한 문제를 상호 지지해줌으로써 '전략적 동반자 관계'를 진전시켜 갔다. 1999년 3월 미의회에서 통과된 후 7월에 클린턴 대통령이 서명한 국가미사일방어체계(NMD)법안과 아시아지역 국가들과의 지역미사일방어체계(TMD) 공동개발에 대한 미국의 결정에 대해 중국과 러시아는 자국의 핵 전략에 심각한 위협으로 간주하였고, 북대서양조약기구(NATO)의 코소브 전쟁 참여와 동쪽으로의 확장에 따른 러시아의 위협의식이 증대되었다. 또한 미국의 타이완 무기 판매와 타이완의 지역미사일방어체계(TMD) 포함, 러시아의 체첸 독립주의자 대응에 대한 서방국가들의 비판, 신전략 개념에 기초하여 필요시 유엔을 거치지 않고 방위목적 이외의 군사행동도 취할 수 있다는 북대서양조약기구의 결정, 미일신방위협력지침을 통해 미일이 아태지역에서 동맹을 강화하고 지역안보를 위해 일본이 미국과 함께 일본 본토를 뛰어 넘어(타이완을 포함하여) 군사행동을 할 수 있다는 이른바 '주변사태법'제정 등은 양국의 위기의식을 불러일으켰다. 이런 상황에서 중국과 러시아는 1999년 5월 8일 미군의 베오그라드 주재 중국대사관 오폭 사건이 발생하자 코소보 전쟁에 반대하는 공동 대응을 했고,

미국의 미사일 방어시스템 문제에 대해서도 공동으로 대응했다. 또한 타이완 문제와 체첸 문제에 대한 서방의 개입 반대에 대해서도 공통된 입장을 취했다. 이같은 전략적 협력의 조건 속에서 2001년 6월 15일 '상하이협력조직(SCO)'이 탄생하였다. 원래 국경문제의 해결을 위한 협상 기제였던 상하이협력조직은 이 지역의 정치, 경제, 안보 등에 관한 협력 기제로 그 지위가 격상된 것이다.

그러나 2001년 9.11사태를 계기로 양국관계는 상대적으로 다소 약화된다. 그 이유는 9.11사태를 거치면서 러시아와 중국이 순차적으로 미국과의 관계개선이 이루어지면서 미국에 대한 공동 대응이라는 양국관계의 동력이 약화되었기 때문이다. 러시아는 코소보 전쟁으로 미국과 대립관계에 있었지만, 객관적 국력의 격차가 있는 자국의 경제발전을 위해서 미국과의 관계개선 기회를 잡을 시기를 찾고자 노력해 왔다. 9.11사태가 결정적 기회가 되었다. 2001년 대통령이 된 푸틴은 미군의 중앙아시아 주둔을 허용하고, 북대서양조약기구의 동쪽 확장에 대해서도 온건한 태도를 견지했으며, 군축영역에서도 미국에 대폭적 양보를 하고 미국이 제의한 대량살상무기방지구상(PSI)에 참가하는 등 미국과의 관계개선을 위한 일련의 조치를 취했다(Sutter 2008, 336-337).

반면에 중국과 러시아의 갈등이 노출되기 시작했다. 경제영역에서 2001년 양국 정상이 시베리아와 헤이롱장의 다칭(大庆)을 연결하는 석유 송유관 건설에 합의했지만, 2002년 말 러시아는 중국과의 약속을 저버리고 일본과 앙가르스크-나홋카 노선을 건설하는 방향으로 선회함으로써 중국의 강한 불만을 샀다(2004년 말 일본과의 계획이 무산되고 다시 중국에 유리한 방향으로 바뀜). 또한 중국 기업의 러시아 석유회사 인수계획이 러시아 의회의 반대로 무산되기도 했다(周永生 2007, 195-197). 외교안보문제에서도 미국의 이라크 침공에 대해 초기에는 양국이 모두 강경한 반대 입장을 취했지만, 전후 복구과정에서의 경제적 이해를 고려한 러시아가 미국을 지지하는 것으로 전환하면서 중국으로부터 강한 불만을 사기도 했다. 또한 2001년 12월 미국의 탄도탄요격미사일조약(ABM) 탈퇴에 대한 입장에서도 중국의 강력한 비판과는 달리 러시아가 묵인하는 태도를 보이면서 의견차를 보였다(吴大辉 2007, 13-14).

이처럼 중러 사이에 다양한 마찰이 나타나고 미러관계가 개선되면서 러시아외교에서 중러관계에 대한 필요성이 상대적으로 경감되었다. 반면에 중국은 타이완문제, 그리고 2001년 4월 미중 전투기충돌사건 등으로 미국과 여전히 긴장관계에 놓여있었다. 이런 상황에서도 중국은 여전히 러시아와 공동으로 미국을 견제한다는 전략을 견지했으며, 이로 인해 양국 간 전략적 협력의 추구에서 불균등 상황이 초래되었다. 그럼에도 불구하고, 냉전시기와는 달리 미러관계의 개선이 곧바로 중러관계의 악화를 초래하지는 않았으며, 양국은 여전히 협력관계를 유지했다. 이것은 2001년 7월에 양국이 정상회담을 통해 '친선우호협력조약'을 체결하고 전략적 동반자 관계를 제도적 형식으로 보장한 데서 알 수 있다. 이 회담에서 양국은 ① 경제무역과 과학기술분야 협력, ② 국경지역 협력, ③ 1996년 이후 협의된 중국과 러시아 및 중앙아시아 국가들의 이른바 상하이 5개국 간 국경지역에서의 상호 신뢰구축과 평화와 안정 유지에 대한 협력, ④ 세계적 차원에서 안정적이고 민주적이며 공정한 신국제질서 구축을 위한 협력, ⑤ ABM협정준수 등을 천명했다(杨闯·高飞·冯玉军 2006, 389-392).

9.11 이후 양호한 관계를 유지했던 미러관계가 2004년 말부터 다시 악화된 반면 중미관계가 개선되면서 중국이 다시 러시아의 중요한 전략적 협력 대상으로 부각했다. 2003년 10월 이후의 일련의 러시아 국내 정치적 사건에 대해 미국이 강하게 비판하면서 러시아의 민주주의를 요구하고, 북대서양조약기구의 독립국가연합체로의 영향력 확장 및 미국의 독립국가연합체에 대한 민주주의 확대정책이 시행되면서 미러관

계는 악화되었다. 반면 9.11 이후 한동안 긴장관계를 유지했던 중미관계는 개선되었다. 2005년 미국 국무성 로버트 졸릭 부장관이 중미가 이해당사자(stakeholder)로서 국제문제를 공동으로 경영하고 책임을 지자는 발언을 통해 중국에게 적극적 신호를 보냈다. 그 후 2006년 3월 미국 국가안보전략보고서도 중국을 책임을 다하는 이해당사자(responsible stakeholder)로 규정하고, 중국의 전략적 지위를 제고시키며 국제문제에 대한 협력자로 규정했다(袁鹏 2006, 199).

이런 상황에서 중국은 미국과의 관계를 개선하고 중미 간의 갈등을 증폭시키지 않기 위해, 중러관계 협력의 초점을 유일 초강대국인 미국에 대한 견제가 아닌 지역적 문제와 쌍무적 문제에서의 협력에 집중시키고자 했다. 그리고 세계적 차원의 협력의 중심을 "유엔을 중심으로 하고 강대국들과의 협력을 기초로 하며, 종합안보를 핵심으로 한 국제질서의 수립에 적극적으로 동참하는 것"에 초점을 맞춤으로써 중미 간 충돌을 피하고자 했다(吴大辉 2007, 19-20). 그리하여 1997년도의 '세계의 다극화 및 새로운 국제질서 수립에 관한 연합성명'에서 '다극화에 기초한 새로운 국제질서의 수립'을 중러 간 전략적 협력의 최고목표임을 강조했던 것과는 달리, 2005년 7월 '중러 21세기 국제질서에 관한 공동 성명'에서는 중요한 문제에서 양국의 공통된 입장을 설명하고 새로운 국제질서 수립을 위해 양국이 역사적 책임을 져야함을 강조하는 데 그쳤다(吴大辉 2007, 22).

한편 중러는 미국과의 관계 진전을 위한 노력에도 불구하고, 동시에 양국 간의 전략적 동반자 관계를 유지 발전시키고자 하는 노력도 게을리하지 않았다. 중러 양국은 2005년 8월, 2007년 8월에 공동 군사훈련을 통해 군사적 신뢰구축을 과시하였고, 경제적 측면에서도 2006년 4월 28일 무산위기에 처했던 극동지역의 송유관 공사에 대한 중러 간 협력이 합의되었으며, 시베리아-중국 노선의 천연가스관의 건설에 대해서도 의견일치를 봤다. 더 나아가 2005년과 2008년 두 개 항의 합의를 통해 장기적으로 논란이 되어 왔던 4천 3백km의 국경문제에 대한 합의를 이끌어내어 양국관계의 마지막 장애물을 제거하였다. 이런 과정을 거치면서 2011년에는 '전면적 전략 협력 동반자 관계(全面战略协作伙伴关系)'로 관계를 다시 격상시키는 등 변화를 거듭해 왔다.

상술한 내용에서 볼 수 있듯이 탈냉전기 중러 전략적 동반자 관계는 동맹 관계와는 달리 제3의 적대 국가를 상정하지 않는 우호관계를 의미하므로, 동반자 관계를 유지하는 데 미국이라는 제3자와의 적대적 관계를 전제하는 것은 아니다. 비록 미국에 대한 공동의 경계심으로 중러의 전략적 동반자 관계가 촉발되고 유지되었지만 미국과의 갈등을 전제로 하는 것은 아니었다. 오히려 중국과 러시아는 동반자 관계를 유지하면서 미국과의 관계를 긴밀하게 하고자 했다. 사실 이들의 미국의 위협에 대한 공동 대응의 목소리는 군사 및 정치적 동맹보다는 미국과의 관계를 유리하게 만들기 위한 독자적 영향력과 개별적 협상력의 강화를 위한 것이라고도 볼 수 있다(Yu 2004, 123; Garentt 2001, 44). 그 이유는 경제발전과 양국의 국익을 위해서도 양국은 미국과의 관계가 더 중요하기 때문이다.

2) 시진핑 정권의 강대국 외교와 중러관계의 위상

상술한 바와 같이 탈냉전기에 중러는 미국견제라는 공동의 목표를 지님과 동시에 미국과의 관계강화를 통한 국익추구를 동시에 꾀해 왔다. 그러나 시진핑 정부의 등장이후 중국과 러시아 모두 미국과의 관계가 빠르게 악화된 반면, 양국 관계는 '신시기 전면적 전략적 협력 동반자 관계(新时期全面战略协作伙伴关系)'로 거듭 발전해 왔다. 중러관계가 이렇게 급속하게 진전된 가장 근본적 요인은 양국이 미국견제라는 공동의 전략적 이익, 즉 미국에 의해 주도되고 있는 세계질서를 변화시킨다는 데 이익을 공유하고 있다는 점에서 찾을 수 있다. 이로 인해 중러관계의 강화는 중국의 부상과 함께 강대국들 간의 연결망이 재구성되는 데 있어서 가장 주목할 만한 추세 중의 하나가 되었다(Stent 2020, 1-10).

러시아는 우크라이나 침입 및 크림반도 합병으로 유럽과 미국의 강력한 경제제재를 받고 있어 중국과의 관계 강화가 절박하게 필요한 상황이다. 동아시아 재균형전략을 통한 미국의 견제가 본격화되면서, 중국도 러시아와의 협력을 통한 대미 공동 대응이 절실한 상황이다. 특히 시진핑 정부의 등장과 함께 강대국 외교가 본격화되고 중미 간의 세력 경쟁이 가시화되면서 그 어느 때보다 미국에 대응한 중러 간 전략적 협력이 절실한 상황이며, 따라서 대러시아 정책이 중요시되고 있다.

시진핑은 등장 이후 중화민족의 부흥이라는 '중국몽(中國夢)' 실현을 제기하고, 중국몽은 단순히 경제적 능력에서 세계 1위가 아닌 종합국력에서 세계 1위를 이루는 것임을 강조했다. 더 나아가 19차 당대회에서 중국 공산당은 "거대한 중국이 세계 역사 무대의 중앙으로 회귀하면서 세계는 신시대에 진입했다"고 선언하고, 중국 공산당 역사상 최초로 글로벌 강(대)국으로서 2035년까지 종합적 근대화를 완성한 후, 2050년까지 국제사회에 대해 선도적 영향력을 발휘해 간다는 목표를 제시했다. 이런 목표를 실현하기 위해 중국 특색의 '강대국 외교'를 추진하고(习近平 2014c; Swaine 2015), 그동안 견지해 온 대외 정책 기조인 '재능을 드러내지 않고 때를 기다리면서 준비한다'는 도광양회(韬光样回)정책 기조를 '분발하여 이루어낸다'는 '분발유위(奋发有为)정책'으로 전환하면서, 정치, 경제 등 국제무대의 다양한 영역에서 주동적인 영향력 행사를 추진해 나아가고 있다(薛力 2015). 또한 시진핑 정권은 일대일로전략의 제기, 아시아인프라투자은행(AIIB)의 설립, 브릭스 신개발은행과 위기대응기금의 설립, 새로운 아시아안보체계 수립 등을 주장하며 미국 중심의 기존질서에 대한 개혁을 요구하면서 미국과의 제도와 규범 경쟁을 본격화할 것임을 분명히 했다.

이처럼 중국이 글로벌 강대국이 되면서 국제사회에서의 이익 범위와 영향력이 파격적으로 확장되었고, 중러관계는 바로 이러한 강대국 중국외교의 추진이라는 큰 틀 속에서 배치되어 고려되고 있다. 즉 중국은 중러관계를 지속적으로 안정화시키고 발전시켜야 하지만, 동시에 그것이 초래할 커다란 국제적 영향도 주의해야 한다고 인식한다(冯玉军·陈宇 2017). 이런 관점에서 볼 때 중국외교에서 러시아는 미국보다는 후순위지만, 여전히 매우 중요한 위상을 차지하고 있다. 다시 말하면 미·러는 중국에게 가장 중요한 두 강대국으로 중국의 강대국 외교의 핵심 대상이지만, 동시에 미·러는 중국에 대해 완전히 다른 정치, 경제, 안보적 함의를 갖고 있어, 이 관계의 변화발전은 국제적 세력판도와 국제정세의 변화 발전에 상당한 영향을 미칠 수도 있다(赵华胜 2018).

현재 중국과 러시아는 미국의 패권에 대한 공동대응이라는 공동이익에 기초하여 빠르게 밀착해 왔다. 그리하여 시진핑이 "중러관계는 국제사회에서 가장 중요한 쌍무적 관계이며, 러시아는 중국과 가장 양호한 강대국 간 관계이다. 높은 수준의 강력한 힘을 지닌 중러관계는 쌍방의 이익에 부합할 뿐만 아니라, 국제적인 전략적 균형을 유지하고, 세계평화와 안정을 유지하는 중요한 보장"이라고 언급한 것에서 볼 수 있듯이(习近平 2013a), 중러관계는 현재 중국의 외교정책에서 미국과의 전략적 경쟁에 대응하는 데 있어서 가장 중요한 양자관계로 간주되고 있다. 그 이유는 바로 중국이 러시아를, 미국에 대응하여 글로벌 차원의 세력균형을 이끌어내어 국제질서의 다극화를 견인해 내는 데 중요한 역할을 할 전략적 협력 동반자로 간주하기 때문이다(胡志勇 2015).

특히 현재 중미관계가 본격적인 세력 경쟁의 단계로 접어들면서 큰 폭의 조정을 받고 있는 국제정세 하에서, 중국은 중미 간 장기적 전략적 경쟁의 중요한 파트너로 러시아와의 관계를 무엇보다 중시하고 있어 중러관계는 중국에게 단순한 양자 관계 이상의 의미를 지니고 있다. 그 이유는 러시아가 유일한 중국의 전 세계적 범위의 전략적 협력 동반자이기 때문이다(薛力 2015). 한 중국 학자는 중러가 추진하는 전략적 협력관계는 중국의 핵심적인 전략적 이익을 지키는 중요한 조건으로, 안정적 강대국관계를 건설하여 공평하고 합리적인 새로운 국제정치경제질서를 추동하는 중요한 역량이라고 주장한다(殷卫国, 2017). 이에 비추어 보면, 중러관계는 미국과의 세력경쟁이 본격적인 단계로 접어든 중국외교에서 가장 중요한 전략적 의의가 있는 강대국 관계라는 의의를 지니고 있다. 한편 2015년 말에 발표된 러시아의 〈국가발전전략〉에서도 중러관계는 세계와 지역의 전략적 안정을 지키는 데 관건적 요소로 간주되고 있다(冯玉军·陈宇 2017, 75). 심지어 푸틴은 2019년 10월 3일 중러관계는 "다면적인 전략적 동반자 관계라는 의미에서 동맹관계"라고 표현하기도 했다(Valdai Discussion Club session, October 3, 2019).

이런 맥락에서 중국 내에서는 러시아가 시진핑 외교의 전략적 초석으로서, 중국외교의 바둑판에서 관건적 지위를 점하고 있는 것으로 간주되고 있다. 중국은 러시아를 전략적 배후 지원세력으로 하여, 아시아에서 갈수록 복잡해지는 지정학적 정세와 중국 주변지역에서 발생하는 미처 예측하지 못했던 사건 및 미국의 개입 등에 대응해야 한다고 인식한다. 이런 판단은 러시아가 이제는 초강대국이 아니지만 여전히 국제적 포부를 가지고 있기 때문에 본질적으로 서방체계에 융합되기 어렵다는 인식에 기초하고 있다. 특히 최근 들어 푸틴의 확장주의 정책이 미국 등 서방의 강력한 제재를 받고 있어, 향후 중단기적으로도 러시아에게 있어 중국이 더욱 더 전략적으로 필요한 상황이라는 점도 고려하고 있다. 또한 미국의 단일 패권을 종결짓고, 국제관계의 민주화를 추진하며, 자신의 담론권을 증진하려고 하는 중국의 노력에 러시아도 많은 공통의 관심사가 있다는 판단에 기초한 것으로 보인다(丁晔 2015a).

3. 시진핑의 대외 정책과 중러 전략적 협력관계의 강화

중국외교에서 중러관계가 지닌 중요성은 특히 미국에 대한 전략적 공동 대응, 일대일로의 추진에서 러시아의 협조 확보, 에너지협력을 통한 에너지안보의 강화, 군사교류와 협력 등 4가지 측면에서 나타나고 있으며, 중국은 이 영역에서 러시아와의 협력을 강화하여 의미 있는 성과를 내고 있다.

1) 중미 간 세력 경쟁과 러시아와의 협력

옌쉐통(阎学通) 칭화대 교수에 따르면 러시아와 중국의 경제무역관계 비중이 매우 적기 때문에, 중국의 입장에서 중러 간 협력의 초점은 전략적 협력이지 경제적 협력이 아니며, 따라서 중러관계는 안보와 전략적 각도에서 고려해야 한다고 주장한다(阎学通·梁薇薇 2014). 이런 관점에서 볼 때, 중국과 러시아의 전략적 협력의 핵심은 양국 모두 현재 미국이 주도적 지위를 점하고 있는 세계질서를 변경시키고자 한다는 점에 있다(史蒂芬·科特金[Stephen Kotkin] 2013). 그리고 이런 양국의 전략적 협력은 현재 양국이 모두 미국의 억제전략의 압력을 받고 있다는 공동 인식에 기초한다.

중국은 미국의 아시아 재균형 전략과 인도태평양 전략을 중국의 부상을 억제하기 위한 것으로 간주하고 있으며, 미국은 러시아와도 동유럽 미사일배치, 시리아문제, 푸틴 대통령의 장기 집권 반대, 우크라이나 사태 등으로 갈등하고 있다. 이런 상황에서 중국과 러시아가 미국의 압력에 대항하기 위해 손을 잡는다면, 중국과 러시아는 미국의 글로벌 패권에 대해 힘을 합쳐 억제할 수 있고 미국의 세계전략을 곤경에 빠뜨릴 수 있기 때문이다. 구체적으로 러시아는 중국과 손을 잡아 미국의 압력으로부터 균형을 유지할 수 있고, 중국은 러시아와 손을 잡음으로써 미국의 아시아 해상통로 봉쇄와 억제전략에 대해 균형을 형성할 수 있도록 해 준다(鲍盛刚 2012).

특히 미국의 아시아 재균형정책이 가시화된 이후 권력을 장악한 시진핑은 동중국해에서는 일본에, 남중국해에서 필리핀과 베트남이 미국을 등에 업고 중국의 영토주장에 도전하고 있다고 본다. 이런 전략적 평가 하에 시진핑은 미국에 대항하고 균형을 이루기 위하여 러시아와 더 밀접한 관계를 추구하고 있다. 시진핑의 이러한 움직임은 러시아와 유럽의 갈등 심화로 인한 유럽과 대서양 지역의 불안정 문제 해결을 위해 미국이 유럽을 지원해야 하는 부담 때문에 아태지역의 중국에 대한 미국의 압력이 약화될 수 있다는 인식에 기초한 것이다. 또한 러시아가 중국을 지키는 후원이고 중국의 서부지역 안전보장에 도움이 되기 때문에, 러시아가 반미를 할수록 중국에게 유리하다는 판단에 기초한 것이다. 9.11 이후 러시아가 미국의 중앙아시아 군대 주둔을 허용하는 등 미국과 러시아의 관계강화로 전략적 불안을 경험한 적이 있는 중국은, 우크라이나 위기에 따른 서방과의 관계 악화에 직면해 있는 러시아와의 급속한 관계 진전을 이끌어내면서 이런 불안을 해소할 수 있게 되었다(《环球时报》2015. 7. 13.).

중국과 러시아의 전략적 관계는 단지 미국에 대한 공동대응을 뛰어넘어 국제사회에서 중국의 영향력과 외교적 공간을 탄력적으로 확대할 수 있는 방향으로 진행되고 있다. 중국은 미국이 참여하고 있지 않은 다자적 국제기구 예컨대 상하이협력기구(SCO), 신흥국(BRICs), 아시아교류 및 신뢰구축회의(CICA), 아시아인프라투자은행(AIIB) 등을 통한 러시아와의 협력에 적극적이다. 중국은 이를 통해 대미 견제 효과를 얻는 동시에 미국 중심의 기존 국제 체제에 대응할 수 있는 새로운 대안들을 제시함으로써 글로벌 강대국으로서의 국제적 위상과 영향력을 확보한다는 구상이다. 실제로 시진핑 주석은 2014년 5월 중러 정상회담에서도 이들 다자기구에서의 협력의 중요성을 강조한 바 있다(习近平同俄罗斯总统普京举行会谈 2014). 또한 2016년 10월 시진핑과 푸틴은 글로벌 및 지역의 중요한 문제에 대해 협조를 강화하자고 선언하면서, 국제 업무에서 더 많은 공동의 행동을 이끌어내고, 유엔, 상하이협력기구, 브릭스 등의 다자 틀 내에서 협조와 조정을 통해 담론권과 영향력을 높이자고 주장했다. 이를 통해 협력, 윈윈을 핵심으로 하는 새로운 형식의 국제관계를 만들고, 글로벌 거버넌스체계를 완비하여, 국제질서가 합리적이고 공정한 방향으로 발전하도록 공동으로 대응해야 한다고 강조했다(《新华网》2016. 10. 16.)

그동안 중국이 러시아와 함께 신개발은행(New Development Bank: NDB)의[3] 창설을 주도한 것은 미국이 세계은행(IBRD)과 국제통화기금(IMF)에서 중국을 비롯한 신흥국들의 변화된 위상과 역할을 충분히 반영해주지 않은 데 대한 대안을 모색한 결과라는 점을 강조해 왔다. 시진핑은 제6차 BRICs 정상회의에서 "신개발은행 설립은 국제금융영역에서 신흥국(BRICs)들의 영향력(话语权)을 제고하는 데 기여할 수 있을 것이며, 신흥국들은 국제관계 민주화의 실천자로서 협력과 단결을 강화해 가야 한다"고 역설한 바 있다(习近平 2014d). 이런 목적으로 중국은 러시아와 함께 2009년부터 매년 BRICs 정상회의를 주도하면서 공통의 관심사를 구체화해왔다. 특히 2014년 브라질 정상회의에서 신개발

3 New Development Bank BRICS(NDB BRICS)은 BRICs 5개국(브라질, 러시아, 인도, 중국, 남아프리카 공화국)이 운영하는 국제 개발 금융 기관이다. 이 은행은 신흥 5개국 시장의 재정 및 개발의 더 큰 협력 관계를 육성하기 위해 설립되었다. 2015년 7월 정식 발족하였으며, 본부는 중국 상하이에 있고, 인도의 카마트 총재가 초대 총재로 선출되었다.

은행(NDB) 본부의 상하이 설립과 1천억 달러 규모의 위기대응기금 설치를 공식 발표했고, 그리고 2015년 7월 개최된 우파(Ufa)회담에서 천억 달러 외환보유액에 기초한 브릭스 신개발은행의 정식 설립에 합의했다(陈晓晨·顾炜 2015; 张敬伟 2015). 그리고 중국은 2015년 중국, 인도에 이어 러시아가 상위 3명의 주주가 되도록 하여 아시아인프라투자은행(AIIB)을 설립했다(张敬伟 2015). 이러한 것들은 러시아와의 협력 속에서 국제통화기금(IMF)과 세계은행(WB)의 역할을 일정 부분 대신할 수 있는, 즉 미국 주도의 기존 국제금융질서에 대한 변혁을 의도하고 있음을 의미한다.

뿐만 아니라 시진핑은 2014년 5월 상하이에서 열린 CICA 정상회의 기조연설에서 CICA를 아시아 다자 안보협력기구로 개편하자고 제안하여 푸틴 대통령의 지지를 얻어 냈다. CICA 연설에서 시진핑 주석은 "아시아의 안전은 결국 아시아인들이 지켜야 한다"고 주장함으로써(习近平 2014a) CICA가 미국의 아시아 재균형 전략을 겨냥하고 있음을 시사했다. 이처럼 중국은 미국 주도의 새로운 국제질서의 변화를 이끌어 내는 데 있어 러시아와의 협력이 절실히 필요하며, 이로 인해 러시아와의 전면적인 전략적 협력 동반자 관계의 진전에 적극적인 태도를 취하고 있다. 그리고 중국과 러시아는 양국이 중앙아시아 4개국과 2001년 설립한 상하이협력조직(SCO)을 통해 지금까지 중앙아시아에서 상호간의 경쟁을 성공적으로 관리해 왔다. 이 기구는 2017년에 인도와 파키스탄을 정식 회원국으로 받아들였고(아프가니스탄, 이란, 몽골은 옵서버 국가가 됨), 이들 8개 회원국은 유라시아 영토의 80%, 세계 인구의 43%, 세계 GDP의 4분의 1을 차지함으로써, 지리적 범위와 인구 규모 면에서 세계 최대의 지역 조직이 되었다.

중러는 또한 종종 유엔안전보장이사회에서 협력을 통하여 서방세계에 공동으로 대응하기도 한다. 이에 한 전문가는 유엔안전보장이사회는 국력이 쇠퇴한 러시아가 국력에 걸맞지 않게 국제적 영향력을 행사할 수 있도록 만들어 주었고, 중국이 러시아가 이런 강대국 지위로 복귀하는 것을 도와주고 있다고 주장한다(Stent 2020). 이처럼 러시아와의 협력은 미국의 대중국 견제에 대한 공동 대응뿐만 아니라 다양한 국제기구와 조직 등에서 중국 주도의 규칙과 담론권을 확보하여 중국의 외교적 영향력을 확장하는 데도 결정적으로 중요한 역할을 한다.

2) 일대일로 구상의 추진과 러시아와의 협력

중국은 그동안 강대국 외교, 즉 미국, 일본, 유럽연합(EU), 러시아에 최우선순위를 두어 왔다. 그러나 시진핑 정부는 주변국 외교를 최우선순위로 두고 일대일로 구상을 제기하면서 아시아 중심국가로서 중국이 유라시아의 통합적 발전을 이끌어내는 중심국가로 성장한다는 구상을 제기했다. 이를 위해서 주변국가 중 특히 러시아, 중앙아시아, 아세안(ASEAN)의 중요성을 강조하고 있다. 즉 중앙아시아 및 러시아와 협력하여 육상실크로드 구상을 완성하고, 아세안 국가들과 협력하여 해상실크로드를 완성한다는 구상이다(薛力 2015). 육상실크로드의 건설과 상하이협력조직의 정치적 틀을 통하여 중국이 유라시아 대륙의 거대한 시장과 발전 공간을 열어 나감으로써, 중국이 동아시아 주변국가와의 관계를 발전시키는 데 유리한 영향을 미칠 것으로 본다(鲍盛刚 2012).

그런데 이처럼 중국이 새로운 국제질서를 창출하기 위해 추진하는 실크로드경제벨트와 상하이협력조직, 브릭스 신형국제조직의 발전과정에서, 러시아와의 협력은 빠져서는 안될 중요한 전제 조건이다. 주지하다시피 상하이협력조직(SCO)과 러시아가 주도하는 유라시아경제연합(EAEU: Eurasian Economic Union)은 중앙아시아에서 지리적으로 중첩되고, 실크로드경제벨트 역시 유라시아경제연합의 전체 지리적 범위를 망

라한다. 이처럼 중국 주도의 각종 구상과 조직은 러시아의 전통적 세력 기반과 중첩됨에 따라, 실크로드경제벨트와 유라시아경제연합이 동시에 손잡고 협력하지 않으면 추진되기 어렵다. 즉 러시아의 묵계가 없다면, 중국의 실크로드경제벨트, 특히 중앙아시아에서의 활동은 곤란에 처할 것이다. 따라서 중국은 중러 협력을 실크로드건설과 각종 신형국제조직 건설의 닻으로 간주하고 있다(陈晓晨 顾炜 2015).

한편 푸틴 대통령은 중앙아시아 지역의 안보영역은 집단안보조약기구(CSTO: Collective Security Treaty Organization)를 통해서, 그리고 경제영역에서는 유라시아경제연합(EEU)에 기초하여 유라시아 통합을 추진함으로써 미래 세계질서에서 새로운 일극으로 부상하고자 노력해 왔다. 바로 이 두 조직과 중국 주도의 실크로드경제벨트 및 다년간 적극적으로 추진해 온 상하이협력조직 간에는 일종의 경쟁관계가 존재한다. 따라서 러시아의 묵계가 없다면, 중국의 실크로드경제벨트, 특히 중앙아시아에서의 활동은 곤란에 처할 수밖에 없다. 이로 인해 중국은 러시아와의 협력과 소통을 줄곧 중요시해 왔고, 러시아의 중요(关切)이익을 고려하면서 러시아의 의심과 우려를 제거하여, 러시아와 중국이 협력이 가능하도록 노력해 왔다.

실크로드 구상에서 중러 사이의 가장 큰 쟁점은 두 가지다. 첫째, 중국과 주변국가의 경제적 협력이 러시아의 경제적 이익을 침해할 수 있다는 점이다. 러시아는 중국의 '일대' 건설이 러시아의 시베리아 철도 건설계획에 영향을 주어, 러시아의 극동 및 시베리아 발전계획에 불리한 영향을 미칠 수 있다고 우려한다. 2013년 7월 러시아 정부는 동북지역의 경제발전을 위해 해당 지역의 공업기반을 향상시키고, 광산개발을 추진하며, 막대한 자금을 들여 시베리아철도와 바이칼-아무르철도(바아철도) 현대화 개조방안을 제정했다. 러시아 정부는 이러한 거대한 개조공정을 통해 시베리아와 극동지역의 운수능력을 제고하고 극동과

시베리아를 개발한다는 목표를 세웠다. 그러나 '일대'의 기초시설 건설은 시베리아 철도의 운수량을 대대적으로 분산시켜 러시아의 계획에 치명적 영향을 미칠 수 있다. 왜냐하면 중국이 선택한 신장에서 카자흐스탄을 경유하여 유럽으로 가는 운수노선이 훨씬 더 빠르고 편리하기 때문이다(陈晓晨·顾炜 2015). 이런 러시아의 우려를 해소하기 위해 2014년 10월 리커창 총리가 러시아를 방문하여 중러 간 고속철도협력비망록에 서명하고, 베이징에서 모스크바까지 유라시아 고속 수송로 구축을 추진하고, 우선적으로 모스크바-카잔 고속철 사업을 실시하자는 내용의 고속철 협력양해각서를 체결한 바 있다. 이 협력방안이 실현될 경우 베이징에서 모스크바 수송시간이 6일에서 2일로 줄어들고, 러시아가 유럽으로 향하는 중국 상품의 통과국이 될 수 있어 경제적 이익을 취할 수 있으며, 또한 러시아 운수노선의 기초시설과 물류가 개선될 수 있는 것으로 평가되었다(林民旺 2015).

두 번째의 커다란 쟁점은 일대일로전략이 러시아에 대한 중앙아시아 국가의 의존 정도 약화와 외교적 독립성 증대를 초래하여 중앙아시아에 대한 러시아의 영향력이 감소될 수 있다는 점이다. 중국의 '일대' 건설은 정책, 도로, 무역, 화폐, 민심 소통을 실현하는 것이고, 이로 인해 결과되는 무역 편리화와 표준화는 사실상 미래의 지정학적 영향력과도 연관될 수 있다. 중국경제의 흡인력이 중앙아시아와 몽고에서 강화될 수밖에 없으며, 따라서 러시아는 중앙아시아 국가들이 유라시아경제연맹과 '일대' 간에 서로 다른 선택을 할 것에 대해 우려할만한 이유가 충분하다. 러시아의 이러한 우려는 '중국의 적극적 활동이 이미 중앙아시아 경제에서 러시아의 영향력을 심각하게 하강시키고 있으며, 중앙아시아 각국이 우선적으로 고려해야 할 러시아의 중요한 경제적 동반자적 지위를 상실하도록 만들었다'는 러시아글로벌사무위원회의 보고서에 잘 나타나고 있다(林民旺 2015).

이러한 이유로 '실크로드전략'이 처음 제기되었을 때 러시아의 국내 여론은 상당히 냉담했고 심지어 우려와 부정적 태도를 나타냈다. 그러나 2014년 5월 푸틴 대통령이 중국을 방문하였을 때, 러시아는 중국이 제기한 실크로드구상이 매우 중요하며, 중국 측이 전략의 제정과 실행 과정 중에 러시아의 이익을 고려하는 것에 대하여 높이 평가한다고 말하면서 긍정적 분위기로 전환되었다. 쌍방은 실크로드경제벨트의 항목과 유라시아경제연합 사이의 가능한 합일점을 찾을 것이고, 지역 내 교통과 기초시설 방면의 공동 항목에 대하여 양국 주관 부문의 협력을 추진할 것이라고 언급하였다(《多维新闻》 2015. 7. 12.). 그 후 2015년 7월 개최된 시진핑과 푸틴의 정상회담에서 〈실크로드 경제벨트와 유라시아 경제연합 건설의 상호 접목과 협력에 대한 공동성명〉을 발표했다. 시진핑은 양국 정부의 관련 부문은 일련의 문제에 대한 중요한 컨센서스를 형성하고 있다고 언급하면서, 쌍방이 상하이협력조직(SCO)을 실크로드 경제벨트와 유라시아경제연합(EAEU)에 도킹시켜서 협력할 수 있도록 하는 중요한 무대로 삼아야 한다고 강조하고, 양국의 실질적 협력 공간을 넓혀 전체 유럽과 아시아의 발전, 협력, 번영을 이끌어야 한다고 강조했다(《多维新闻》 2015. 7. 12.). 그리고 2016년 푸틴은 "대 유라시아 동반자 관계"의 공동 건설을 제의했다. 마침내 2017년 10월 1일 중국과 유라시아경제연합(EAEU)이 경제무역 협력협정에 관한 협상을 완료하는 것에 대한 공동 성명에 서명하면서(新华网 2017. 10. 2.), 중국이 주도하는 '신실크로드 구상'과 러시아가 주도하는 '유라시아경제연합(EAEU)' 간에 자유무역지대를 설립한다는 극적인 합의를 이끌어 냈다.

3) 에너지 안보와 러시아와의 협력

중국에게 러시아와의 관계 발전은 에너지 수입원의 다변화라는 측면에서도 중요한 의미를 갖는다. 중국의 석유수입 의존도는 1993년 6%에서 2012년 57%로 증가했고, 2020년에는 67%까지 늘어날 전망이다. 중국이 수입하는 석유, 가스의 약 80%는 실질적으로 미국의 영향력 아래 있는 말라카해협을 통해 동부 연안지역으로 들여온다. 중국은 육로에 기초한 공급라인이 해상통로보다 덜 취약하다고 생각한다. 따라서 중국은 해상 루트의 불안정성을 완화하기 위해 러시아, 중앙아시아, 베트남, 미얀마 등을 거치는 송유관 건설을 통해 육상 석유와 가스 수송망을 구축해 왔다. 이러한 맥락에서 러시아와의 에너지 협력은 에너지 공급선의 다변화를 통해 미국의 영향력을 상쇄시키는 중요한 의미를 갖는다.

이에 따라 그동안 동서 시베리아 가스파이프라인을 포함하여 오일과 가스에 대한 거대한 수입을 러시아와 논의해 왔지만 큰 성과를 내지 못했다. 다만 중국이 2030년까지 원유를 인도하는 대가로 250억 달러를 러시아에 지원하면서 러시아는 2011년부터 중국에 원유를 인도하기 시작했다. 그리하여 2016년부터 러시아가 사우디아라비아를 추월하여 중국의 원유 수입 1위 국가가 되었다(Global Times, March 24, 2019).

이런 과정에서 2014년 우크라이나 사태는 10년간 가격 흥정에도 불구하고 타결이 미뤄졌던 천연가스 공급계약을 타결 짓게 하는 결정적 요인이 되었다. 2014년 5월 크림반도 합병이후 얼마 되지 않아, 러시아와 중국은 러시아 시베리아 이르쿠츠크 코빅타 가스전과 극동지역의 차얀다 가스전에서 생산되는 천연가스를 중국 동북지역으로 공급하는 내용의 계약을 체결했다. 시베리아·극동에서 블라디보스토크로 연결되는 약 4천km의 '시베리아의 힘(Power of Sibrea)' 가스관을 중국 동북지역으로 연결하는 지선인 '동부 노선'을 통해서다. 이 가스관 사업은 2019년 12월에 50억m^3를 시작으로 2025년까지 연간 380억m^3의 가스를 수출하는 것을 목표로 하여 1단계로 개통되었다. 또한 2014년 11월 중러는 러시아 서부 시베리아의 알타이에서 중국 서부 신장 위구르 지역으로 연결되는 약 2천 7백km의 가스관을 설치하여 30년 동안 300억m^3 천연가스를 공급하는 계획에 대해서도 합의한 상황이다. 계획대로 가스관이 완공된다면 중국은 현재 러시아의 가장 큰 고객인 독일을 제치고 러시아 최대의 고객이 될 것으로 보인다(约瑟夫·奈[Joseph Nye] 2015).

더 나아가 중국은 '북극 실크로드' 구상을 제기하고 북극을 통한 러시아와의 에너지 협력을 추진하여 에너지원의 다변화를 추진하고 있다. 중국이 북극지역에서 천연자원 개발에 필요한 자본, 전문기술, 시장을 러시아에게 제공하고, 러시아는 중국에게 자국이 통제하는 천연자원의 개발 및 선박노선의 사용을 제공하는 방식이다. 이것은 2014년 우크라이나 사태이후 서구의 제재로 인해 서방기업들이 북극 에너지사업에 대한 러시아와의 협력을 포기해야 했던 상황에서, 중국이 이 사업의 파트너가 됨으로써 가능했다. 그 결과 북극 야말(Yamal)반도 액화천연가스(LNG) 화물이 2018년 8월에 최초로 중국에 도착한 바 있다(Stent 2020).

이처럼 중국은 러시아와 에너지 협력을 강화하여 중국의 에너지 수입 다변화를 이끌어내고, 동시에 우크라이나 위기로 인한 서방의 제재하에서 러시아가 경제적으로 고립되지 않도록 지원하였다. 이 과정에서 중국은 향후 수십 년 동안 러시아로부터 안정적인 오일과 가스를 공급받을 수 있는 포괄적인 가스 및 오일 파이프라인 건설을 이끌어냄으로서, 베이징의 에너지 공급 우려와 에너지 안보 불안을 해소할 수 있는 길을 확보하였다(Jiang 2015).

4) 군사적 영역에서의 러시아와의 협력

중국과 러시아의 군사적 영역에서의 협력은 주요하게 군사기술협력(무기판매 포함), 군사훈련, 그리고 높은 수준의 군사적 교류로 요약할 수 있다.

우선, 무기거래에서 러시아는 그동안 중국의 사실상 유일한 무기 공급국이었다. 만약 러시아가 대량의 군사원조를 제공하지 않았다면, 오늘날의 중국군은 현재의 수준에 달하지 못했을 것이다. 그런데 1989년 이래 러시아가 중국에 판매한 다양한 재래식 무기와 군사기술 이전은 1990년대와 21세기 초에 매년 30억 달러로 절정기에 달했던 시기와 비교해 볼 때, 이미 대폭 감소하여 현재 매년 10억 달러 수준에 머무르고 있다(Shambaugh 2019). 이처럼 거래량이 감소한 것은 우선, 중국이 첨단무기 습득으로 상당한 수준의 무기를 자체 생산하는 것이 가능해졌기 때문이다. 현재 중국의 군사공업은 항공기 엔진, 대형 수송기, 장거리 폭격기 등 일부 핵심 부품과 첨단무기체계를 수입하지만 각종 선진적 무기와 장비를 생산할 수 있는 능력이 있다. 더구나 중국은 현재 러시아보다 3배 이상 많은 군사비를 쓰고 있어, 중국의 재래식 군사력은 러시아보다 규모가 클 뿐만 아니라 무기장비의 현대화 수준이 빠르게 향상되어 러시아의 우세는 주요하게 전략 핵무기영역에 남게 될 것으로 전망된다. 스톡홀름 국제평화연구소의 자료에 따르면, 2017년 러시아 군비는 663억 달러이고 중국은 2,282억 달러이다. 중국경제의 성장속도가 러시아보다 빠르기 때문에 앞으로 양국의 경제규모가 더 벌어질 것을 예상한다면 이런 차이는 더 확대될 것이다(赵华胜 2018). 두 번째 요인은 중국이 러시아 첨단무기를 모방하여 세계시장에 판매하게 되면 자국을 위협하는 부메랑이 될 수 있음을 우려하여 러시아가 첨단 무기를 중국에 팔지 않으려 한다는 점이다(万佳 2011, 18; 王树春 外 2人 2012, 10). 그동안 러시아는 중국의 무기구매 수요의 95%를 제공했고, 중국은 여전히 러시아의 무기에 관심이 많지만, 중국의 무기 모방에 대한 우려로 러시아의 무기 판매량이 감소했다(史蒂芬·科特金[Stephen Kotkin] 2013).

그러나 2015년 크림반도 사건 이후 중러 간 무기거래와 군사기술 협력에 변화가 발생하고 있다. 양국 관계의 강화 일환으로 러시아는 30

억 달러 규모의 중국 Su-35 전투기와 S-400 지대공미사일체계에 대한 판매 계약을 체결했는데, 이것은 중국의 미사일 방어능력을 향상시키고 타이완의 공중 방어를 위태롭게 할 수 있는 것이다(Stent 2020). 그리고 이것은 중국이 러시아의 가장 선진적 군비의 최상위 구매국가가 됨을 의미한다(冯玉军-陈宇 2017). 또한 푸틴은 2019년 10월 3일 소치회의에서 중국을 '동맹국'으로 표현하고, 러시아가 현재 중국의 미사일조기경보시스템 개발에 협력하고 있으며, 이 시스템은 현재 미국과 러시아만이 갖고 있는 것으로 중국의 국방력을 비약적으로 향상시킬 것이라고 말한 바 있다(曹辛 2019).

두 번째로 군사훈련방면에서 공동 군사훈련의 연례화 등 양국 협력이 눈에 띄게 증가하면서 양국관계의 친밀도를 과시하고 있다. 양국은 2005년부터 "평화사명"(peace mission) 이라는 명칭으로 매년 육해공 삼군이 대규모로 참가하는 군사훈련을 실시해오고 있다. 그리고 2012년에 양국은 사상 첫 번째이자 최대 규모의 해상합동훈련을 실시한 이후, 매년 연례적으로 실시해오고 있다. 2012년에는 중국 칭다오 인근 서해에서, 2013년은 블라디보스토크 인근 표트르대제 만(灣)에서, 2014년엔 양쯔강 하구 동중국해에서, 2015년 지중해 해역과 블라디보스토크 표트르대제 만에서, 2016년 남중국해, 2017년 7월 발트해를 시작으로 9월 중순 동해와 오호츠크해 훈련으로 이어졌고, 2018년에는 남중국해에서 아세안 국가들도 참여한 가운데 진행되었으며, 2019년 4월 29일부터 6일간 칭다오 부근에서 실시되었다.

또한 러시아와 중국군은 2018년 9월 시베리아 극동지역에서 냉전 종식 이후 최대 규모의 러시아 군사훈련인 '보스토크(동방) 2018년'을 개최했다. 러시아 전체 병력의 30%인 30만 대군이 참여하였으며, 탱크 등 장갑차량 3만 6,000대와 군용기 1,000대가 동원되었다. 중국군도 3,200명이 참가했다. 그동안 중국과 러시아 양국 해군이 함께 훈련한 적은 있으나, 이처럼 대규모 연합 훈련을 한 것은 처음이다. 러시아의 양대 군사 훈련은 나토를 가상의 적으로 하는 자파드(서방)와 태평양 지역을 겨냥한 보스트크(동방)로 구성되어 있는데, 2017년 9월에 벨라루스와 함께 1만 3,000명을 동원한 '자파드 2017'를 실시해 동유럽 국가들과 나토를 긴장시킨 데 이어, 2018년에 냉전기 이후 최대 규모 군사훈련을 극동지역에서 중국과 함께 실시한 것이다(《문화일보》 2018. 8. 30.). 특히 러시아가 집단안보조약기구(CSTO, 아르메니아, 카자흐스탄, 키르기스스탄, 러시아, 타지키스탄 등 동맹국)가 아닌 외국을 초청해 전략 훈련을 한 것은 이것이 처음으로, 이 훈련을 통해 중국과 러시아는 모두 미국의 적대적 행동에 직면하여 양국 간 전략적 동반자 관계가 대두되고 있다는 신호를 보내려 하는 것으로 해석되고 있다(Gorenburg 2018).

더 나아가 중국과 러시아의 공군은 2019년 7월 23일 인도-태평양 지역에서 중국의 전략 폭격기 '중국 시안 H-6K(Chinese Xian H-6K)' 2대와 러시아의 '투폴레프(Tupolev) Tu-95MS' 장거리 핵탑재 폭격기 2대가 참가하는 장거리 공중 순찰을 공동으로 실시했다. 훈련 과정에서 한국이 자국 영공을 침범한 러시아 군용기를 막기 위해 1차 80발, 2차 280발 도합 360발의 경고 사격을 하는 등, 주변국에 안보 불안을 야기시키기도 했다. 이 훈련은 중러가 태평양지역에서 가진 첫 장거리 연합 초계비행으로 인도-태평양 전략과 남중국해에서 항행의 자유를 내세우는 미국에 으름장을 놓은 조치로 평가되고 있다(《중앙일보》 2019. 7. 25.)

2019년 9월 16-21일에는 중국군이 러시아 서부 및 키르기스스탄에서 열린 또 다른 대규모 러시아 군사훈련인 '첸트로(Tsentr, 센터) 2019'에 참가했다. 그리고 인도, 파키스탄, 우즈베키스탄 등 상하이협력기구(SCO) 회원국 군대가 참가했다. 2단계로 진행된 이 훈련은 1단계에서는 군대 운용, 공습 격퇴, 정찰 및 방어 훈련이, 2단계에서는 가상 적군 섬멸을 위한 대규모 공격훈련이 전개되었다(《매일경제》 2019. 9. 16.). 이 훈련은 공식적으로 "대테러 작전"에 맞춰졌지만, 또한 적의 공습을 격퇴하고 공중과 지상의 재래식 공격 작전을 병행하는 것을 포함함으로써, 국가 간의 전쟁 요소를 특징으로 했다고 평가되고 있다(Stent 2020). 한편, 중국의 해방군보는 이 훈련에 대해 중러 신시대 전면적 전략적 협력 동반자 관계를 더욱 공고히 하고, 군사분야에서의 실질적 우호협력을 심화하는 것이라고 평가했다(《联合早报》2019. 8. 30.).

이처럼 군사기술 협력과 수많은 양자 및 다자 군사훈련이 증가되면서, 러시아와 중국은 2017년 러시아 국방부의 주도로 2020년까지 3개년 군사협력 계획을 채택했다. 양측은 합동 공중 순찰을 포함한 광범위한 협력을 반영하는 새로운 군사협정을 협상할 것이라고 말했다. 또한 러시아가 중국의 독자적 탄도미사일 방어체계 개발을 돕고 있다는 것은 중러 군사관계에서 새로운 수준을 나타내는 것으로, 전략 핵무기와 관련된 기술에 대해 중국과 협력할 용의가 있음을 의미하는 것이다. 바로 이런 양국 간의 강화된 국방협력이 중러 간 '전략적 동반자 관계'의 한 축을 이루고 있어, 중러관계가 군사동맹으로 갈 수도 있다는 우려를 낳고 있다(Kofman 2019).

4. 중러 간 전략적 협력의 지속적 강화에 대한 제약요인

중미 간 세력 경쟁이 가시화되고, 크림반도 사건이후 서방의 대러시아 제재가 강화되면서 중러는 빠른 속도로 관계를 강화시켜 왔다. 그 중심에는 미국에 대한 견제를 통한 균형의 확보라는 공동의 이해관계가 작용하고 있다. 따라서 중러가 미국에 대응하기 위해 전략적 동맹관계로 갈 것인가는 초미의 관심사가 되고 있다. 아래에서는 중러관계의 지속적 발전을 제한하는 요인을 분석함으로써, 중러관계의 발전을 전망하는 기초로 삼고자 한다.

1) 중러의 전략적 이해관계의 차이

중국과 러시아가 전례없는 협력관계를 유지하고 있지만, 양국은 동시에 여전히 전략적 경쟁의 대상이다. 더군다나 부상하는 중국이 뚜렷한 힘의 우위를 점하고 있어 러시아는 중국에 대한 경계의 시선을 늦추지 않고 있다. 비록 중국과 러시아가 현재 미국에 대한 견제라는 전략적 이해를 공유하고 있지만, 양국은 미국에 대한 견제에 있어도 서로 다른 계산이 존재한다. 이런 점은 양국의 전략적 협력의 지속적 강화에 부정적 영향을 미칠 수 있다.

우선, 양국 모두 미국과의 관계에 더 무게 중심을 두고 있어 대미관계에 따라 양국 관계가 요동친다는 점이다. 미국은 중국과 러시아 모두에게 가장 중요한 국가이고, 쌍방의 대미 관계의 중요성은 중러관계가 지닌 중요성을 능가한다. 또한 세계화로 경제적 상호의존성이 강화되면서 경제관계가 정치에 미치는 영향이 강화됨에 따라, 중국과 러시아가 연대하여 미국과 대립하는 것은 비용과 대가가 너무 크기 때문에, 양국 모두 미국과 20년 전의 냉전시기의 대결상태로 가기를 원치 않는다는 점이다(鲍盛刚 2012). 이런 관점에서 푸틴의 관심은 여전히 유럽과 미국에 있고, 중국과의 전략적 협력 동반자 관계도 러시아가 미국으로부터 충분한 관심을 받기 위한 것이라는 주장도 있다. 무엇보다도 러시아의 입장에서 볼 때, 유럽과 미국의 재재에 대응하기 위해 중국과의 관계강화를 추진하지만 지불해야 할 비용이 매우 높기 때문이다: 우선 중국에게 세계시장보다 낮은 가격으로 석유를 제공해야 하고, 둘째, 중국의 중앙아시아 확장에 대한 묵인이 필요하며, 셋째, 동아시아에 대한 러시아의 불개입이 요구된다. 이런 점에서 중국과의 전략적 동반자 관계는 미국의 국력을 공동으로 억제하기 위한 것이지만, 동시에 이것은 중국의 국력이 유라시아대륙에서 부단히 확대되는 데 러시아가 편리를 제공게 된다는 문제점이 있다(史蒂芬·科特金(Stephen Kotkin) 2013).

중국의 입장에서도 러시아보다 미국과의 관계를 더 중요시 한다. 중국은 중단기적으로 새로운 형식의 강대국 관계로 중미관계를 안정화시키고, 이것에 기초하여 이른바 서진(西進)전략을 통해 장기적으로 미국과 대적한다는 전략적 구상을 제시하고 있다(邓聿文 2015). 2018년 말 기준 중국의 GDP는 러시아의 약 8.2배로 커다란 차이가 나며, 이로 인해 중국에게 러시아는 미국을 대체하는 선택지가 될 수 없다. 비록 군사기술에서 러시아가 일부 선진적 부분이 있다하더라도, 중러 연합이 미국과 대항하는 것으로 발전해서는 안된다는 공통된 인식이 있다(《凤凰博报》2015年 第75期).

또한 중국이 부상한 반면 러시아의 국력이 급속하게 쇠퇴한 상황에서 러시아가 자국보다 더 강력한 중국의 국제적 지위를 수용할 수 있는가도 문제지만, 만약 중국 정부가 러시아와 협력하여 미국에 공동으로 대항하고자 한다면, 중국은 현재보다 훨씬 더 큰 전략적 압력을 미국으로부터 받을 것이고, 중러의 현재 능력에 비추어 볼 때 이런 미국의 장기적 압력을 견뎌내는 것이 어렵다는 인식이 있다(邓聿文 2015). 특히 중국 내에서는 러시아의 경제력과 경제구조에 비추어볼 때, 중러 경제협력이 중국의 경제발전 특히 산업구조의 고도화를 이끌어내는 데 도움을 줄 수 있는 역할이 매우 제한적이며, 양국의 경제발전과 세계경제에서의 경쟁력 확보에도 큰 영향을 미치지 못할 것으로 인식한다. 중국의 발전은 세계경제에 지속적으로 진입함으로써 가능하고, 구체적으로 미국의 시장과 기술방식에 의존해야 한다는 인식이 자리하고 있다(冯玉军·陈宇 2017).

둘째, 국제질서 건설에 대한 인식에서도 중러 간에 차이가 존재한다는 점이다. 탈냉전기로 진입한 이후의 단극체제에 대한 반대와 다극화를 주장하는 것이 양국 협력의 중요한 토대가 되어 왔다. 그러나 중국의 국제적 지위가 상승하여 미국의 지위에 근접해 가는 반면, 상대적으로 미국의 지위가 낮아지면서 미국의 패권적 지위가 흔들리고 있다. 또한 러시아의 위상이 추락하여, 비록 일극(一极)으로 유지되고 있지만, 국력, 특히 경제력은 미중과의 격차가 갈수록 커지고 있다. 그리하여 다른 여타 강대국들의 역할보다도 중국과 미국 양국의 상호작용에 따라 동아시아의 평화, 세계의 번영, 과학기술의 작동방식, 인권과 민주주의의 역할과 범위가 결정될 것으로 전망된다(Jonce 2020). 이처럼 양국 간 국제적 위상이 달라지면서 국제질서에 대한 전략적 이해관계도 달라질 수밖에 없다. 이미 러시아 학계에서는 미중 양극 구조의 가능성과 러시아의 위상 문제가 제기되고 있는 상황이다(赵华胜 2018). 중국 내에서도 양극체제 형성 가능성에 대한 논쟁은 이미 시작되었다.

셋째, 양국 간 전략적 불신이 여전히 강하게 존재한다는 점이다. 중국은 빠른 부상으로 거대한 경제, 군사, 인구능력을 갖추게 되었지만, 러시아는 경제와 군사력이 이미 쇠퇴하였으며, 심지어 국제다자기구 내에서도 양국의 지위는 심각하게 불균등한 상황이다. 브릭스 집단에서 중국의 경제규모는 다른 4개국의 총량보다 더 크기 때문에, 브릭스 집단의 계획-신개발은행을 포함하여-은 중국으로부터 더 큰 영향을 받을 것이다. 또한 양국이 비록 상하이협력조직(SCO)을 통해서 협력을 하더라도 중앙아시아에 대한 영향력을 두고 경쟁할 수밖에 없다(约瑟夫·奈(Joseph Nye) 2015). 러시아는 중국이 러시아의 고난을 이용해 중앙아시아국가(과거 소연방)들과 관계를 강화한다고 의심하는 상황이다. 바로 이런 이유로 왕이 외교부장이 루블화 폭락위기 극복을 위해 러시아에 대한 지원을 제안했지만(《신화망》 2014. 11. 23.), 푸틴은 루블화가 50%나 하락하는 위기상황에서도 중국의 제안을 거부한 바가 있다(Jiang 2015). 러시아는 세계인들에게 중국에 의존하는 인상을 주기를 원치 않으며, 이것은 중국과의 우호관계를 강조하면서도 동시에 큰 경계심이 있음을 의미한다(王强 2015).

또한 러시아가 극동지역에서 중국과의 협력을 강조하지만, 동시베리아 지역에 단지 6백만의 러시아인이 거주하고 있는 것에 비해 중국측 국경지역에 약 1억 2천만 명의 중국인이 거주하고 있는 점을 우려한다. 그 결과 러시아는 중러 국경지역의 경제협력에 대하여, '경계 속 협력(防范中合作)'의 방침을 취하면서(비록 중국이 모든 자금을 제공한다고 해도, 동북아 지역에서 국경을 가로지르는 교량의 건설을 원치 않는다) 주동적 협력의 추진을 망설이고 있는 상황이다(薛力 2015). 중국 내에도 러시아가 협력 동반자를 '계산'하고 '배반'할 가능성이 있고, 현재 중국의 힘을 빌리는 것은 어쩔 수 없는 상황에서 진행되는 것이며, 일단 서방의 제재가 완화되고 난관을 지나고 나면, 더 이상 중국의 지위 아래에서 참고 견디지 않을 것이라는 인식이 있다(邓聿文 2015).

따라서 현재 양국관계가 급속하게 강화되고 있지만, 이러한 밀월은 상당 정도로 양국 모두가 미국의 전략적 압력을 받는다고 느끼기 때문이다. 만약 외부요인이 약화되거나 소실된다면, 양국이 이런 밀접한 관계를 계속 유지할 수 있을지 확신하기 어렵다. 뿐만 아니라 양국관계의 긴밀함은 서방의 경계를 초래할 수 있으며, 양국이 동맹을 맺어 공동으로 대응한다는 서방의 오판 가능성에 대한 양국의 경계 심리도 존재하고 있다(张敬伟 2015). 따라서 중국과 러시아가 서구에 대항하는 지정학적 게임에서 같은 꿈을 공유하고 있다는 결론을 내리는 것은 아직 이르다.

2) 일대일로 구상과 중앙아시아에서의 충돌

일대일로 구상이 중국의 공식적 국가정책이 되면서, 유라시아대륙 제1의 경제대국으로서 중국의 경제적 이익과 정치적 영향력이 중앙아시아 지역에서 확대되는 것은 불가피한 추세이다. 중국과 러시아가 상하이협력조직(SCO)을 통해 중앙아시아의 평화를 유지하고자 하나, 중국의 실크로드 전략 추진으로 인해 중앙아시아 국가를 둘러싼 양국 간 경쟁은 불가피하다. 이런 상황에서 러시아는 특히 다음 두 가지를 우려한다. 하나는 '중국과 이웃국가와의 경제적 협력이 러시아의 경제적 이익을 침해할 것인가?'에 대한 것이며, 다른 하나는 '중국의 전략이 중앙아시아 국가에 대한 러시아의 의존 정도를 약화시켜서, 러시아에 대한 이들 국가들의 외교적 독립성이 증강되는 것'에 대한 우려이다. 따라서 만약 러시아가 우크라이나 사태를 둘러싼 서방의 제재가 해소되고, 러시아의 세력 범위에 대한 의식이 더욱 더 팽창된다면, 중국이 추진하는 일대일로 이니셔티브와 러시아가 주도하는 유라시아연합 간에 모순과 마찰이 등장할 가능성이 크다. 또한 미국이 중국을 주요한 억제대상으로 삼고 유럽 지역 문제와 관련하여 러시아와 모종의 거래를 한다면, 이는 중국에게 재난적 결과를 초래할 수 있다는 지적도 있다(王强 2015).

주지하다시피 푸틴은 유럽연합 모델을 참고로 하여 구소련의 경제와 안보체계를 회복하고자 지역수준의 초국가 연합체로서 유라시아연합의 건설을 주도해 왔다. 유라시아연합의 첫 단계로서 러시아, 백러시아, 카자흐스탄, 아르메니아 4개국이 가입한 유라시아경제연합이 2015년 1월 1일에 이미 가동되었다(王强 2015). 또한 2001년 중국, 러시아 및 중앙아시아 5개국이 건립한 상하이협력조직(SCO)에서 러시아는 파키스탄의 가입 반대와 이 지역과 크게 연관이 없는 인도를 업저버로 할 것을 주장하는 등(2017년 양국은 정식회원국이 됨) 이 조직에서 중국의 담론권과 영향력을 억제하는 데 주력해 왔다(王强 2015). 그리하여 처음에 '일대' 구상이 제기되었을 때 러시아 국내 여론은 상당히 냉담했고 우려를 나타냈다. 비록 쌍방이 실크로드경제벨트와 유라시아경제연합 사이의 협력에 대해 극적으로 합의하였지만, 중앙아시아에 대한 러시아의 영향력 감소에 대한 우려는 여전히 해소되지 못하고 있는 상황이다. 이는 러시아글로벌사무위원회가 '중국의 적극적 활동은 이미 중앙아시아 경제에서 러시아의 영향력을 심각하게 하강시키고 있으며, 러시아가 중앙아시아 각국이 우선 고려해야 할 중요한 경제적 동반자로서의 지위를 상실하도록 만들었다'는 분석에서도 나타난다(林民旺 2015).

중국경제의 흡인력이 중앙아시아와 몽골에서 강화되고 있는 것은 러시아에게 있어 분명한 위협이다. 따라서 중앙아시아 국가들이 유라시아경제연합과 '일대' 사이에서 서로 다른 선택을 할 것에 대한 러시아의 우려는 타당성이 충분히 있다. 중국 내의 적지 않은 학자들은 일대(一帶)정책에 대한 러시아의 긍정적 태도의 근본적 원인이 미국과 유럽국가로부터 받는 압력이 너무 커서 러시아가 안정적 후방을 필요로 하기 때문인 것으로 간주하고 있다. 따라서 러시아에 대한 미국과 유럽연합의 압력이 감소한다면 일대(一帶)에 대한 지지 정도가 감소할 것임을 예측할 수 있다. 이런 점에서 한 전문가는 러시아에 대한 서방의 압력이 감소하면 '일대'에 대한 지지 정도도 감소할 것이기 때문에, 바로 현 시점이 중국이 일대일로를 추진해야 할 전략적 시기라고 주장한다(林民旺 2015).

3) 양국 간 경제적 관계의 취약성

그동안 양국의 전략적 동반자 관계가 경제무역을 통해 실질적으로 뒷받침되고 있지 못하다는 우려와 함께, 양국 사이의 경제관계를 확대 발전시키고자 노력해 왔다. 그리하여 양국 간 교역액은 2018년 1,070억 달러가 되어 처음으로 1천억 달러 선을 넘어섰으며, 2024년까지 2천억 달러로 더 늘릴 계획이다.[4] 그럼에도 불구하고 양국 간 경제적 협력관계는 여전히 전략적인 협력의 중요한 기초로 작용하는 데에는 취약한 상황이다.

우선, 무엇보다도 양국 경제규모의 비대칭성과 경제적 교류협력 규모가 지닌 취약성이다. 중국경제는 러시아의 8배 이상의 규모이고, 2009년 이후 중국은 줄곧 러시아의 최대 교역 상대국(무역총액의 12.5%, 2018년 기준)인 반면, 러시아는 중국에게 제10위의 교역국으로 전체 무역에서 대러 무역이 차지하는 비중은 2.3%에 불과하다(2018년 기준). 이것은 미중 간의 교역액이 6천 6백억 달러로 중러 간 교역의 6배라는 큰 차이가 있다는 점뿐만 아니라, 미국이 유럽연합에 뒤이어 중국의 제2의 무역대상국이자 무역총액에서 13.7%(2018년 기준)를 차지하고 있는 점과 대비된다(〈표 5-1〉, 〈표 5-2〉 참조).

또한 양국 간의 직접투자 역시 매우 작은 규모로, 비록 러시아에 대한 중국의 직접투자가 증가세를 나타내 왔지만, 러시아 전체 외자투자에서 중국의 투자가 점하는 비중은 여전히 매우 낮다. 2017년 말 러시아에 대한 중국의 직접투자는 138.7억 달러로 러시아에 대한 10대 직접 투자국에도 포함되지 못한 상황이고, 러시아의 중국에 대한 직접투자 역시 매우 미미한 수준이다(俄罗斯-中华人民共和国商务部 2018). 이처럼 양국 간에는 경제적 상호 의존도가 낮을 뿐만 아니라 심각한 불균형을 나타내고 있다.

〈표 5-1〉 2018년 중국의 10대 무역(수출입) 상대국(단위: 억 달러)

순위	국가	총액(수출입)	전체무역 중(%)	순위	국가	총액(수출입)	전체무역 중(%)
1	EU	45,040.7	14.8%	6	홍콩	20,529.6	6.7%
2	미국	41,797.9	13.7%	7	타이완	14,926.2	4.9%
3	아세안	38,787.9	12.7%	8	호주	10,071.2	3.3%
4	일본	21,615.5	7.1%	9	브라질	7,332.8	2.4%

4 Keegan Elmer, "China, Russia set to double trade to US$200 billion by 2024 with help of soybeans," South China Morning Post,(September 18, 2019).

5	한국	20,669.4	6.8%	10	러시아	7,075.5	2.3%

출처: https://countryreport.mofcom.gov.cn/

〈표 5-2〉2018년 러시아의 10대 무역상대국(단위: 억 달러)

순위	국가	총액(수출)	총액중(%)	순위	국가	총액(수입)	총액중(%)
1	중국	560.8	12.5%	1	중국	522.03	22.0%
2	네덜란드	435.2	9.7%	2	독일	255.05	10.7%
3	독일	341.0	7.6%	3	미국	125.30	5.3%
4	벨라루스	215.45	4.8%	4	벨라루스	116.54	4.9%
5	터키	214.45	4.8%	5	이탈리아	105.72	4.5%
6	한국	178.7	4.0%	6	프랑스	95.76	4.0%
7	이탈리아	163.92	3.7%	7	일본	88.18	3.7%
8	폴란드	162.91	3.6%	8	한국	69.72	2.9%
9	카자흐스탄	127.10	2.8%	9	우크라이나	54.58	2.3%
10	미국	125.33	2.8%	10	카자흐스탄	52.14	2.2%

출처: https://countryreport.mofcom.gov.cn/

둘째, 양국의 무역 구조도 개발도상국과 선진국의 그 관계와 크게 유사하다. 중국은 러시아로부터 주로 원재료를 수입하고 있는 반면, 러시아는 전자기계 등 상대적으로 고부가가치 상품을 수입하고 있다. 또한 중국에 대한 러시아의 수출에서 석유 등 자원형 제품이 80% 이상을 점하고 있다. 반면에 중국의 대러시아 수출에서 과학기술제품은 전체 수출의 약 60%를 점하고 있고(2018년 기준), 노동집약적 품목이 차지하는 비중은 줄고 있는 추세다. 그리고 2018년 러시아의 대중 수출이 560.8억 달러, 수입이 522억 달러가 되면서 최초로 38.8억 달러의 흑자를 냈지만, 양국의 경제구조와 기술수준의 격차로 무역수지 불균형 문제의 개선은 여전히 난제로 남아있다.[5]

셋째, 일대일로 구상의 추진 속에서 양국의 인프라 협력은 기대만큼 진척되지 않고 있다는 점이다. 중국과 러시아가 '일대일로' 공동 건설을 위한 사업의 일환으로 모스크바-카잔(Kazan) 고속철 노선을 2018년

5 2018년 러시아는 중국에 석유 149만 톤을 수출하여, 전년도 대비 19.7% 증가했다. 러시아로부터 수입한 석유는 중국 수입 총량의 15.5%였다. 2016-2018년 3년 연속 러시아는 중국의 석유 공급국 1위다.

까지 건설하기로 합의한 바 있지만, 이 계획은 비록 양국 정부의 공개적인 선언으로 이어지지는 않았지만 사실상 중단된 상태이다(《和讯新闻》 2020. 2. 21.). 러시아가 이 고속철 노선의 승객 유동량에 대해 의문을 제기할 뿐만 아니라 사업을 시작할 자금이 없는 상황이고, 이런 상황에서 중국 혼자 힘으로만 추진하기 어렵기 때문이다(《多维新闻》 2015. 9. 6.). 그 외에도 중국과 러시아의 일부 대규모 인프라 프로젝트는 협약이 체결된 이후 제대로 진행되지 않고 있다. 2017년 12월 29일자 《러시아신문(俄罗斯报)》은 중국과 러시아가 극동지역에 교통 운송과 물류, 관광과 임업, 에너지 개발, 정밀강철가공 등에서 40억 달러의 28개 프로젝트를 진행할 예정임을 발표하였고, 또한 2018년 8월 21일에 중러 지역 협력 발전투자기금회사가 총 1,000만 위안 규모로 선전(深圳)에 설립되었다(俄罗斯报通讯社 2018. 9. 20.). 그렇지만 2017년 이후 진행된 러시아 극동지역 투자의 80%는 중국에 의해 이루어졌으며(陆南泉 2019, 8), 러시아 측의 경제적 문제로 사업의 현실적 이행이 쉽지 않은 상황이다.

넷째, 비록 러시아가 아태지역의 중요성을 강조하고 극동지역의 개발과 개방을 가속화하고 있지만, 러시아 대외경제관계의 중점은 여전히 유럽에 있다는 점이다. 러시아 세관에서 발표한 수치에 따르면, 크림반도사건 이후 유럽의 제재에도 불구하고, EU는 2018년 연간 러시아 대외 무역액의 42.8%를 차지하고 있으며, 양자 무역액은 2,942억 달러로 19.3% 증가했다(이 가운데 수출은 28.3%, 수입은 2.7% 늘었다). 2018년에 아태 협력국가(러시아 최대 대외 무역 파트너인 중국을 포함하여)는 러시아 대외 무역액의 31%를 차지하면서 전년대비 19.8% 증가했지만 유럽과는 여전히 일정한 격차가 있다. 러시아 외자유치의 50% 이상은 유럽연합에서 왔고, 에너지 수출 중점도 EU에 있으며, 기계 설비도 주로 유럽연합에서 수입되었다. 더구나 비록 최근 몇 년 동안 중국 위협론이 다소 약화되었지만, 중국기업들은 여전히 러시아 투자의 안전문제에 대해 우려하고 있어 투자 의욕에 부정적 영향을 미치고 있는 상황이다(陆南泉 2019, 8).

특히 중국 내에서는 중러 간 경제협력의 긴밀도에 상관없이 러시아의 경제능력과 경제구조로 비추어볼 때, 중러 경제협력은 중국의 경제발전, 특히 기술과 자본 집약적 경제 구조 개선의 유도를 위한 역할이 매우 제한적이라는 인식이 자리하고 있다. 따라서 중국경제가 첨단기술을 선도하면서 세계경제의 중심으로 성장하기 위해서는 여전히 서방 선진 국가와의 교류와 협력이 중심이 되어야 한다고 인식한다. 중러가 양국 경제의 협력 공간을 찾고 강화해야 하는 것은 당연하지만, 양국의 경제협력이 각자의 경제발전과 세계경제로 뻗어 나아가는 데 대해 기여할 수 있는 영향을 과도하게 평가해서는 안 된다는 인식이 자리하고 있다.

5. 평가와 전망—중러관계, 동맹으로 발전할 것인가?

현재 중러관계는 역사상 최고의 발전을 누리고 있다. 이런 상황에서 최근 중러관계 발전에 대한 회의적 전망은 힘을 잃고 있다. 데이비드 삼보는 중러관계는 임시 방책이자 미봉책일 뿐이며 역사상의 불신감이 다시 나타나 결국 대결로 갈 수밖에 없다는 비관적 시각이, 양국이 진정한 공통성에 기반을 둔 탄탄한 기초와 긍정적이고 믿을 만한 미래를 가지고 있다는 공통인식에 자리를 내어주고 밀려났음을 주장한다. 비록 현재 러시아 정책권에서 중국이 중앙아시아에서의 장기적 의도 및 중국의 자체적 전략과 발전의 목적 달성을 위해 러시아를 조종했는지에 관한 비공개 논쟁이 나타나고 있지만, 미중 경쟁의 강화로 향후 10년간 국제관계의 불확실성이 예상되는 만큼, 중러가 미국에 대항하여 서방 주도의 자유주의 국제질서의 파괴를 목적으로 한 전략적 동반자 관계를 발전시키는 것이 글로벌 지정학의 핵심적 특징이 될 것으로 전망한다

(Shambaugh 2019).

중러관계에 대한 낙관적 전망은 중국 내에서도 일정한 힘을 발휘하고 있다. 중국의 강대국 외교 추진과 트럼프의 중국에 대한 제재 강화 등 중미 간 세력 경쟁이 본격화됨에 따라, 협력보다 경쟁이 우위를 점하는 중미관계가 상수로 등장한 상황에서, 중국은 러시아와의 협력이 어느 때보다 더 절실한 상황이다. 더구나 시진핑의 핵심정책인 일대일로 구상의 추진과정에서 러시아와의 협력은 결정적인 요소이고, 에너지 안보의 관점에서 송유관 건설을 통해 에너지 수입원을 다변화하고 육상수송로를 확보함으로써 해상로 의존에 따른 위험을 제거하기 위한 협력도 절실하다. 러시아 역시 미국과의 갈등이 구조적이고 근본적 이익과 관련되어 있어, 타협의 여지가 적고 양보하기 어려운 상황이다. 미사일방어시스템 배치, 사이버 공격, 나토 동쪽 확장과 핵군축문제 등에서 미러는 강하게 맞서고 있다. 더구나 미국과 러시아는 경제적으로도 상호의존도가 매우 낮아 두 나라의 교역액은 2018년에 250.63억 달러에 불과하고, 에너지 분야에서도 상호 보완성이 떨어지며 경쟁자이지 협력자가 아니다. 바로 이런 조건이 미국의 도전에 공동 대응할 수 있는 중러관계의 심화 발전을 위한 객관적 여건이 되고 있다는 것이다(陆南泉 2019).

이런 이유로 양국은 역사상 그 어느 때 보다 돈독한 신뢰관계를 보여주고 있다. 그러나 이런 상황은 1970년대에 미·소·중 사이에 출현한 바가 있는 삼각구도로 발전되지는 않을 것으로 보인다. 1970년대 출현한 삼각구도는 강대국간 지정학적 경쟁에 기반한 제로섬 게임이었다. 그러나 오늘날 중·러·미 삼각구도의 기본적 특징은 중러가 전략적 동반자로서 미국과 대립하고 있지만 미국을 겨냥한 양국의 구조적 틀이 형성된 것은 아니다. 중러 동반자 관계는 현재 주로 미국과 균형을 이루는데 초점이 있으며, 군사동맹으로 가는 초석이 되고자 하는 것은 아니다(Kofman 2019). 중러는 모두 미국과의 협력을 원하고 있으며, 모두 미국과 적이 되는 것을 피하고 싶어 하고, 양국 모두 전략적 협력을 반미 동맹이 아닌 방어적 성격에 초점을 두고 있다. 중·러·미는 서로 각자 독자적 위치를 지니고 있으며 모두 전략적으로 움직일 수 있는 여지가 있다.

더구나 중러관계는 양국의 국력격차로부터도 영향을 받을 것이다. 중국의 급속한 국력 상승과 러시아 국력의 상대적 쇠퇴로 인한 결과는 중러관계에 심각한 영향을 미칠 것이다. 중국의 종합국력이 향상되고 군사력이 빠르게 성장하면서 중국의 재래식 군사력은 러시아보다 규모가 클 뿐만 아니라 무기 장비의 현대화 수준이 빠르게 향상되어, 러시아의 우세는 주요하게 전략 핵무기 영역에 남게 될 것으로 전망된다. 또한 중국의 국력이 성장하고 국제적인 지위가 상승하면서 미국의 일초적 지위가 상대적으로 약화되고 미중 양극구도의 등장 가능성도 제기되는 상황이다. 이러한 상황에 근거해 볼 때 중국과 러시아가 국제질서 속에서 공동의 전략적 이해관계를 지속하는 것은 쉽지 않을 것이다.

다만 미러관계나 중미관계의 변화를 추진하는 요인 중 부정적 요소가 훨씬 많은 점은 중러관계의 강화가 일정기간 지속될 수 있는 조건으로 작용할 것이다. 1991년 러시아가 독립한 이래, 미러 역대 대통령들은 양국 관계를 양호한 발전의 궤도에 올려놓으려고 시도했지만 성과를 내지 못했다. 러시아 수립 초기에, 옐친과 클린턴 대통령의 노력으로 양국관계는 "밀월시기"를 시작했고, 1993년에 전략적 동반자를 선언하면서 절정에 달했다. 그러나 얼마 지나지 않아 나토의 동진, 미국의 폴란드와 루마니아 미사일방어체계 배치, 코소보 전쟁, 이란과 이라크문제, 군축 문제, 체첸 문제, 시리아 문제, 우크라이나 사태 등으로 미러 관계는 냉각기로 접어들었다. 그리고 중미관계 역시 미중 간의 본격적 세력 경쟁과 조정국면이 형성되면서 협력보다 경쟁이 상수인 상황으로 치닫고 있다. 이런 상황은 중러 간 협력의 중요한 조건이 될 것이다.

이런 상황에서 중러 국제 전략의 한계효용을 객관적으로 평가해야 한다는 중국 학자들의 주장도 고려해 볼 필요가 있다. 즉 국제질서가 크게 전환하고 있는 상황에서 중러 모두가 동맹을 맺거나 긴밀한 군사안보협력에 기초하여 미국의 압력에 대응할 것인가에 대해 관심이 있지만, 이것은 다음의 이유에서 갈수록 복잡해지고 있는 국제관계를 무시한 것으로 평가하고 있다: 첫째, 오늘날의 미중러 관계는 이미 냉전시기의 미·소·중 관계와 달리, 상호 긴밀하며, 중미, 중러, 미러 등의 각각의 쌍방관계는 각자의 가치와 논리를 지니고 있으며, 단순한 2:1 대항 모델은 중국의 국익에 부합하지 않는다; 둘째, 중러 경제협력이 얼마나 긴밀하든, 러시아의 경제능력과 경제구조에 비추어볼 때, 중러 경제협력은 중국의 경제발전 특히 경제구조의 첨단화를 이끄는 데 역할이 매우 제한적이라는 점이다; 셋째, 중국은 현재 세계무대의 중심으로 가까이 왔고, 중국의 이익 범위와 영향이 파격적으로 확장되었다. 이런 상황에서 중러관계의 안정적 발전을 지속적으로 추진해야 하지만, 동시에 이것이 초래할 광범위한 국제적 영향도 주의해야 한다는 것이다(冯玉军·陈宇 2017). 비록 이러한 주장이 중국 및 중러관계에 대한 서방의 우려와 견해를 반박하기 위한 의도를 담고 있지만, 중국이 국제질서 리더 국가로 부상하는 데 있어 유의해야 할 점을 정확하게 지적하고 있다.

결국 중러 양국에게 당분간 새로운 실크로드에 대한 잡음은 서구의 압박보다 크지 않을 것이며(Skidelsky 2015), 미국과 유럽 역시 국내외적 상황으로 러시아를 굴복시키기 쉽지 않을 뿐만 아니라, 최근 발발한 시리아갈등 등으로 미러 간의 화해도 쉽지 않은 상황이다. 중미관계 역시 본격적 세력 경쟁으로 협력보다 경쟁이 상수인 상황이 되고 있다. 따라서 중단기적으로 중국과 러시아는 비교적 안정된 협력관계를 유지할 것으로 보인다. 다시 말하면 향후 중러관계는 정치적으로 고도로 좋고, 전략적으로 중도로 배합하며, 경제적으로는 제한적으로 협력하는 상태가 일정정도 지속될 것이다.

제6장

중미 세력 경쟁과 중일관계의 변화[1]

1. 서론

중국의 학계에서는 중일관계를 "고도로 상호 의존하면서도 동시에 많은 영역에서 심각한 경쟁이 이루어지고 있는 세계에서 가장 복잡한 쌍무적 관계로, 양자 간의 충돌과 힘겨루기 시대가 막 시작되어 양자관계가 아직 일정한 형태로 정형화되지 못하고 완만한 역사적 재구성의 과정에 처해 있다"고 규정짓고 있다(门洪华 2016: 72-90; 薛力 2016, 44-51). 중국학자들은 이처럼 중일관계가 가장 복잡한 쌍무적 관계로 전환된 결정적 시점을 2010년 중국이 일본의 GDP 규모를 초월한 사건으로 간주하고 있다. 실제로 2010년을 기점으로 하여 중일 사이에는 역사 및 영토 문제가 지속적으로 부각되고 양국 국민 사이에 민족주의 정서가 고조되었다. 이런 정치적 대립은 양국 간 무역 성장율을 감소시키면서, 그동안 '정냉경렬(政冷经热)'로 특징되어 온 중일관계가 2010년에서 2016년까지 '정냉경동(政冷经冻)'의 전면적 긴장국면으로 진입하도록 만들었다(〈표 6-1〉 참조).

1 이 장은 "미중경쟁시대 중일관계의 재정립: 중국 내 국제정치학자의 인식을 중심으로." 《현대중국연구》 제 20집 2호(2018), 91-124에 수록된 논문을 수정 보강한 것임.

〈표 6-1〉 2010-2019년 중일 간 무역 동향

년도	2010	2011	2012	2013	2014	2015	2016	2017	2018	2019
무역액 (억$)	3,018.6	3,449.2	3,336.6	3,120.0	3,436.8	2,698.6	3,016.5	3,292.9	3,175.3	3,039.1
증감비율 (%)	+30.0	+14.3	-3.3	-6.5	0.2	-12.2	-0.6	9.2	6.8	-4.3
대중수출 (억$)	1,491.0	1,614.9	1,447.9	1,298.8	1,226.9	1,092.9	1,450.0	1,648.7	1,439.9	1,346.9
증감비율 (%)	+36.0	8.3%	-10.4%	-10.2%	0.3%	-13.6	+1.6	13.7	8.4	-6.4
대중수입 (억$)	1,527.6	1,834.2	1,889.6	1,821.1	1,810.0	1,605.7	1,566.9	1,644.2	1,735.4	1,692.2
증감비율 (%)	+24.7	+20	3.0	-3.7	+0.1	-11.3	-2.5	5.0	5.5	-2.5

출처: JETRO(China Report)

그러나 중국의 부상이 가시화되기 전에 중일관계는 비교적 양호한 관계를 유지해 왔다. 냉전시기에 미소 주도의 양극체제 하에서 중일 양국은 상호 적대적 관계에 놓여 있었지만, 양국이 직접 충돌하거나 대립하는 경우는 많지 않았다. 그 이유는 1950년대와 1960년대 중국에게 직접적인 안보상의 위협은 미국이었고, 1960년대 후반 이후에는 소련이었기 때문이며, 일본에게도 중국보다는 소련이 더 위협적이었기 때문이었다. 또한 양국 모두 군사, 정치, 안보 분야에서 냉전적 대결관계를 피할 수는 없었지만, 정경분리를 강조하면서 경제교류를 지속하려는 욕구가 증대되었기 때문이다. 특히 1965년 이후 중소 분쟁이 악화되면서 중소 교역액이 급속도로 감소하면서, 일본은 중국의 제1의 무역대상국이 되었고, 양국 무역량은 1964년 3억 1천만 달러, 1966년에는 6억 2천만 달러에 달하였다. 비록 1965년 이후 미국의 베트남 전쟁 개입과 함께 일본의 사토 내각이 강력한 미일 안보협력을 표방하면서 중국에 대해서도 적대적 태도를 취하게 되었고, 중국 역시 문화대혁명으로 좌파의 영향력 강화와 미제국주의, 소련수정주의, 일본군국주의에 대한 비판 열기가 강화되면서 양국 관계가 경색되기도 했지만, 1970년대에 중미관계의 개선으로 새로운 전기를 맞으면서 1972년 9월에 국교정상화, 1978년에는 평화조약을 체결하기에 이른다(서진영 2006, 226-272).

1980년대 이후 중국의 개혁개방정책이 본격화되면서 중일관계는 황금기에 진입했다. 일본은 중국의 개혁개방정책의 추진에 중요한 기여를 하였으며, 동시에 중국의 고속 성장과 평화유지 대외 정책의 추진은 일본의 경제적 번영과 대외 환경 개선에 일조했다(王缉思 2018). 그러나 탈냉전과 함께 양국 관계는 점차 협력, 갈등, 경쟁이 공존하는 불안한 시기로 진입했다. 우선, 탈냉전 시기 국제적 상황은 상호간 평화공존의 조건을 제공하고 있지만, 양국 모두 강력한 민족주의가 등장하여 양국을 갈등관계로 몰고 갔다. 둘째 중국과 일본의 국력 변화로 인한 양국의 경쟁과 갈등이 피할 수 없는 현실이 되었다. 특히 양국관계 전환의 변곡점은 2008년 국제금융위기 이후 세계 주요국가 중 가장 먼저 위기를 탈출한 중국이 지속적 경제성장을 통해 2010년에 GDP 규모에서 일본을 초월하여 세계 제2위 경제대국으로 부상한 사건이다. 그 이후 중국은 세계무대의 중심을 향해서 나아가면서 더욱 더 적극적이고 주동적인 대외전략을 추진하기 시작했다. 2012년 18차 당대회에서 시진핑이 등장하면서 이런 추세는 더욱 더 분명해졌다. 중국의 부상에 대한 우려와 공포로 일본의 아베정부 역시 포괄적 글로벌 외교와 적극적 평화주의를 통해 중국의 부상에 대응하기 시작했다(黄大慧·朱锋·刘军红·胡继平·林利民 2014, 53-62).

이런 상황이 반영되면서 중국 내의 중일관계 연구동향에서도 새로운 변화가 나타나기 시작했다. 1972년 중일 수교 이후 활기를 띠기 시작한 중일관계에 대한 연구는, 1970년대와 80년대에는 주로 경제를 중심으로 하여 일본의 발전 경험을 학습하여 중국의 근대화를 어떻게 실현할 것인가에 초점이 두어졌다. 그 후 1990년대 이후에는 정치, 안보, 외교 등의 주제로 연구영역이 점차 확대 발전되어 갔다. 특히 2008년 이후 중일관계에 대한 연구는 갈수록 중국의 세계 전략 구도의 유기적 구성부분으로 간주되어 연구되기 시작했고, '국제질서 속에서', '지역구도 하에서', '글로벌 규칙 제정 과정에서'의 중일관계라는 연구시각이 점점 중시되었다(杨伯江 2015, 54-61).

이처럼 중국의 부상이 가시화되면서 중국 내의 국제정치에 대한 연구도 갈수록 국제질서, 국제적 권력구도, 국제사회의 규칙 등에 천착해 갔고, 중일관계 연구도 이런 국제정치에 대한 연구 흐름 속에서 이루어졌다. 동시에 중일관계를 바라보는 시각에서도 중국이 중일관계를 어떻게 만들고, 관계발전을 어떻게 이끌어갈 것인가에 대한 주동적인 의식 또한 갈수록 두드려져 갔다(杨伯江 2015, 54-61). 특히 중일관계가 GDP 규모의 역전과 함께 2010년을 전후로 하여 '중강일약(中强日弱)'이라는 과거 역사적 상태로 '회귀'한 것으로 간주되면서, 이러한 새로운 상황을 어떻게 인식하고 파악할 것인가는 중일관계 연구의 중요한 쟁점이 되었다(张晓磊 2016, 42).

따라서 본 장에서는 2010년 중국과 일본의 경제력 전환이 일본과의 관계를 바라보는 중국 학계의 시각에 있어 커다란 전환점이었다는 점에 주목하면서, 2010년 이후 중일관계에 대한 중국 학계의 인식을 살펴봄으로써 중일관계에 대한 중국의 인식 전환을 분석하고자 한다. 특히 강대국으로 부상한 중국이 미국과 경쟁하고 있는 국제질서 구상에서 중일관계가 차지하는 위상과 중미관계가 중일관계에 미치는 영향 등을 중심으로 분석하고자 한다.

이를 위해서 중국의 최고 지도자의 연설문과 언술에도 주목하지만, 주요하게 중국 내의 동아시아 국제관계를 연구하는 학자들의 담론을 중심으로 살펴보고자 한다. 그 이유는 중국의 전문가 집단은 외교정책 결정과정에서 다양한 영향력을 행사할 수 있을 뿐만 아니라, 여론에도 중요한 영향력을 미치는 그룹으로서 정책 엘리트와 대중의 인식을 상호 연결함은 물론, 전문적 지식과 정보를 활용하여 정책 엘리트와 대중에게 영향을 미치기도 하고, 또한 논문, 언론보도 등 다양한 채널을 통해 인식에 대한 조작도 가능하기 때문이다. 따라서 중일관계에 대한 지식인의 인식을 분석하는 것은 중국의 대외 정책의 전환과 중일관계 인식의 변화를 이해하는 데 충분한 의미가 있다.

2. 중국의 글로벌 강대국 정체성의 부상과 신형 강대국 외교의 추진

중국의 정체성 변화와 국제사회에서의 역할에 대한 인식의 변화는 중국의 대외 정책 변화뿐만 아니라, 중국의 대일본정책에도 영향을 미치는 중요한 요인이 되고 있다. 구성주의에 따르면 국가는 지위의 인지에 기초하여 국가이익을 확정하고, 서로 다른 국제관계의 구조적 환경에 근거하여 자국의 이익을 부단히 구성해 간다. 국가이익은 부단한 변화과정 중에 있고, 국가는 다른 행위체와의 상호작용 속에서 다시 새로운 지위를 만들어내며, 국가 간의 새로운 정체성을 형성하고, 이에 따라 국가이익도 변화한다. 그러므로 특정국가의 태도와 행위는 국가의 정체성 규정과 밀접한 관련성이 있으며, 정체성을 달리 규정하는 국가들은 또 서로 다른 관념과 정책을 취한다. 그러므로 한 국가의 정체성 규정의 변화는 국제사회에 대한 관념과 정책의 변화를 초래한다(Jepperson, Wendt & Katzenstein 1996, 52-65). 이와 같은 구성주의적 관점은 중국의 정체성 전환에 따른 대외 정책의 변화가 중일관계의 전환을 가져오는 상황을 설명하는 데 대단히 유용하다.

주지하다시피 2012년 말 18차 당대회를 거치면서 중국은 글로벌 강대국으로서의 정체성을 부각시키면서 글로벌 거버넌스 체제의 개혁을 중요한 외교정책의 방향으로 제시하고 있다. 중국은 2014년 중앙외사공작영도소조회의에서 '중국 특색'의 강대국 외교를 표명하였으며, 이는 19차 당대회를 통해 신시대 대외 정책의 형태로 구체화되고, 2018년 전국인대를 통하여 강대국 외교를 위한 제도적이고 인적인 구성의 윤곽까지 제시하는 등(《联合新闻网》 2018. 3. 15.) 본격적으로 강대국 외교의 태세를 갖추고 있다. 그동안 중국은 자국의 정체성을 '발전 중 국가', '동아시아 지역강대국'으로 정립해 왔지만, 시진핑은 처음으로 '중국 특색의 강대국 외교'를 외교 목표로 제시하고 중국의 글로벌 강대국 지위를 제기하기 시작했다. 그리고 중국외교가 반드시 중화 민족의 위대한 부흥에 복무해야 한다고 언급하면서 2035년까지 기본적 현대화, 2050년까지 종합 강대국으로 국제사회를 선도할 것임을 분명히 했다(金灿荣 2017, 9-13).

이처럼 종합국력의 상승과 함께 중국은 점차 글로벌 강대국으로써 능동적 역할을 확장해 가고 있다. 즉 중국의 지위가 제고됨에 따라 국제사회에서의 담론권 및 책임도 상응하여 제고되어야 한다는 것이다. 이를 위해 중국이 주도하는 국제기구의 건설 및 주요 국제회의의 중국 내 개최를 중시하고, 이것을 계기로 하여 국제무대에서 중국의 목소리를 내면서 영향력을 확대하고자 한다(金灿荣 2017, 9-13). 이런 맥락에서 중국의 매체는 아태경제협력체(APEC)·주요 20개국 협의체(G20), '일대일로 국제정상포럼' 등을 개최하여 중국의 목소리를 높이고 국제 담론권을 쟁취함과 동시에 글로벌 거버넌스에서의 '중국의 방안'을 펼치는 데 노력하고 있음을 강조하였다(《联合新闻网》 2018. 3. 15.).

이것은 시진핑 주석 등장 이후 중국이 강대국 외교를 본격적으로 전개하면서 규칙 다시 쓰기를 통해 미국과 세계질서를 둘러싼 경쟁에 돌입했음을 의미한다. 이제 중국은 미국과 맞먹는 글로벌 강대국의 한 축으로서 세계질서의 변화를 통해 새로운 세계질서 수립을 이끌어내겠다는 구상을 감추지 않고 있다(鄢一龙·崔京 2017). 이런 상황에 대해 칭화대 옌쉐통(阎学通) 교수는 국제적 세력균형 관계의 변화로 국제권력구도가 양극화추세에 놓이면서 중미 간의 국력차가 축소되고 쌍방의 전략적 동반자를 자국 쪽으로 견인하기 위한 경쟁이 갈수록 치열해지면서, 갈수록 많은 국가들이 부득이하게 중국과 미국 중 한쪽을 선택하는 방향으로 가고 있다고 주장한 바 있다(阎学通 2015).

실제로 시진핑은 다양한 연설을 통해 중국이 이제 글로벌 거버넌스의 참여자에서 중요한 지도자가 되었으며, 중국의 중요한 역할에 대한 국제사회의 기대에 조응해 국제질서 변혁의 목표를 적극적으로 이끌어야 한다고 언급했다. 한 연구에서는 이를 위해 중국이 다음 5가지를 추진해야 한다고 강조하고 있다: 첫째, 글로벌 거버넌스에 관한 새로운 이념과 사상을 전파하여 국제사회의 글로벌 거버넌스에 대한 사상과 이론체계의 변화를 이끌고, 새로운 글로벌 거버넌스에 대한 컨센서스를 형성해야 한다. 둘째, 아시아인프라투자은행(AIIB), 신개발은행(NDB), 그리고 일대일로(一带一路) 등 국제기구와 국제 전략적 역할에 대한 강화를 통하여, 중국 중심의 글로벌 협력 동반자 관계의 그물망을 확대해야 한다. 셋째, 다자주의와 유엔의 권위를 유지하는 가운데, 다자주의 메커니즘의 개혁을 추진하여 현재의 메커니즘과 규칙이 글로벌 정치경제의 새로운 현실과 실제적 요구를 반영할 수 있도록 해야 한다. 넷째, 글로벌 거버넌스 개혁을 추진하여 중국의 대표권과 담론권을 확대 발전시켜야 한다. 다섯째, 글로벌 안보대화를 추진하고 글로벌 안보체계의 개혁을 추진하여 투키디데스의 함정을 벗어나도록 해야 한다(王勇·袁沙 2018).

이런 신국제질서의 수립이라는 거시적 목표 하에 중국은 미국과 비충돌, 비대항, 상호존중, 협력과 윈윈의 신형 강대국관계를 수립함과 동시에 주변외교를 최우선순위에 놓으면서, 일대일로전략을 통한 주변국과의 공동 발전 추진방식이라는 새로운 국제질서의 규칙을 씀으로써[2] 아시아로부터 출발하여 세계적 강대국이 되려 하고 있다. 왕이저우(王逸舟) 베이징대 교수는 시진핑 정부가 이처럼 주변외교에 초점을 두는 것은 미국의 아시아 재균형 전략이 중국과 주변국에게 초래한 피동적 국면을 전환시키고, 중국이 아시아 지역의 무역과 안보구도를 이끌고 수립하기 위한 적절한 분위기를 조성하며, 중국을 중심으로 하는 동아시아 지역이 상대적인 번영과 안정에 기초하여 더 큰 글로벌 영향력을 쟁취하기 위한 것이라고 주장한다(王逸舟 2015, 78-79).

주지하다시피 빠르게 부상하는 중국으로 인해 동아시아 지역에서 중미 간 세력관계 변화가 초래되고, 이에 대응하기 위한 미국의 대외 정책의 조정이 이어지면서 중미 간에는 전략적 경쟁이 두드러지고 있다(朱锋·黄仁伟·胡波, 2017). 미국은 오바마 시기에는 이른바 동아시아 재균형 정책을 통하여 중국의 영향력 확장을 막으려 했으며, 트럼프 등장 이후에도 '힘의 우위를 통한 평화(peace through strength)'를 강조하면서 중국의 영향력 확장을 견제하는 동시에 동아시아에서 자국의 영향력을 지속적으로 유지해 나아가려는 의도를 보이고 있다(이수형 2017). 특히 2017년 말에 트럼프 정부는 〈국가안보전략보고〉를 발표하여 국가안보를 확보하는 데 있어 처음으로 경제협력과 발전을 핵심적인 문제로 위치 지우고, 중국과의 경제관계가 미국의 주요한 안보위협 중의 하나이자 제2차 대전 이후의 서방 강대국이 확립한 글로벌 질서에 대한 도전이라고 규정했다. 이것은 2015년 오바마 정부가 〈국가안보전략보고〉에서 중국과 '전례 없는 협력'을 높이 평가하고 중국을 '동반자(partner)'로 칭하던 논조가 바뀐 것이다(王勇·袁沙 2018, 6).

---

2 정용녠 싱가포르 국립대 동아시아연구소 소장은 일대일로의 목표는 '규칙 쓰기'를 통해 '발전'을 추진하는 미국식 방식과 달리 '발전'을 통해 새로운 세계질서의 '규칙 쓰기'라고 지적하고 있다. 그리고 (중국과 기타 참여국의) 공동 참여를 통해 발전을 모색하는 일대일로식의 규칙 다시 쓰기가 미국식 규칙 쓰기보다 훨씬 공평한 것이라고 주장했다(郑永年, 2017). 또한 옌쉐퉁은 일대일로는 경제에 기초해서 정치를 추진하는 전략으로, 구체적으로 기초시설투자를 핵심으로 한다고 주장한다.

이런 상황에 직면하여 중국의 전문가들은 100여 년 이래 처음으로 아태지역에서[3] 중국과 미국의 이익이 직접 충돌하는 상황이 출현하였고, 만약 양국의 갈등과 마찰이 적정하게 관리되지 않는다면, 조만간 아태 지역은 미국의 동맹세력과 중국의 전략적 협력 동반자 세력 간의 대립 태세가 형성되어 무장충돌이 발생할 수도 있음을 경고한 바 있다(王缉思·袁鹏·赵明昊 2017). 바로 이러한 중국의 정체성 변화와 국제사회에서의 역할에 대한 인식 변화는 중국의 대외 정책 변화뿐만 아니라, 중국의 대일본 정책에 영향을 미치는 중요한 요인이 되고 있다. 동아시아 지역 강대국이면서 중국의 신 국제질서 형성에 주요 경쟁상대인 미국과 동맹관계에 있는 일본에 대한 정책은 중국의 동아시아 질서 구상에서 고려해야 할 가장 중요한 변수이기 때문이다.

3. 중국의 '신형' 강대국 외교에서 중일관계의 위상

1) 신형 강대국 외교에서 중일관계의 위상에 대한 인식

신형 강대국 외교에서 일본의 중요성은 강대국 외교의 대상이면서 동시에 주변외교의 대상이라는 두 가지 특징이 겹친다는 점이다. 중국에게 일본은 중국 주변(이웃)의 강대국이라는 점에서 특수한 전략적 의의를 지니고 있다. 이런 특성으로 인해 만약에 일본이 자신의 능력이 여전히 약하지 않다고 사고하고 미국과 함께 중국에 대항하는 전략을 선택하여 2대1의 구도를 형성한다면 중국에 대한 압력은 증가할 수 있다. 설사 일

3 중국에서 말하는 아태지역은 동아시아와 서태평양지역을 말하고, 미국은 이 개념을 종종 '범 아태' 개념으로 사용하거나 태평양 동서 연안과 아시아 및 인도양을 포괄하는 '인태지역(Indo-Pacific)'으로 말하기도 한다(朱锋·黄仁伟·胡波 2017). 필자는 이 글에서 동아시아를 중국에서 말하는 '아태'와 동일한 의미로 사용하고 있다.

본이 단독으로 중국에 대항한다고 하더라도 중국에게 적지 않은 혼란을 가져다 줄 수 있다. 이처럼 중국외교에서 일본이 지닌 중요성으로 인하여, 일각에서는 중일관계가 역내 국가들의 대중국관계를 이끌어가는 풍향계가 되고 있다는 주장까지 제기되고 있다(张云 2017).

그러나 글로벌 강대국 정체성에 기초하여 글로벌 거버넌스 체제 개혁을 통해 세계질서를 재구성하고자 하는 중국의 최대 경쟁 대상은 일본이 아니라 미국이다. 한마디로 중국에게 중미관계는 전 지구적 차원에서 영향력을 가진 관계이고, 중일관계는 아태지역의 국제질서에 영향을 미칠 수 있는 관계로 인식되고 있다(朱锋, 2014; 张蕴岭, 2018). 이것은 비록 중일관계가 강대국 간 관계이지만, 양국관계의 영향력은 글로벌 차원이 아닌 아태지역이라는 지역적 영향력을 지닌 강대국 관계로 간주되기 때문이다. 중국의 한 전문가에 따르면, 중국은 현재 국제체제에서 주요한 강대국으로 위치하게 되었으며, 중일관계는 중국의 동아시아 전략적 구도 속에서 가장 중요한 변수 가운데 하나로 위치지어지고 있다. 비록 상당기간 일본이 여전히 (강)대국으로 자리하겠지만, 중국은 사실상 이미 일본에 대해 강대국 외교와 주변국 외교가 중첩되는 중중지중(重中之重: 가장 중요한 것)의 (강)대국으로 보지 않게 되었다(冯昭奎 2015, 8-13).

장원링 교수 역시 중일 간의 국력 전환으로 중일관계가 재구성되는 과도기에 처해 있고, 중국의 위치설정에 대한 인식에서도 중요한 과도기에 처해 있다고 주장한다. 그리고 오늘날 중미 간에는 양국뿐만 아니라 지역과 전 세계 범위에서 상호 이익이 교차하는 관계지만, 중일관계는 '대전략' 차원의 경쟁관계가 아닌 '이익'의 차이에 기초한 관계이기 때문에, 진정한 전략적 차원의 경쟁(대결)은 중미 간에 있다고 지적한다(张蕴岭, 2018). 가령 미국은 중국이 미국을 대체하면서 자신이 수립한 국제질서의 규칙을 수정하려 한다고 인식하며, 그 결과 중국이 남중국해를 통제하기 위해 무해 통항(innocent passage) 원칙을 변경하고자 하는 것으로 간주하면서 남중국해에서 중국과 대결의지를 보여주고 있다. 이처럼 중국과 미국은 글로벌 지위를 놓고 경쟁하고 있지만 일본과는 이런 지위를 놓고 싸울 필요가 없으며, 중국과 일본은 현실적 이익과 영향력을 놓고 경쟁하고 있을 뿐이다(张蕴岭 2016, 1-11).

한편 중국사회과학원 쉐리(薛力) 교수는 종합국력의 대소와 중국과의 관계 밀착도를 근거로 해서 중국외교에서 일본의 지위를 보다 더 명확하게 규정짓고 있다. 그는 아시아 지역에서 중국과 지역국가와의 관계를 차(次)지역 최강대국, 차지역 차강대국, 차지역 밀접소국 등 3가지 층위와의 관계로 분류하면서, 차(次)지역을 동북아, 동남아, 남아시아, 중앙아시아, 오세아니아로 나눈 후, 중일관계를 글로벌 강대국인 중국과 동북아지역의 최강대국인 일본과의 관계로 규정하고 있다.[4]

상술한 바와 같이 중국의 학계에서는 중미관계를 글로벌 수준의 영향력이 있는 양자관계로 간주하는 것과 달리, 중일관계는 동아시아(혹은 아태) 차원에서 영향력이 있는 관계로 인식하고 있다. 그러나 동시에 중일관계를 동아시아 전략적 구도속에서 가장 중요한 변수 중 하나로 간주한다. 주평 교수에 따르면, 현재 중국이 세계 2위의 경제대국이 되어 국제질서 속에서 주요 강대국으로 부상하고, 일본 또한 세계 3위의 경제대국 지위를 유지하면서 경제, 외교, 안보전략의 변화를 통해 강한 일본을 추구하고 있어, 중일관계는 동아시아 전략적 구도속에서 가장 중요한 변수 중의 하나로 부상했다. 따라서 향후 상당기간 동안 중일관계를 안정화시키지 못하면 중미관계도 안정화되기 어려울 것이고, 이에 따라 일본 요소가 중미관계의 전략적 방향에 영향을 미치는 중요한 변

4 차지역 최강대국을 일본(동북아), 인도네시아(동남아), 인도(남아시아), 카자흐(중앙아시아), 호주(오세아니아)로 분류하고, 차지역 차강대국을 한국, 말레시아, 태국, 파키스탄, 뉴질랜드, 우즈벡으로 분류하였으며, 차지역 밀접소국으로 조선, 싱가포르, 라오스, 캄보디아, 방글라데시, 투르크스탄, 파퓨아뉴기니아로 분류하고 있다(薛力 2016, 44-51).

수가 되었다고 평가한다. 그리고, 이는 바로 미국이 현재 중국의 대일본 정책을 미국의 아태지역에 대한 전략적 의지와 능력을 시험하고 도전하는 관건적 요소로 보는 경향이 있기 때문으로 인식하고 있다(朱锋 2014).

이처럼 중국에게 중일관계는 아태지역 차원의 영향력을 지닌 강대국 관계이지만, 동시에 미래 중미관계의 전략적 방향에 영향을 미치는 동아시아에서 가장 중요한 전략적 변수로 간주되고 있다. 따라서 향후 동아시아는 중일관계와 중미 간의 세계 전략적 구도가 상호 영향을 주고받는 상황이 될 것으로 인식되고 있다.

2)중일의 정체성 인식과 중일관계 정립의 과도적 특징

상술한 바와 같이, 중국학계에서 중미관계를 글로벌 수준의 영향력을 지닌 국제관계로 간주하고 중일관계를 동아시아 지역수준의 영향력을 지닌 관계로 간주하고 있으며, 2010년 이후 중일관계가 급속도로 악화된 가장 중요한 원인이 중일 간의 국력 전환이라는 데에는 별 이견이 없어 보인다(石源华 2018, 23-25; 谢超 2013, 62-88; 王琛 2018, 27-48; 冯昭奎 2017, 1-15; 武星 2016; 曹辛 2018). 실제로 다수의 중국 전문가들은 중국이 부상하면서, 특히 2010년 중국이 GDP규모에서 일본을 초월하게 되면서 일본이 중국과 동아시아 지역에서의 협력을 도모하기보다는, 보통국가화와 군사대국화 및 이를 위한 미일동맹의 강화로 중국과 대립하는 상황이 전개됨으로써 중일관계가 악화되고 있다고 보고 있다(薛力 2016, 97-104; 武星 2016, 27-29; 王琛 2018, 27-48; 冯昭奎 2017, 1-15).

장윈링 교수는 3가지 점에서 중일 간 국력전환을 설명한다: 첫째, 2010년 중국의 GDP가 일본을 초월한 사건으로, 이는 근대 이래 중일 국력비교에서 하나의 역사적 전환을 나타내는 의의가 있다. 2015년에는 중국의 GDP가 이미 일본보다 두 배 이상 많아졌을 뿐만 아니라, 차이가 놀랄만한 속도로 확대되고 있다.[5] 비록 양국의 인구 규모가 다르고, 중국의 일인당 GDP가 일본에 미치지 못하고 있지만, 국제관계에서 종합적이고 중대한 영향을 미치는 것은 여전히 총량지표라는 점에서 매우 의미 있는 변화이다. 둘째, 쌍방 무역시장의 의존구조 전환으로, 그동안 중국이 일본시장에 심각하게 의존하는 관계였다면, 이제 일본이 중국시장에 심각하게 의존하는 관계로 전환된 점이다. 1980년대 중국과 일본이 상대국 시장에 의존한 비율은 각각 20%와 10%로, 중국의 일본에 대한 의존도가 매우 높았다. 그러나 2015년 중국의 대외무역 총량은 4조 달러로 일본의 3배다. 게다가 비록 중국의 대외투자 총량이 일본보다 작지만, 연도별 투자액은 이미 일본을 추월했고 미래 총량에서 일본을 추월할 것이라는 데 의심의 여지가 없는 상황이다. 셋째, 양국의 발전추세로, 현재 거의 모든 예측은 2030년을 전후로 중국이 세계 제1의 경제대국이 될 것으로 전망되고 있으며, 그때에 중일 간의 종합국력 대비의 차이는 훨씬 더 커질 것이다(张蕴岭 2016, 1-11).

이처럼 중일 간에 국력의 전환이 이루어지면서 중국 학계의 중일관계에 대한 연구시각도 그동안 일본에 어떻게 대응할 것인가를 연구하던 것에서, 이제 일본을 어떻게 다룰 것인가라는, 보다 주동적인 태도로의 전환이 나타나기 시작했다(冯昭奎 2015b, 8-13). 그리고 중국의 종합국력이 상승하면서, 일본이 이데올로기와 군사 등의 요소를 이용하여 중국의 부상을 억제하고자 하며, 특히 조어도 문제를 둘러싼 분쟁으로 중일관계가 급속도로 악화되었다고 인식한다. 따라서 중국의 학계는 아태(혹은 동아시아)지역 차원에서 중국이 중일 간 힘의 균형관계에서 이미 우위를 점하게 되었으며, 이것에 대응하고자 하는 일본을 어떻게 다룰 것인가가 중일관계의 중요한 과제가 되었다고 인식한다.

5 IMF의 발표에 따르면 2018년 중국의 GDP 총량은 약 13조 3682억 달러이고 일본은 약 4조 9718억 달러로, 중국의 GDP 총량은 일본의 약 2.69배이다.

그러나 문제는, 총량 규모에서는 중국이 앞서지만 일인당 GDP는 중국이 여전히 일본보다 낮은 이중적인 특징으로 인해서, 중일관계의 위치설정과 상호 정체성 인식에 대한 모호함이 존재하고, 이로 인해 양국관계 형성에 복잡성이 초래되고 있다는 점이다. 우선 2014년 중국의 GDP는 일본의 2.5배, 2030년은 일본의 4배가 예상되고, 2050년에는 7배에 달할 것으로 예상됨에 따라, 중국은 일본을 이미 가장 중요한 강대국으로 보지 않고 있다(冯昭奎 2015b, 8-13). 그럼에도 불구하고 중국이 종합국력이라는 관점에서 여전히 일본을 압도적으로 능가하지 못하고 있다. 국력은 경제력이나 군사력만이 아니라 과학기술과 소프트파워 자원 등과 같은 여러가지 요소로 구성된다. 따라서 경제적 총량 규모만 가지고 국력을 평가해서는 안되며, 과학기술력 등을 볼 때 일본을 여전히 낮게 평가할 수 없다. 군사력의 측면에서도 군비만 보면 2016년 중국의 군비가 3.96배이며, 2020년의 군비는 일본의 6배에 달할 것으로 예상되는 등 중국이 일본보다 앞서지만, 과학기술능력이라는 요소에 근거해 보면 중국의 군사력이 우위라고 보기 어렵다(冯昭奎, 2017b, 4-5). 국내적으로도 중국은 21세기 중반에 중등 선진국 즉 종합 강대국이 되고자 하며,[6] 이것을 위해 향후 10년 이상 지속적인 경제발전을 해야 하는 상황이다. 결국 중국은 국가의 규모, 경제발전 속도, GDP, 군비지출과 군사장비 등의 지표를 보면, '글로벌 신흥강대국' 혹은 '개발도상 중의 세계 제일 강대국'이지만, 산업기술력, 글로벌 안전보장능력, 가치측면에서의 국가 이미지 등에서 강대국인가를 단정하기는 쉽지 않은 상황이다. 즉 "크지만 강하지 않은(大而不强)" 상황에 놓여 있다(王逸舟 2018).

중국의 지식인들은 중일 간 종합국력의 압도적 우위에 대한 확실성의 부재가 양국관계의 일련의 불안정성의 원인이 되는 것으로 간주하고

6 정용넨 싱가포르국립대 교수는 2035년에 중국은 동아시아 4마리 용 수준의 2만 5천불의 일인당 GDP가 달성될 것으로 예상하고 있다(郑永年, 2018).

있다. 즉 중국은 비록 정치 강대국이지만 사회주의 제도하의 개발도상 강대국으로, 인구가 과도하게 많고 경제가 충분히 발전하지 못했으며, 군사력이 충분히 강하지 못하고, 특히 세계적 선진기술의 선도력이 매우 낮다. 일본 역시 자본주의 하의 경제 강대국, 금융 강대국, 기술 강대국, 또한 미국에 의존한 군사 강대국이지만, 정치 강대국은 아니다. 바로 이런 상황이 중일관계에 일련의 문제를 초래하는 요인이 된다는 것이다(蔣立峰 2009, 3-17).

이런 인식에 기초하여 평자오쿠이는 중국이 종합국력에서 일본을 압도함으로써 일본인들의 중국에 대한 우월감이 제거되고 중국을 진정으로 강대국으로 수용케 한다면, 이는 일본의 대중국정책에 영향을 미쳐 중일관계의 많은 문제가 원만하게 해결되고 관계가 개선될 것이라고 진단한다(冯昭奎 2017a, 24-26). 이런 인식은 왕이(王毅) 외교부장의 언급에서도 나타난 바 있다. 그는 "중일관계의 문제는 근본적으로 말하자면, 일본이 가장 큰 이웃국인 중국의 재도약과 부상을 진심으로 받아들이고 환영할 수 있는가 없는가의 문제이다. 현실적으로 볼 때 중국의 발전은 일본에게 이미 많은 이익을 주었다. 그러나 심리적으로 볼 때 일본은 이것에 대한 충분한 준비가 되어 있지 않은 것 같다. 중일 간의 현재의 문제의 근원은 모두 여기에서 파생된 것이다"라고 언급한 바 있다(王毅 2015).

실제로 현재 일본은 강대국으로 부상한 중국을 '힘을 바탕으로 현상변경을 추구'하는 국가로 간주하면서, 중국과의 경쟁과 협력을 외교정책 기본 기조의 핵심에 두고 ① 강한 일본으로서의 새로운 정체성 구상, ② 중일관계의 안보화[7], 그리고 ③ 국제사회의 공헌을 강조하는 가치경쟁을 통해 자기 정당화를 하면서 아시아 국가들과의 관계에서 현상변경

7 '안보화'란 어떠한 대상을 위협으로 인식하고 그 위협을 사회적 이슈로 부각하는 과정을 통해 언어행위로 나타나는 것을 의미한다. 일본은 중국을 '위협'으로 인식하고 사회적으로 '위협'을 부각해 내는 '안보화'를 추진하고 있다(신욱희, 2012; 7-30).

의지를 드러내고 있다. 이는 곧 일본이 중국의 부상과 강대국 지위를 인정하고 수용하기 보다는, 강대국으로 부상하기 위한 적극적인 외교정책을 통하여 경쟁적 강대국관계로서 중일관계를 이끌어가고자 함을 알 수 있게 해 준다(오승희 2017, 210-246).

바로 이런 점에서 중일은 GDP 규모의 전환 이후 쌍방에 대한 국제사회에서의 정체성 전환을 경험하고 있지만, 쌍방 간 힘겨루기가 강하게 나타나면서 협력보다 경쟁이 우위인 관계로 나타나고 있는 것으로 볼 수 있다. 그것은 아직 중국이 압도적으로 일본의 국력을 능가하고 있지 못하고, 일본도 중국을 여전히 강대국으로 수용하고 있지 못한 상태에 놓여있기 때문이다.

4. 미국변수에 대한 인식과 중일관계 정립의 복잡성

일본에 대한 중국의 압도적 종합국력 우위를 둘러싼 중일 양국의 확신 부재 외에도, 중일관계의 불확실성을 강화시키는 또 다른 결정적 변수는 미국변수이다. 상술한 바와 같이 중국은 미국과의 글로벌 차원의 전략적 경쟁이라는 구도 속에서 동아시아(혹은 아태) 차원의 지정학적 경쟁의 대상으로 일본을 위치지우고 있다. 그러나 동아시아 지역에서 미국이 미일동맹에 기초하여 중국을 견제하고, 일본 역시 외교정책의 세 기둥 가운데 첫 번째로[8] 미일동맹 강화를 제시함으로써, 중일관계는 중미관계와 동반 발전 혹은 동반 갈등의 양상을 띠기도 한다. 이처럼 미일동맹과 중미관계의 상호 갈등이라는 구조적 모순의 중첩으로 인하여, 중국의 대일본 인식의 복잡성이 증가된다. 중일관계에서 미국변수가 미

8 아베 정부는 적극적인 평화주의를 내세우면서 외교정책의 세 기둥으로 ① 미일동맹의 강화, ② 근린제국과의 협력 강화, ③ 일본경제의 성장을 뒷받침하는 경제외교의 추진을 제시하고 있다(오승희 2017, 235).

치는 영향을 바라보는 중국 학계의 시각은 크게 두 가지로 나뉘고 있다.

첫 번째 시각은 미일동맹을 중일관계를 결정하는 구조적 변수로 간주하는 것이다. 이 시각에 따르면, 탈냉전시대에 일본의 안보전략 조정과정에 가장 결정적 영향을 미치는 변수는 중국의 부상과 위협으로, 일본은 중국을 견제하고 북한을 방어하는 것을 핵심으로 하는 대전략을 수립하고 있다. 중국에 대한 일본의 이러한 견제는 자신의 안보이익에 대한 고려 외에도, 중국에 대한 미국의 정책과 태도가 상당한 영향을 미치고 있기 때문이다. 미국은 중국의 부상에 직면하여 중국을 주요 적수로 한 아태재균형전략에 이어 인태(印太)전략을 천명하고 있다(胡志勇, 2018). 그리고 일본이 중국을 견제하고자 하는 것은 주요하게 미국이 중국을 견제하기를 원하기 때문이고, 상당정도에서 미국에 의해서 버려질 수 있는 동맹 딜레마를 피하기 위해서이다(朱锋 2018, 12-19).

이 시각은 미국이 중일관계에 결정적 영향을 미치게 된 원인을 중국의 부상에 따른 일본의 대미의존성에서 찾는다. 비록 냉전기에 일본이 정치, 외교, 안보 등에서 총체적으로 미국의 제약을 받아왔지만, 대미관계에서 일본은 시종 의존적인 것은 아니었으며, 오히려 자주성을 일정 정도 강조하면서 독립자주 및 국가이익과 존엄을 추구했다(杨烁·魏晓东 2016, 41-44). 일본이 미국과 특수관계를 유지하고 발전시킨 것은 냉전 이후로, 특히 1990년대 중반 하시모토(桥本龙太郎)정권 이후부터이다. 실제로 1990년대 이후 일본의 대중국전략은 '연미제화(联美制华)'의 길로 부단히 걸어왔고, 아베 등장 이후 일본정부의 중국정책은 적극 평화주의를 통해 미국외의 유럽, 호주, 인도, 아세안, 한국 등과 연대하여 공개적으로 중국에 대한 강한 견제전략을 추구하고자 했다(朱锋 2018, 7).

쉬완성(徐万胜) 교수에 따르면, 탈냉전기 일본정부의 대중국정책은 미일을 기축으로 하는 구조적 틀 속에서, 줄곧 미국정부의 대중정책 마지노선을 벗어나지 않았다. 어떤 의미에서 미국이 강경한 대중국정책을 취할 때, 일본은 미국의 굳건한 배경에 의존하여, 미일동맹의 동맹국으로서의 역할을 보여주기 위해 종종 더 강경한 대외 정책을 취하였다. 그러나 반대로 미국이 온건한 대중정책을 취할 때, 일본의 동맹국으로서 역할에 대한 압력이 상대적으로 줄었지만, 일본의 지역 강대국으로서의 지위는 일본이 미국보다 완화된 대중정책을 취하기 어렵게 했다. 따라서 중국의 관점에서 볼 때, 미일동맹은 중일관계의 발전과정에서 반드시 대처해야 할 중대한 과제이다. 미일 양국 간의 정치, 군사적 관계는 중미와 중일관계를 훨씬 능가하는 것으로, 중국은 미일 동맹의 구조적 특징에 기초하여 대일정책과 대미정책을 구별해서 취함으로써, 미일동맹의 도전을 적극적이고 효과적으로 대처해야 한다고 주장한다(徐万胜 2006, 50-54).

이 시각은 어떤 의미에서 일본의 대중국 관계는 단지 미국의 글로벌 전략의 구성 부분이며 미국과의 불평등한 조건에 근거한 관계라고 말한다(冯昭奎 2012, 49). 따라서 오늘날 중일관계의 근본적인 난점은 바로 일본에 있지 않고 미국에 있으므로, 중일관계의 발전을 추진하려면 중미관계의 개선에 힘을 쏟아야 하고, 중일관계의 진일보한 악화를 방지하는 방법은 중미관계를 진일보하게 개선하는 것이라고 주장한다(庞中英 2012). 결국 이 시각을 견지하는 학자들은 중일관계는 중미 간의 구조적 모순의 영향을 받기 때문에, 중미 간의 경쟁과 갈등 국면이 해소되기 전에 중일관계가 해결되기 어렵다고 인식한다(王琛 2018, 27-48).

두 번째 시각은 미국 변수가 중일관계에 영향을 미치는 중요한 요인이지만 결정적 요인은 아니며, 중일관계는 미국과 상관없는 독자적인 협력 공간이 존재한다는 인식이다. 대표적으로 왕지쓰 베이징대 교수는 미일 간에 중국에 대한 견제라는 공통의 이해관계가 있지만 미일 간에도 상호모순이 존재할 수 있어, 일본이 미국의 힘을 빌려 부상하는 중국을 견제한다고 해서 미일 사이의 모순이 사라지는 것은 아니며, 중일이 장애물을 극복하고 정상적 교류를 회복하고자 한다면 미국이 방해하는 것은 어렵다고 주장한다. 또한 일본과의 관계 강화 및 일본의 군사 대국화에 대한 미국의 지지는 중국을 견제하기 위한 것일 뿐만 아니라 일본이 세계안보 및 경제문제에서 미국과 협조하기를 원하기 때문이며, 다른 한편으로 미국은 중일관계가 통제력을 상실하게 될 경우 발생할 수 있는 양국 간의 군사적 충돌에 연루되는 상황을 경계한다. 따라서 미국은 중일 간의 갈등으로 동아시아 안보상황이 긴장국면으로 치달아도 이 충돌에 개입하여 중국과 충돌할 가능성이 낮다고 주장한다. 더구나 현재 중국의 영향력이 빠르게 전 세계로 확대되고 있지만 여전히 아시아에서 주도적 지위를 획득하지 못한 상황에서, 현 국제질서의 수익자로서 서방 주도의 국제질서의 개혁을 추진하고 있는 중국이 일본과 관련된 역사 및 지정학적 문제를 어떻게 해결하는가가 중국의 부상에 대한 인식에 직접적 영향을 미칠 수 있기 때문에 일본과의 관계를 개선해야 한다고 주장한다(王缉思 2014).

이처럼 왕지쓰 교수는 미일 간에 중국에 대한 견제라는 공통의 이해관계 외에도 상호모순이 존재할 수 있다는 점에 주목하면서 중일 간의 상호 협력의 여지가 있음을 강조한다. 동시에 현재 미국과 상대적 힘의 열세 속에서 국제질서의 개혁을 추진하고 있는 중국이 국제사회에 대한 자국의 이미지를 제고하기 위해서라도 중일관계를 개선시켜야 한다는 주장을 제기하고 있다. 이러한 주장에서 한걸음 더 나아가 장원링과 스위안화(石源华) 교수는 중미관계와 중일관계가 놓여진 구조적인 조건의 차이에 주목하면서 중미관계가 곧바로 중일관계를 규정짓지 않는다고 주장한다. 그들에 따르면, 중미 간에는 양국관계 뿐만 아니라 지역과 전 세계 범위에서 상호이익이 교차하는 관계지만, 중일관계는 대전략의 대결이라는 성격이 아닌 이익 차이에 기초한 관계이다. 이처럼 중일 간의 모순이 영토를 포함한 현실적 이익과 지역적 영향력을 둘러싼 것이기 때문에 쌍방 간 경쟁에서 협력공간이 존재한다. 경제와 지역협력 방면에서 경쟁과 협력 모두가 가능하며, 안보방면에서도 신안보이념에 기초하면 전통과 비전통 안보영역에서 경쟁과 협력의 여지가 동시에 있기 때문이다(张蕴岭 2016, 1-11). 특히 스위안화 교수는 국제질서가 중미를 각각 일극으로 하고 중국 주변에 제3세계의 틀이 등장하면서, 일본이 점차 중미 사이에서 균형적 태도를 취할 것이기 때문에 중일 간의 협력의 여지가 있다고 주장한다. 그는 현재 동맹관계에 기초해 일본이 미국에 의존함으로써 중국을 견제하는 정책을 취하지만, 일본과 중국 사이에도 공동이익이 존재하고 있으며 일본과 미국 사이에도 많은 이익 충돌이 존재하기 때문에, 중일관계가 곤란해지면 일본도 점차 중미 사이에서 균형적 태도를 취할 것이라고 주장한다(石源华 2017, 16).

한편, 중일 간의 협력과 관계개선을 위한 다양한 가능성을 찾고자 하는 규범적인 시각도 존재한다. 자오촨성은 일본외교에는 한편으로는 미일동맹을 계속해서 강조하고 적극 평화주의를 견지하며 미국의 아태전략을 빌려서 일본의 전략적 전환을 모색하지만, 다른 한편으로는 대중, 대한국 관계를 개선하고 동아시아 공동체 건설을 강화하려는 등의 양면성이 있으며, 이런 양면성 속에서 일본 외교정책의 큰 방향은 결국 일본 국익에 가장 유리한 '중간노선'으로 돌아갈 것이라고 주장한다. 따라서 아태지역의 국제관계의 세력전이가 진일보 발전함에 따라, 일본의 중립화를 장기적 전략적 목표로 하든지, 아니면 최소한 일본 국내의 식견이 있는 인사들과 함께 중일 관계의 악화를 방지하거나 완화하도록 노력해야 한다고 주장한다(赵全胜 2016, 70-88).

상술한 바와 같이 중일관계의 진전에서 미국이 결정적으로 중요한 변수라는 데에는 모든 중국학자들이 동의하지만, 중일관계를 미일동맹의 종속변수로 보면서 미일동맹의 하나의 '말'로 간주하는 시각과 미일동맹 조건 속에서도 중일 양국 간 협력의 공간이 존재한다는 시각이 양립한다. 비록 중일관계에서 미국 변수는 중미 간 글로벌 질서경쟁이라는 전략적인 구도와 동아시아의 중일 간 전략적 경쟁이라는 구도가 중첩되면서 나타난 구조적 요인에서 파생된 것이지만, 미국변수에 대한 중국학계의 상이한 인식은 동아시아에서 중미 간 강대국 정체성 뿐만 아니라 중일 간의 지역 강대국 정체성에 대한 확립도 여전히 명확하지 않은 과도적 상황임을 의미한다. 이로 인해 중국의 대일본 정책과 중일관계 역시 여전히 수용 가능한 일정 형태의 안정적 정립이 이루어지지 못하고 특정 이슈와 시기에 따라 파고를 나타내면서 전개되고 있다.

5. 결론—중일 관계개선에 대한 평가와 전망

중국의 부상과 함께 글로벌 강대국으로서의 정체성 전환과 이에 기초한 대외 정책의 조정이 이루어지고 있다. 이런 과정은 2008년 미국의 금융위기와 2010년 중국의 세계 제2의 경제대국으로의 부상이 중요한 계기가 되었지만, 이것이 구체적 정책으로 힘을 발휘하기 시작한 것은 시진핑 주석의 등장 이후로 볼 수 있다. 시진핑은 글로벌 강대국으로서 정체성을 분명히 하면서 이른바 신형 강대국 외교를 통하여 글로벌 거버넌스 체제를 개혁함으로써 새로운 글로벌 질서를 수립하고자 하는 의지를 보이고 있다.

이처럼 글로벌 강대국으로서의 정체성 전환이 이루어지면서, 중국학계에서는 중미관계의 성격과 위상을 어떻게 정립할 것인가에 대한 논쟁이 가장 뜨겁게 전개되었지만, 중일관계의 성격과 위상에 대한 논쟁도 뜨거운 쟁점이 되고 있다. 그것은 2010년 중국의 GDP 규모가 일본을 초월하면서, 중국 학계에서도 중강일약(中强日弱)이라는 시각에 기초하여 일본에 대한 인식의 전환이 나타나고, 일본 역시 중국의 부상에 직면하여 중국 위협론과 중국 견제에 대한 목소리가 커지면서, 양국 사이에 영토, 역사, 군사문제 등을 둘러싼 장기간 긴장상태가 지속되고 있기 때문이다.

이런 상황에서 중국의 학계는 새로운 국제질서 수립이라는 측면에서 미국과의 경쟁을 가장 중요한 쌍무적 관계로 보는 것과 달리, 중일관계는 동아시아(혹은 아태)지역 차원에서의 경쟁관계로 규정하고 있다. 즉 일본은 동아시아 지역의 강대국으로 중국과 이 지역의 주도권을 두고 경쟁하는 관계이며, 그리고 2010년 GDP 규모의 역전을 통하여 동아시아 지역에서 일본과의 국력 역전이 이루어진 것으로 보고 있다. 그러나 중국이든 일본이든 모두 중국이 종합국력(경제, 군사, 소프트파워)에서 압도적으로 일본을 초월하지 못했다는 인식이 존재하고 있고, 쌍방 간 지역 강대국 자리를 둘러싼 힘겨루기가 여전히 지속되고 있어, 양국관계는 훨씬 더 복잡해지고 있다. 이것은 중일관계가 중일 간의 국력전환에 의해 새롭게 변화된 권력 구도에도 불구하고, 양자 간 상호 지위 설정 및 그것에 대한 수용이 아직 이루어지지 못한 과도적인 상황으로 인해 여전히 불확실성이 노정되어 있음을 말해 준다.

이런 상황에서 일본은 미국을 이용하여 중국을 견제하고자 하며, 미국 역시 부상하는 중국을 견제하기 위해 일본의 군사대국화를 지원하는 양상을 취하면서 상황은 훨씬 더 복잡해지고 있다. 다시 말하면 미국 변수로 인하여 중일관계의 복잡성이 더욱 더 배가되고 있다. 중국학계에서는 중일관계에 미칠 미국의 영향에 대하여, 한편으로는 미국변수를 중일관계 발전에 영향을 미치는 결정적인 구조적 변수로 간주하면서, 중일관계는 중미관계 혹은 미일동맹에 영향을 받는 종속변수에 불가하며, 따라서 중일 간의 관계 개선은 이런 구조적 요인의 개선이 없이는 근본적인 개선이 매우 어려울 것으로 보고 있다. 다른 한편으로 미일동맹이나 중미관계의 영향 속에서도 중일 사이에 여전히 협력의 여지와 공간이 존재함을 주목하는 시각도 동시에 존재하고 있다.

결국 중국의 부상으로 중일 양국관계가 재구성되는 과도적인 상황에 놓여있는 것처럼, 중국학계의 일본 및 중일관계에 대한 인식 역시 아직 중일 쌍방이 수용 가능한 형태로 정립되지 못하고 과도적인 상황에서 방향을 탐색하고 있는 상황임을 알 수 있다. 이것은 2017년 이후 나타나고 있는 중일관계 개선을 둘러싼 중국 학계의 인식을 통해서도 확인할 수 있다. 2014년 중일 양국 정상이 베이징에서 개최된 제22차 APEC 정상회의에서 이른바 '4항 원칙'[9]에 대한 합의를 계기로 양국 간 관계개선을 위한 일련의 노력이 전개되면서 양국 사이에 대화 분위기가 조성되었다. 비록 2016년 동중국해에서 수 차례 충돌위기가 발생하고 남중국해 분쟁이 양국 사이에 새로운 충돌요인이 되면서 양국 관계가 다시 경색되기도 했지만, 2017년과 2018년을 거치면서 양국 사이에는 해상영토분쟁, 역사문제, 타이완문제를 둘러싼 갈등이 통제되었고, 경제무역관계도 회복추세를 보이면서 2016년을 기점으로 무역도 증가추세로 전환되었다(〈표 6-1〉 참조).

그리하여 중국은 계속해서 일본의 제1의 무역 대상국 지위를 유지하고 있으며, 2019년에는 미국을 초월하여 일본의 제1 수출시장이 되었다.[10] 또한 2013년 이후 연속 4년간 마이너스 성장 추세를 보인 일본의 대중국 직접투자는 2017년에 5.2% 성장추세를 나타내기 시작한 후, 2018년에는 16.5%의 높은 성장세를 나타냈다. 그리고 2019년 10월에

9 4항원칙의 내용은 다음과 같다: ① 양측은 중일 4개 정치문건(1972년 중일 국교정상화 공동성명, 1978년 중일 평화 우호조약, 1998년 중일 연합성명, 2008년 전략적 호혜관계 추진에 관한 연합성명)의 각 항의 원칙과 정신을 준수한다는 것을 확인하고, 중일간 전략적 호혜관계를 지속적으로 발전시킨다; ② 양측은 역사를 직시하고 미래를 향하자는 정신에 입각해서 양국관계에 영향을 미치는 정치적 장애를 극복하는 데 합의한다; ③ 양측은 센카쿠(중국명 댜오위다오)등 동중국해를 둘러싸고 발생한 최근 긴장 국면에 대해 서로 다른 주장이 있음을 인식하고, 대화와 협상을 통해 상황의 악화를 방지하고 위기관리 및 통제 메커니즘을 마련하여 돌발사태 발생을 방지하는 데 동의한다; ④ 양측은 각종 쌍무적이고 다자적인 틀을 이용하여 점진적으로 정치, 외교, 안보 대화를 재개하며 정치적 상호 신뢰 구축을 위해 노력한다(中国新闻网 2014. 11. 7.).

10 2019년 일본의 대중국 수출은 일본 전체 수출 총액의 19.5%로 미국보다 0.5%를 초과했다.

는 그동안 일대일로 구상에 소극적 태도를 보여 온 일본이 태도를 바꾸어 52개 항목의 180억 달러에 달하는 제3국 투자에 공동으로 참여하는 방식으로 중국의 일대일로 구상에 참여하기로 합의했고(张季风 2019, 3-16), 11월 4일에는 역내 포괄적 경제동반자 협정(RCEP)의 협정문을 타결하기에 이르렀으며, 한중일 FTA 협상에도 박차를 가하고 있다. 이런 양국관계의 진전 속에서 시진핑 주석은 2017년 이후 각종 장소에서 아베와의 회담을 통해 중일 협력의 중요성을 강조하고 있다. 시진핑과 아베는 2018년 9월 12일 블라디보스토크 회담, 10월 26일 베이징 회담, 11월 30일 부에노스아이레스 회담을 통하여 세계 주요 경제 대국인 중일관계의 발전은 지역과 세계의 평화와 번영뿐만 아니라 양국 국민의 근본적인 이익에도 부합한다고 강조하였고, 특히 시진핑은 일본 측이 중국의 개혁개방정책에 계속 참여하는 것을 환영하며, 중국의 새로운 발전 기회를 공유하기를 원한다고 언급했다. 또한 2019년 6월 27일 오사카에서 개최된 회담에서 "현재 세계는 백 년간 미증유의 대변화 국면에 진입하였고, 글로벌 거버넌스 체제가 심각하게 재구성되고 국제적 세력구조가 빠르게 변화하고 있다. 이런 상황에서 중일은 갈수록 많은 공동의 이익과 공동의 중요(关切)이익을 지니게 되었다"고 언급하기도 했다(岳小乔整理 2019).

그렇다면 왜 일본과 중국은 이런 정책적 전환을 꾀하고 있으며, 양국관계 발전의 전망은 어떠한가? 우선, 시진핑 정부가 이런 적극적 협력공세를 펼치는 데에는 트럼프정부의 등장 이후 미일동맹 내부에서 나타나고 있는 미묘한 갈등 상황을 활용하여 중국에 대한 미일동맹의 견제정책을 약화시키고자 하는 의도가 있다. 주지하다시피 미국 정부가 중국을 '전략적 경쟁자'로 규정함과 동시에 강력한 견제정책을 전개하기 시작하면서 중미 간 세력 경쟁이 본격화되었다. 이런 상황에서 일본이 미국과 손을 잡고 '인태전략'을 펼치면서 중국에 대한 견제와 봉쇄정책을 펼치면서도, 동시에 경제영역에서 중국과의 협력을 추진하는 등 미일동맹 내부의 미세한 마찰이 나타나고 있는 상황이 전개되고 있다. 그리고 중국은 미일의 이원구조(경제적 유대와 안보관계의 상호 분리)를 강화시키는 동시에 중국에 대한 미일의 전략적 일치 정도를 약화시켜서 중국의 부상 과정에서 직면하게 될 미일 동맹으로부터의 압력을 완화하려는 의도를 가지고 있다(杨伯江 2019a, 11-17). 주지하다시피 트럼프 행정부 등장 이후 '미국 우선'과 실용주의를 원칙으로 한 일방주의와 상호주의 대외 정책을 추구하면서, 미일은 무역 갈등, 주일미군주둔비용과 무기판매, 다자 무역질서 구성 등의 문제를 둘러싸고 이익 충돌과 정책적 불일치가 상승하고 있다. 이런 상황에서 아베정부는 중국의 부상을 견제하기 위해 미일동맹 강화를 지속하면서도, 동시에 중국과의 경제협력을 추진함으로써 경제적 이익을 이끌어내고자 하고 있다.

이처럼 경제영역을 중심으로 중일관계가 개선되고 있지만, 동시에 미일은 동맹관계에 기초하여 안보와 방위 차원에서 중국봉쇄와 억제라는 공동의 전략적 목표를 추구하고 있다. 이것은 미국이 중일의 접근이 자신의 핵심이익을 위태롭게 한다고 판단했을 때 중일 관계 개선과 발전에 견제를 가할 수 있음을 의미하며, 따라서 중일 양국의 급속한 경제분야 접근이 지속될 것인가는 여전히 미지수다. 또한 중국이 영토분쟁에서 일본을 계속 압박하고 있고, 일본이 인공지능, 로봇공학, 스마트 제조 등 첨단기술 분야에서 선두주자가 되고자 하는 중국에 대해 기술 유출을 경계하면서 경제적 방어조치를 점점 강화해 가는 등 이른바 '경제안보' 영역에서의 경쟁도 강화되고 있다(SOLÍS 2020). 따라서 중국 내 일본 전문가들의 중일관계 미래에 대한 전망 역시 다소 미묘한 차이가 존재한다.

하나는 갈수록 복잡해지고 있는 중일관계에 대해 충분한 준비를 한다면, 중국의 전략적 이익의 최대화를 위해 일정하게 활용할 여지가 있다는 시각이다. 이 시각은 중일관계는 "우호·협력"이나 "악화·대치"의 척도를 사용하여 두리뭉실하게 가늠할 수 없고, 양국 간 게임이 보다 정교해지고 있어, 중국은 이것에 대해 충분히 준비할 필요가 있다고 주장한다. 구체적으로 살펴보면, 2017년 이래 아베내각이 대중관계 개선에 적극적인 의지를 보이고 있지만, 일본의 대중국 정책은 절대로 '순수한' 협력을 할 만큼 그리 간단하지 않다. 중국의 부상 자체가 바로 일본 위기의 중대한 원천을 구성하지만, 대중국 협력을 발전시키는 것 또한 일본의 위기극복을 위하여 필요한 길이다. 이런 상황에서 일본은 전략적 차원에서 가능한 자원을 총 동원하여 중국을 견제하고자 할 것이고, 동시에 양자 차원에서는 영역별로 경쟁, 억제, 헤징 등 서로 다른 기조의 정책을 취할 것이다. 이처럼 양국 사이에 게임이 심화되고 정교해지고 있으므로, 중국은 이것에 대한 충분한 준비가 필요하다는 것이다(杨伯江 2019b, 5-10).

다른 하나는 미국변수의 영향으로 중일관계의 진전에는 일정한 한계가 있다는 시각이다. 이 시각은 비록 다자주의와 자유무역 옹호라는 점에서 공감대가 존재하고, 역내 포괄적경제 동반자 협정(RCEP)와 제3국 투자에 대한 합의 등 경제적 영역에서 협력을 추진하면서 국가 이익의 극대화를 실현하고자 노력하고 있지만, 중일 양국의 급속한 경제분야 접근에 대하여 미국이 과연 어느 정도까지 용인할지가 여전히 미지수라고 인식한다. 미국은 중일 접근이 자국의 핵심이익을 위태롭게 한다고 판단했을 때 방관하지 않을 것이며, 따라서 중일 관계개선과 발전은 미국측의 방해로 이어질 수 있기 때문이다. 미일은 동맹관계를 강화하면서 안보와 방위 차원에서 중국 봉쇄와 억제라는 공동의 전략적 추구를 가지고 있다. 그리하여 일·미·인·호주가 주로 안보와 경제 이슈를 다루는 '4자 안보대화(Quad)'를 포함하는 인도-태평양 구상에 동참하고 있는 상황이다. 이로 인해 중일의 경제관계 개선은 결국은 미일동맹의 영향을 벗어나기 어려울 것이라는 시각이다(姜龙范 2019, 49-55).

이처럼 중일 양국 사이에는 이 지역에서 강대국 지위를 둘러싼 심각한 경쟁관계와 전략적 의심이 존재하고 있으며, 양자관계의 개선과 발전 역시 아직은 초보적이고 취약한 수준으로, 장기적 갈등관계의 폭발 가능성이 여전히 내재되어 있다(张沱生, 2018). 더구나 시진핑의 공세적 대외 정책과 아베의 헌법 개정 및 이를 통한 군사 대국화 행보가 평행선을 달리며 지속된다면 중일관계는 더욱 더 예측하기 어려울 것이다. 여기에다 이 지역에서 중국과의 세력 경쟁을 진행하고 있는 미국이 미일동맹을 어떻게 이용하는가에 따라 중일관계는 훨씬 더 복잡하게 전개될 것이다. 따라서 중일관계는 상당 기간 현재와 같은 갈등과 협력을 반복하는 과도적 상황으로 존재할 것이다.

제7장

세력 전환 시대 중국의 대한반도 정책[1]

1. 들어가며 — 중국의 대한반도 정책에 영향을 미치는 요소

중국에 있어 한반도 문제는 한중관계와 북중관계라는 두개의 양자관계로 구성되어 있지만, 그 바탕에는 지역 전략 및 세계 전략적 차원이라는 요소가 더 강하게 작용하고 있다. 특히 한반도가, 해양세력이 중국을 침입하는 길목으로 활용될 수 있음을 경계하면서 해양세력이 중국을 침략하는 다리가 되거나 연합세력이 중국을 포위하는 하나의 고리가 되지 못하도록 막는 전략적 목표를 중시해 왔다. 1949년 신중국 수립 이후 중국 정부는 이와 같은 목표를 달성하기 위해 한반도에 대한 영향력을 확장시키려 노력해 왔다. 냉전기에 중국의 한반도 정책이 한미 연합에 대항하여 북한을 지켜내는 방어적 성격이었다면, 서방세계와 국교수립을 통해 외교적 고립에서 벗어난 1980년대 개혁개방기에는 한국에 대한 영향력을 강화시켜나가는 적극적인 성격으로 바뀌었다(윤영관 2016, 234-236).

1992년 한중수교는 바로 이런 적극적인 한반도 정책의 일환이었다.

1 이 장은 "중국의 대한반도 정책의 딜레마: 전환과 지속의 갈림길에서."《한국과 국제정치》(경남대 극동문제연구소), 31집 3호(2015년 9월)에 수록된 논문을 대폭적으로 수정 보강한 것임.

중국은 남북한과 국교를 수립하는 것이 경제적 이익뿐만 아니라 한반도에 대한 자국 영향력의 확대로 이어질 것으로 기대했다. 1990년대 초 중국의 전략가들은 중국이 한국과의 관계를 강화하지 않는다면, 한반도의 분단문제가 해결되는 과정에서 중국이 영향력을 행사할 수 있는 지렛대를 상실하게 만들 것이라고 생각했다. 또한 한중수교를 통해 한미동맹과 주한 미군으로 인한 잠재적 위협을 상쇄시키고, 한반도에서의 일본의 입지 강화를 막아내면서 자국의 영향력을 키우고자 했다(Shambaugh 2004/2005, 79-80; 董洁 2019, 114-115).

그러나 중국은 한중관계의 정상화 과정에서, 북미, 북일관계 정상화를 추진하여 한중수교가 북중관계에 미칠 충격을 최소화하고, 교차승인의 결과로 한반도에 새로운 세력균형을 구축하려는 의도가 있었으나 실행에 옮기지 못했다. 이것에 대해 중국 측에서 제기되는 이유는 다음과 같다: 첫째, '하나의 중국' 원칙에 대한 한국 정부의 수용을 수교의 전제조건으로 간주한 중국 정부는 자신의 임기 내 수교를 원했던 노태우 정부가 타이완 문제를 둘러싸고 '하나의 중국 원칙'을 빠르게 수용함에 따라(정재호 2011, 168-181), 교차승인 문제로 시간을 지체시킨다면 유리한 협상 타이밍을 놓칠 수도 있다고 우려했기 때문이다; 둘째, 한중간 미수교로 인해 무역보호와 관세조약이 부재함으로써 한국의 대중국 무역 및 투자가 심각하게 제약받고 있었기 때문이다; 셋째, 한·미·일이 북·미와 북·일관계 정상화를 위한 전제로 북한 핵사찰 수용과 비핵화 약속 준수를 강하게 주장했으며, 중국 역시 한반도 비핵화가 일관된 입장이었지만 1990년 당시 이미 교차승인 없이 한소수교가 진행된 선례가 있어 교차승인을 북핵문제 해결을 위한 카드로 남겨두는 것이 중국의 주변 안보전략과 국가안보이익에 부합한다는 판단을 했기 때문이다(董洁 2019, 112-114).

이처럼 미일의 교차승인 없이 이루어진 한중수교는 북한에게 커다란 위협이었으며, 이런 상황에서 중국 정부는 소련과 달리 북한에 대한 일련의 배려를 이어갔다. 한소수교 이후 북소 동맹조약이 파기된 것과는 달리, 중국은 북중 동맹조약을 공식적으로 파기하지 않았다. 또한 1992년 9월 노태우 대통령의 중국 방문 이후에도 중국 국가 주석의 방한이 줄곧 성사되지 못하다가 1995년이 되어서야 장쩌민 주석의 한국 공식 방문이 이루어진 것 또한 북한에 대한 배려에서 기인한 것으로 볼 수 있다. 그리고 한국과의 관계에 대해서도 북중동맹과 한미동맹을 상호 암묵적으로 인정하면서도 안보와 군사적 이슈를 접어둔 채, 경제와 문화 중심의 교류 증진에 집중하는 양상이 전개되었다.

그러나 고립이 심화된 북한은 한반도 내 냉전종식 프로세스를 수용하지 않고 오히려 핵확산방지조약을 탈퇴하는 상황이 발생하였다. 이것은 한반도의 안보환경을 유동적으로 만들어 남북대립도 격화되는 결과를 초래했다. 이런 상황에서 중국은 북중관계를 중심으로 하면서도 동시에 남북 등거리외교를 추진하면서 '6자회담 등과 같은 국제관계의 틀' 내에서 한반도에 대한 영향력을 확보하고자 했다. 이것은 무엇보다도 한중수교가 동북아에서 새로운 세력균형을 이끌어내는 데 중심 요소로 작용하고, 한중의 공고한 관계가 중국이 주도하는 북핵 6자회담을 만드는 데 핵심 요인이 되었기 때문에 가능했다(Shambaugh 2004/2005, 79-80).

미중경쟁이 강화된 2010년 이후에 중국의 대한반도 정책은 보다 공세적으로 전환되었다. 특히 2012년 말 18차 당대회를 통하여 등장한 시진핑 정권은 등장 이후 이른바 신형대국외교를 내걸고 국제사회에서 강대국으로서의 책임과 권리를 다하겠다는 입장을 천명하면서, 동아시아 지역에서 미국과의 세력 경쟁을 본격화하기 시작한다(《新华网》 2014. 11. 30; 张怀东 2014; 刘华·刘东凯·谭晶晶 2014). 그리하여 중국은 미국과의 세력 경쟁이라는 관점에서 남북한의 전략적 가치를 재평가하기 시작했다. 기존의 북중 관계를 중심으로 한반도 문제에 접근하던 시각에서 벗어나, 한중관계를 보다 독립적인 관점에서 바라보고 남북한에 균형적으로 접근하면서, 한반도 전체에 대한 영향력을 강화하는 새로운 접근법으로 전환한 것이다. 이런 상황에서 중국 내 학계와 언론에서 '북한 포기'를 둘러싼 논쟁이 전개되고, 한국의 '통일 대박론'에 빗대어 '한반도의 통일은 중국에게도 대박'이라는 주장이 등장함으로써,[2] 중국의 대북정책과 통일정책의 변화에 대한 기대감이 높아진 바 있다.

그러나 북한에 대한 영향력을 지속하면서, 동시에 한국을 미일 동맹으로부터 일정하게 중립화시키고자 했던 시진핑의 정책은 결과적으로 실패로 나타난다. 북한의 잦은 핵과 미사일 실험에 대한 중국의 불만과 한국 우선의 대외 정책에 대한 북한의 불만으로 북중 관계가 악화일로를 걷게 되었을 뿐만 아니라, 한중관계 역시 사드배치문제로 급속하게 악화되었기 때문이다. 중국은 한국의 사드배치에 대해 미국이 추진하는 동아시아 미사일방어체계에 대한 한국의 편입과 이로 인해 한미동맹이 대중국 견제나 억제의 한 수단으로 활용될 수 있다는 의구심을 가지고 있었으며, 이에 따라 강력한 반대와 제재조치를 취하면서 한중관계는 빠르게 악화되었다. 그 후 2017년 5월 문재인 정부의 등장과 함께 한중관계가 개선되기 시작하였지만, 이와 더불어 2017년 말부터 진행된 한반도 비핵화 및 평화프로세스가 남북미를 중심으로 진행되면서, 중국은 이른바 차이나 패싱을 불식시키고 한반도 비핵화와 평화 정착과정에서 자국의 영향력을 높이기 위해 발 빠르게 북중관계를 정상화시키고 러시아와의 공조를 강화해 나갔다.

그렇다면 시진핑 주석 등장 이후 중국의 대한반도 정책에서 나타난 이런 역동적 변화의 원인은 무엇인가? 이 장에서는 중국의 자국에 대한

2 진창이(金强一) 교수는 "시진핑 정부의 대외 정책 변화와 대한반도정책"이라는 주제로 2015년 3월 17일 고려대 아세아문제연구원 중국연구센터 워크숍 발표에서 이러한 주장을 하였다.

정체성 인식 변화와 이로 인해 그 의미가 훨씬 중요해진 동아시아 지역의 중미 간 세력 경쟁이라는 구조적 요인을 통해 그 원인을 설명하고자 한다. 즉 중국은 시진핑의 등장 이후 (부상하고 있는) 강대국 정체성을[3] 분명히 하고 강대국으로서의 대외 정책 방향을 조정해 왔다. 그 결과 동아시아 지역에서 중미 간의 주도권 경쟁이 더 치열해지고, 이러한 요인은 중국의 대북 정책과 한반도 통일문제에 대한 인식에서도 결정적 영향을 미치는 변수가 되었다. 실제로 강대국으로의 정체성 전환이 이루어지면서, 동아시아에서 미국과 주도권을 둘러싼 전략적 경쟁상황은 중국의 대한반도 정책 결정에 영향을 미치는 최우선 변수가 되었고, 그 결과 중국은 대외 정책 및 대한반도 정책에 대한 일련의 조정을 시도한 것이다. 그러나 이러한 변수는 동시에 중국의 대한반도 정책의 근본적 전환을 제한하는 구조적 조건이 되고 있으며, 그 결과 중국은 북한 포기 및 한반도 통일에 따른 전략적 손실을 여전히 용납할 수 없는 상황이다.

이 장은 크게 3개의 부분으로 구성되어 있다. 첫째, 시진핑 정부 등장 이후 중국의 정체성 인식 변화와 대외 정책의 변화, 둘째, 중국의 대한반도 및 대북 정책과 통일인식의 변화 움직임에도 불구하고 근본적 전환으로 가지 못한 요인, 셋째, 시진핑 집권 초기 대한반도 정책 실패에 대한 원인 및 대한반도 정책의 변화에 대해 분석한다. 이와 더불어 시진핑 정부의 대한반도 정책의 특징과 한국의 대중정책에 대한 함의에 대해서도 간략하게 살펴보고자 한다.

3 옌쉐통(阎学通) 칭화대 교수는 중국을 '부상중인 강대국'이라고 말하는 것은 중국만이 미국이라는 초강대국과 국력의 차이를 축소할 수 있고, 또한 기타 국가들과 거리를 넓힐 수 있기 때문이라고 말한다. 특히 그는 중국이 굉장히 빠르게 '부상중인 강대국'이기 때문에, 2023년경에 미국과 맞먹는 초강대국이 될 것이라고 주장한 바 있다(阎学通 2015).

2. 시진핑 정부의 등장과 대외 정책의 전환

중국이 국제사회에서 강대국으로서의 책임을 다해야 한다는 이른바 '책임 대국론'이 1990년대 후반에 등장한 이후, 중국의 강대국 정체성과 역할은 중국의 대외 정책의 성격과 방향을 둘러싼 오랜 쟁점이었다. 이런 논쟁 속에서도 그동안 중국은 강대국으로서 책임과 역할을 할 수 있는 능력이 부족하다는 점을 강조하면서 이른바 도광양회정책을 지속해 왔다.[4] 그러나 시진핑 주석은 '중국 특색의 대국외교'를 언급하면서 국제무대에서 강대국으로서 책임과 역할을 할 것임을 천명하면서, 강대국 외교를 내용으로 한 외교노선의 새로운 전환을 시도했다.

시진핑은 등장 이후 중국의 우월한 경제력에 기초하여 국제사회와 아태지역에서 목소리를 높여 왔다. 2013년과 2014년의 APEC 회의, 그리고 2014년 11월에 개최된 G20 회의 연설에서, 시진핑은 중국이 아태지역과 세계를 위해 시장과 상품, 자본 등의 공공재를 제공할 만한 능력과 의지가 있음을 강조했다(习近平 2013b; 习近平 2014). 또한 세계경제와 아태경제 발전에 대해 단순한 참여나 의견을 제안하는 역할에 머물지 않고 중국이 생각하는 발전방향을 주도적으로 제시하고 이끌어가는 지도적 역할을 해갈 것임을 분명히 했다(张怀东 2014).

이러한 시진핑 정부의 국제체제에 대한 인식과 외교노선의 변화를 이끌어낸 요인은 다수 중국 학자들의 주장대로 중국의 국력이 성장하면서 강대국으로서의 정체성 인식을 확보한 데서 찾을 수 있다(李开盛·束必铨·崔荣伟·顾炜 2014). 강대국으로서의 위치 설정이 시진핑 외교정책구상의 출발점이 되었다는 점은, 2014년 11월 28-29일에 베이징에서 소집된 중공중앙 외사공작소조회의에서 행한 시진핑의 연설에 잘 나

4 국제질서 속에서 중국의 지위와 역할에 대한 자세한 내용은 이정남 2013, 33-66 참조.

타나고 있다. 중국 공산당 중앙이 2006년 이후 처음으로 개최한 외사공작회의인 이 회의에서, 시진핑은 보다 능동적이고 안보 지향적 접근법을 담은 중국외교의 방향을 포괄적으로 표현하였다. 그는 중국의 발전과 외부세계의 관계가 밀접해지고, 특히 세계무대에서 증가하는 국력에 기초한 중국의 이익 추진(advance)이 중국 외교정책의 급선무임을 강조하면서, 이를 위해 중국이 자국의 특색을 지닌 강대국 외교를 할 필요가 있음을 주장했다(习近平 2014b). 특히 이 회의에서 시진핑은 개혁개방 이후 처음으로 중국이 '중국 특색의 대국외교'를 해야 함을 직접적으로 언급함으로써, 중국 외교이념의 새로운 변화를 이끌어내었다. 대국외교(大國外交)는 강대국으로서의 외교이념, 방식, 그리고 모델로 정의할 수 있다는 점에서(阎学通 2014), 시진핑이 '중국 특색의 대국 외교'를 제기한 것은 중국외교가 강대국 정체성에 기반한 강대국 외교로 전환하고 있음을 의미한다. 실제로 다수의 중국학자들도 시진핑의 이런 언급을 두고 중국외교에 강대국 외교라는 새로운 변화가 나타나고 있음을 강조하였다(刘华, 刘东凯, 谭晶晶 2014; 马小军 2014).

특히 중국은 미국과의 전략적 경쟁을 아시아로부터 시작하겠다는 의도를 분명히 했다. 이는 2014년 5월 상하이에서 개최된 '아시아 교류 및 신뢰구축회의(CICA)'에서 중국의 평화적 발전은 "아시아로부터 시작해야 하고, 아시아에 의존해야 하며, 아시아를 복되게 할 수 있어야 한다"는 시진핑의 연설에서 잘 나타난다(习近平 2014). 이러한 언급은 시진핑 정부 등장 이후 중국외교의 최우선순위가 주변부 외교로 변화되고 있음을 보여주는 것이라 할 수 있다. 개혁개방 이래 중국외교는 줄곧 강대국과의 관계, 즉 미국, 일본, EU, 러시아에 최우선 순위를 두어 왔다. 그러나 2013년 10월 주변외교공작회의에서 주변외교를 중국외교에서 가장 중요한 위치에 둘 것을 결정하고, 주변국들과 운명공동체 의식을 형성할 필요가 있음을 강조하기 시작했다. 실제로 시진핑은 구체적 외교 일정에서도 주변외교에 대한 배치를 확대하고 집중해 왔다. 이는 시진핑이 등장한 이후 2년 동안 진행한 30여 개 국가에 대한 방문외교가 중앙아, 동남아, 동북아, 그리고 남아시아 국가에 절반 이상이 할당된 점을 통해서 알 수 있다(斯洋·郁岗 2015).

중국이 이처럼 아시아 주변외교를 강조하게 된 배경은 지정학적 인식에 기초하고 있다. 시진핑 정부는 주변국 외교를 최우선순위로 두고, 이른바 일대일로(一带一路: 실크로드경제벨트와 21세기 해상실크로드)구상을 제기하면서 중국이 아시아 중심국가로서 유라시아의 통합적인 발전을 이끌어내는 중심국가로 성장하고자 노력하고 있다(薛力 2015b). 이러한 구상은 중국의 한 전문가의 말대로 어떠한 부상하는 강대국도 세계적인 강대국이 되기 전에 우선 지역적인 강대국이 되는 준비운동 단계가 필요하다는 인식에 기초한 것이다(邓聿文 2015). 바로 이런 인식에 기초하여 중국 정부는 전통적인 지정학적 인식으로 회귀하여 중국과 주변관계를 전면적으로 강조하게 되었다고 볼 수 있다(薛力 2015).

중국 주변외교의 핵심적 내용인 일대일로구상은 동쪽의 아태 경제권에서 출발하여 서쪽의 유럽경제권까지 포괄하는 역사상 전례없는 대규모 시장을 조성하여 관련 국가와 중국의 경제발전을 동시에 이끌어낸다는 구상이다.[5] 보다 구체적으로는 중앙아시아 및 러시아와 협력하여 육상실크로드 구상을 완성하고, 아세안 국가들과 협력하여 해상실크로드 구상을 완성한다는 구상이다(薛力 2015b). 그러나 일대일로구상은 경제적 발전구상일 뿐만 아니라, 동시에 동아시아 지역에서 미일동맹의 전략적 압력과 미국의 아시아 재균형 정책에 직면하여, 정면충돌을 통하여 전쟁국면으로 치닫기보다는 서쪽으로 방향을 전환하여 유라시아를 아우르는 세력판도를 형성하여 미국에 도전한다는 지정학적 관점에 기

5 중국의 한 학자는 일대일로 구상에 대해 인류 역사상 두 번째의 지리적인 대발견으로 500여 년 동안 숙면을 취해온 유라시아 대륙을 깨우는 구상이고, 그 중심에 중국이 있다고 주장한다(鲍盛刚 2015).

초한 전략적 구상이기도 하다(鮑盛刚 2015). 즉 일대일로 구상은 미국의 아태 재균형 전략에 대한 중국의 대응전략으로, 중국이 '세계적 영향력이 있는 지역 강대국'에서 '종합적인 글로벌 강대국'으로 전환하고자 하는 일종의 시도이자 일종의 경로로서의 성격을 지니고 있다(薛力 2014).

이처럼 중국은 일대일로 구상을 제기하면서 아시아 중심국가로서의 중국이 유라시아의 통합적 발전을 이끌어내는 중심국가로 성장함으로써, '세계적 영향력이 있는 동아시아 지역 강대국'에서 '종합적인 글로벌 강대국'으로 나아가고자 한다. 그리고, 이러한 구상 하에 추진되고 있는 동아시아 지역에서의 미국의 재균형 정책에 대한 대항과 중국 주도의 동아시아 질서 확립을 위한 각종 시도가 끊임없이 미국을 긴장시키면서, 동아시아 지역에서의 중미 간 주도권 경쟁의 가속화를 초래하고 있다. 이로 인해 중국의 한반도 정책 추진과정에서 중미관계가 지닌 규정성이 더욱 더 강화되었다. 이러한 원인으로 인해 중국은 미국과의 전략 경쟁이라는 구조적인 틀 하에서 한반도 통일문제뿐만 아니라 남북한 정책을 고려하고 추진한다. 따라서 중국의 대북정책과 대한정책은 쌍무적 규정성보다 중미관계, 북중관계, 그리고 한중관계와의 밀접한 관련성 속에서 평가되고 추진되는 것으로 볼 수 있다.

3. 시진핑 집권 초기 대한반도 정책 조정과 한계

1) 시진핑 집권 초기의 대한반도 정책 조정

시진핑 집권 이후 대외전략의 구상과 추진에서 미국과 아시아에서의 주도권 경쟁이라는 구조적 요인이 중요한 영향을 미치기 시작하면서 한반도 정책에도 일련의 조정과 변화가 나타난다. 이러한 대한반도 정책에 나타난 변화에 대해 중국의 대표적 관변언론인 《신화통신》은 "중국의 대외 정책 전환은 곳곳에서 나타나고 있지만, 한반도의 남북관계에 있어서의 변화의 폭이 가장 크고, 그 효과도 뚜렷하게 나타나고 있으며, 이런 변화로 중국의 한반도 장악력을 강화시켰다"고 언급한 바 있다(*sina.com* 2015. 2. 16.).

중국의 한반도 정책의 변화는 미국과의 전략적 경쟁에 대응하기 위한 일종의 전략적인 변화로, 한반도에 대한 중국의 통제력을 강화하기 위한 외교적 변화로 간주할 수 있다. 상술한 《신화통신》의 보도는 중국이 과거처럼 더 이상 북한을 지지하면서 한반도 균형을 유지할 필요가 없고, 북한을 차갑게 대하면서 한국과의 관계를 발전시킴으로써 한반도에 대한 장악력을 높이고 있다고 언급했다. 또한 중·북은 혈맹관계라고 하지만 중국은 여기에 묶여있거나 남북한 관계에 대한 균형을 유지할 필요도 없으며, 강대국 외교를 통하여 한반도에서의 미국의 힘을 약화시키면 된다고 주장했다(*sina.com* 2015. 2. 16.).

이런 보도를 통해 중국이 미국과의 주도권 경쟁이라는 관점에서 남북한의 전략적 가치를 재평가하는 방향으로의 전환을 탐색하고자 함을 추론할 수 있다. 즉 북중관계를 중심으로 한반도 문제에 접근하던 시각에서 벗어나 한중관계를 보다 독립적 관점에서 바라보고 남북한에 균형적으로 접근하면서 한반도 전체에 대한 영향력을 강화하는 새로운 접근법으로 전환하고자 함이다. 이러한 맥락에서 중국의 한 전문가는 중국이 한반도에서 살펴야 할 문제는 북핵문제뿐만 아니라, 미국의 한반도 군사주둔, 한미일 군사동맹 강화, 남북한 무장충돌 등 한반도 전체의 안보정세라고 주장한 바 있다(曉岸 2015).

이런 관점에서 시진핑 등장 이후 중국 내에서는 북한과의 관계를 정상국가간 관계로 전환하고 세계 전략의 차원에서 한국의 전략적 가치를 주변 거점국가[6]로 재규정함으로써 한반도에 대한 장악력을 강화해야 한다는 주장이 등장하기도 했다. 이것은 인체의 '혈자리'와 같이 한중관계의 강화가 주변국가와의 관계강화를 이끌어내는 데 결정적으로 중요한 영향을 미칠 수 있다는 인식에 기초한 것이다(《人民网-时政频道》 2014. 8. 26.). 시진핑 정권 초기에 실제로 중국은 한·미·일 삼각안보체제의 가장 약한 고리인 한국을 분리시켜내고, 한국 끌어당기기를 통하여 한반도 전체에 대한 영향력 강화를 시도하고자 했다.[7] 이것은 북한 정권의 불안정, 핵과 미사일 개발로 인한 불안, 미국과 주변국가로부터의 압력 등으로 인해 전통적 우호관계인 북한을 완충지대로 삼는 전략에 취약성이 있음이 나타나고 있는 상황에서, 장기적으로 한국이 중국의 영향력권으로 들어오면 북한에 대한 우려가 필요 없다는 인식에 기초하고 있는 것으로 보인다(한석희 2014, 40-44).

한국에 대한 중국의 의도는 2014년 5월 26일 시진핑의 한국 방문을 조율하기 위해 한국을 방문한 왕이(王毅) 외교부장의 발언에서도 잘 나타나고 있다. 그는 "새로운 지역 및 국제정세의 심각한 변화에 따라 우리는 한국을 더욱 더 긴밀한 협력 동반자로 선택하고자 한다"고 말했다. 이러한 이유로 시진핑 지도부는 출범 초부터 북한보다 한국을 먼저 방문하는 등 다양한 형태로 한국을 향한 적극적이고 우호적인 태도를 보여 주었다. 한국을 향한 이같은 중국의 적극적인 접근은 2013년 2월 북한의 3차 핵실험과 장성택 사건을 거치면서 '소원'해진 북중관계와 비

6 중국사회과학원 세계경제와 정치연구소 쉐리(薛力)교수는 신뢰할 수 있으면서도 일정한 역량을 구비한 국가를 주변 '거점국가'로 정의하면서, 이런 거점 국가로 아시아 서남부의 파키스탄, 서부의 투르크스탄, 동북지역의 한국, 남부의 태국, 미안마 그리고 캄보디아, 동남부의 말레이시아, 싱가포르 등의 국가를 언급하고 있다(薛力 2015a).

7 중국의 한 언론은 일본은 완전히 미국의 뜻에 따라 행동하며 절대 '아니오'라는 말을 못하지만, 한국은 미국과 동맹 관계를 유지하면서도 자국의 국익을 고려해 중국과의 관계 발전에 적극적이며 미-중 사이에서 균형을 유지하려하기 때문에, 한국은 미국의 중요한 동맹이지만 일본과는 다르다고 주장한 바 있다. 그 이유는 첫째, 아시아 1인자가 되고자 하는 일본과 달리 리더로서 야심이 없는 한국은 중국과 전략적인 목표에서 근본적으로 충돌하지 않으며, 둘째, 내수 시장이 좁고 경제를 국제시장에 크게 의존하고 있는 한국은 최대 무역파트너국인 중국과 좋은 관계를 유지해야 하며, 셋째, 한반도에서 절대 전쟁을 용납할 수 없다는 전략적인 이해에서 한국은 미국과 일본보다 중국과 더 공동의 이해를 가지고 있기 때문이다(凴海聞 2015).

교되면서 더욱 더 주목을 받았다.

2) 시진핑 집권 초기 중국의 대북인식과 통일인식의 변화

(1) 북한에 대한 인식의 변화

시진핑의 등장 이후 중국에서는 북중관계를 정상국가간 관계로 전환해야 한다는 인식이 등장한다. 2015년 4월 주북 중국대사로 부임한 리진쥔(李進軍)이 북중관계는 과거 중국 정부가 북한에 무조건 끌려가던 것에 비해 현재는 균형정책을 취하고 있으며, 현실적으로 북중관계는 정상국가간 관계로 나아가야 한다고 지적한 바 있다(*dltv.cn* 2015. 4. 1.). 또한 이런 상황에서 중국은 과거와는 달리 다방면의 압박과 제재를 통하여 북한의 변화를 유도하고자 했으며, 핵을 포기하고 대화로 복귀하여 대내외 안정과 경제발전의 길을 갈 것을 요구하였다. 특히 2013년 3차 핵실험 이후 중국은 2009년이래의 대북한 안정 우선정책에서 비핵화 우선정책으로의 정책 변화를 통해서 북한의 핵개발을 절대 용납하지 않을 것임을 분명히 했다(曹世功 2014).

이와 같은 북한에 대한 인식의 변화는 학계와 언론계에서도 '북한 자산론'과 '북한 부담론'이라는 치열한 논쟁으로 나타났다. 우선, 북한을 부담으로 사고하는 전문가들은 중국의 계속적 대북한 지지와 지원은 중국의 정치·경제적 부담을 가중시킬 뿐만 아니라, 국익과 국제적 위상에 부정적 영향을 미친다고 주장했다. 핵과 미사일시대에 북한의 완충지대로서의 전략적 가치는 감소하고, 현재 주목받고 있는 지역이 되고 있는 북한이 중국의 방어벽이 되어줄 의사가 없으며, 발전한 한중관계가 북중관계를 대체할 수 있다고 주장했다(Deng 2013; 劉佳·周晶晶 2014). 특히 북한의 잘못된 행동이 동아시아에서 미국의 군사적 존속과 중국에 대한 봉쇄의 명분을 강화시키는 좋은 이유가 되고 있어 중국의 대북정책은 조정돼야 한다고 주장했다(王洪光 2014;《國際先驅導報》2015. 1. 22; Ren

2014). 또한 새로운 국제 및 지역정세에 맞추어 북중 간에 정상 국가간 관계를 수립해야 하며, 이는 양국의 장기적 전략에 긍정적 의미를 지닐 뿐만 아니라 각자의 외교적 공간을 넓혀주고 자유롭게 만들어 준다고 주장했다(曹世功 2014). 이런 관점에서 북한이 어떤 길을 고수하든지 간에 이는 북한의 선택이지만, 그 선택이 중국의 전략적 안보이익을 훼손한다면 중국은 가만히 앉아서 보고만 있지는 않을 것임을 강조한다(曉岸 2015).

다른 한편, 북한을 중국의 전략적 자산으로 간주하는 전문가들은 북한이 중국의 부담이라는 사실을 인정하고 북한의 고집된 행동을 용인해서도 안 되지만, 미중관계가 세력전이 양상으로 치닫고 있는 상황에서 북한의 지정학적 가치를 무시할 수 없음을 강조했다. 북한은 중국의 완충지대로서의 영향력이 있으며, 미국 및 한국에 대한 협상력을 제고하는 데 유리한 영향을 미치고, 미국의 지역 개입 억지라는 점에서 전략적 이익이 있으므로 북한과의 특수관계를 유지하면서 북한을 지원해야 한다고 주장했다(李敦球 2014;《鳳凰衛視》2015. 1. 26; 张文木 2014). 또한 중국 주변의 중요 국가인 북한에 대한 포기는 외교적 선택이 될 수 없으며, 외교적 준비가 부족한 상황에서 북한을 돌연 혈맹에서 정상국가간 관계로 바꾸는 것 역시 중국의 실제 이익에 부합하지 않는다고 주장했다(丁咚 2014).

이러한 북한에 대한 논쟁은 제1차 핵실험 이후에도 간헐적으로 있어 왔지만, 시진핑 정부의 등장 이후 훨씬 더 활발해져서 중국 내의 대북한 인식의 변화 정도를 가늠할 수 있는 중요한 척도로 간주되었다. 시진핑 정부의 등장 이후 중국 내에서 북한에 대한 이런 태도변화가 더 가시화된 것은 무엇보다도 시진핑 정부의 대외 정책 변화와 밀접한 관련이 있다. 상술한 바와 같이 시진핑 정부는 강대국 외교로 전환하면서 주변국에 책임과 권리를 다하는 강대국 역할을 수행하는 방향으로 대외 정책을 전환하였다. 이런 상황에서 각종 문제를 일으키는 북한을 지원만 할 수는 없다. 왜냐하면, 북한의 지속적 도발은 미국의 동아시아 재균형정책을 합리화하고 한미일 안보동맹의 강화나 사드(THAAD: Terminal High Altitude Area Defense) 배치의 이유가 되고 있어, 이 지역에서 미국과 전략적 경쟁을 하고 있는 중국에게 엄청난 부담이 될 수 있기 때문이다.

그러나 중국의 대북한 인식의 전환은 북한 포기라는 대북정책의 근본적 변화로 전환되기는 어려웠다. 비록 북한과의 관계가 일정 정도 소원해졌으나 이 역시 어디까지나 미국과의 경쟁에서 동북아와 한반도에 대한 중국의 전략적 역량을 강화하는데 초점이 맞추어진 것으로 볼 수 있다. 북한과 일정한 거리를 둠으로써, 한국을 중국 중심의 질서로 유인하고 한·미·일관계의 이완을 유도하여 한반도 전체에 대한 영향력을 강화하려는 의도가 작용한 것이다. 동시에 핵을 가지지 않은 안정된 북한이 자국의 영향력 아래서 개혁개방을 통해 국제사회의 일원으로 발전하도록 견인하고자 한 것이다. 이는 왕이 외교부장이 기자회견에서 중국은 북한을 포기하지 않고, 혼란 상태에 있도록 방관하지 않으며, 붕괴하도록 놔두지 않는다는 '3불 원칙'을 분명히 한 점을 통해서도 알 수 있다(时永明 2014).

⑵ 한반도 통일에 대한 인식

북한에 대한 인식에 변화가 나타나면서, 중국이 북한을 포기하고 한국이 주도하는 한반도 통일을 수용할 것인가에 대한 관심도 증가되었다. 특히 2013년 6월 한중 정상회담에서 시진핑 주석이 "중국은 남북관계 개선을 통한 한반도 평화통일을 지지한다. 한반도 통일은 대세이고 중국의 국익에 부합하며, 중국 국민들이 바라는 것"이라고 밝히면서, 그동안 한중의 최고 지도자 사이에 금기시된 통일문제에 대해 과감히 언급한 점에 비추어 볼 때, 중국이 통일에 대한 인식에 일련의 변화가 있는 것이 아닌가 하는 기대를 모았다.

중화인민공화국 건국 이후 동북아 전략적 구조의 변화, 중국과 남북 관계의 기복 및 한반도에서의 중국의 이익의 증감으로 인해, 한반도 통일에 대한 중국의 입장과 정책은 시기별로 다른 입장을 취해 왔다. 냉전 시기 대부분 기간 동안 중국이 한국 및 미국과 적대적 상태에 놓여 있었던 이유로, 중국 정부는 일방적 지지정책을 채택하여 북한 일방의 통일 정책과 책략을 전력 지지하였다. 그러나 1992년 한중수교 이후 중국과 남북한 관계의 커다란 변화가 나타나면서 중국은 한반도 통일문제에 있어 신중한 중립적 태도를 취했고, 양자 사이에서 한쪽 편을 드는 상황을 피해 왔다. 전반적으로 중국의 기본태도는 남북 쌍방이 한반도 통일의 주요 당사자이며, 남과 북은 평화적 방식으로 국가의 통일을 실현해야 한다는 공식적 입장을 보여 왔다(成晓河 2014).

그러나 시진핑 정부 초기에 중국의 강대국화가 가시화되면서 한국 주도로 통일하는 경우라도 미일과 중국의 대결구도에서 적어도 한국이 중립화될 수 있을 것이라는 기대와 함께 한반도 통일에 대한 긍정적 담론이 중국에서 증가되는 추세에 놓인 바 있다(김흥규 2015). 이런 상황에서 통일을 둘러싼 전문가 집단의 논쟁도 활발히 전개되었다. 우선 통일에 대한 긍정적 시각으로, 동북아의 전략적 상황이 기본적으로 중국에게 유리하게 전개되고 있는 상황에서 한반도의 평화와 통일이 중국의 평화와 발전은 물론, 아시아의 안정과 발전, 굴기에도 유리한 영향을 미친다는 인식이다(楚树龙·金威 2008, 176; 吴楚克 2013, 1-2; 金景一·金强一 2008). 미국은 한반도의 긴장상황을 이용해 자국의 전략을 완성하고자 하며, 일방적으로 북한에 압력을 가하여 한반도 문제를 동아시아 지역에서 동맹체계 구축을 위한 발판으로 삼고 있다(時永明 2015). 이런 상황에서 한반도의 통일은 중국에게 유리한 전략적 국면을 조성할 수 있다는 것이다. 다른 한편, 통일 과정에서 발생할 수 있는 대규모 난민의 중국 유입 가능성과 주한 미군의 위협, 통일 이후 제기될 수 있는 영토 및 민족 문제 등을 우려하면서 통일에 대한 부정적인 시각도 팽팽했다. 이 시각은 남북한이 상호 적대감을 해소하고 경제적 격차와 이질감을 줄여 나가며, 주한 미군이 철수해야 통일이 가능하다고 주장한다. 한반도 통일은 언젠가는 이루어지게 될 자연스러운 일이지만, 일정한 여건과 조건이 충족되어야 하고 지금은 아니라고 본다(董庆霞·郎振婳·刘梦晨 2013. 5. 15; *sohu.com* 2015. 3. 24.).

이처럼 통일을 둘러싼 논쟁이 전개된다는 점 자체가 통일에 대한 중국 내의 인식에 변화가 나타나기 시작했음을 의미하지만, 이것이 곧 남한 주도의 통일을 인정하는 것은 아니었다. 미국과의 전략적 경쟁을 최우선적으로 생각하는 시진핑 정부는, 자국에 대한 견제와 봉쇄를 추구하고 있는 미국이 한국과 협력하여 북한을 붕괴, 흡수 통일하여 한반도 전역에서 영향력을 행사할지 모른다는 우려를 여전히 지니고 있다. 따라서 중국의 한반도 통일에 대한 지지는 일정한 조건을 전제로 한다. 즉 한반도 통일의 과정은 남북당사자 간의 자주적이고 독립적이며, 평화적 방법에 의해 점진적으로 이루어져야 한다는 점이고, 또한 통일된 한국의 대외 정책은 중국에 우호적이거나 중립적이어야 하며, 비핵화를 추구해야 한다는 점이다(成晓河 2014).

결국 중국은 강대국으로서 자국의 이미지를 개선하기 위해서는 북한에 대한 포기를 고려할 수도 있지만, 안보적 관점에서 남북통일을 반대하고 북한체제를 유지시키려 한다. 따라서 중국은 북한에 대한 포기와 통일을 지원하는 대가로 주한 미군의 철수나 한반도의 중립화를 요구할 것이다(Kelly 2014, 4. 20.). 이는 곧 통일에 대한 중국의 시각은 중미관계 및 한미관계와 밀접한 관련이 있음을 의미한다.

3) 시진핑 정부의 대북한 및 통일인식의 근본적 전환의 제한 요인

상술한 바와 같이 시진핑 정부가 등장한 이후 중국은 미국과의 전략적 경쟁이라는 구조적 틀 하에서 북한 문제와 통일을 사고하게 되었고, 그 결과 북한과 한반도 통일이 지닌 의미에 대한 일련의 재평가를 시도한 바 있다. 그러나 동시에 미국과의 전략적인 경쟁이라는 구조적인 조건은 다시 중국의 대북한 및 통일 인식의 새로운 전환을 가로막는 제한 요인으로 작용하였다. 중국이 대북정책을 근본적으로 전환한다는 것은 현실적으로 중국이 북한을 포기하고 한반도 통일을 추구하는 것을 의미한다. 중국은 미국이 북한의 핵위협과 한반도 위기를 자신들의 전략적 목적을 달성하는 데 활용하고 있다고 본다. 북한으로 인한 한·미·일 동맹의 결속 등 미국의 대중국 견제와 압박전략이 강화되는 추세 속에서 미국에 대한 중국의 경계심은 커지고 있다. 이런 점에서 핵을 개발하는 북한에 대하여 전략적 부담을 느낄 수 있다. 따라서 만약 북한의 도발이 중국의 전략적 이해관계의 한계를 벗어날 경우 중국은 대북 압박을 보다 강화하거나 북한을 방기할 수도 있을 것이지만, 이것은 크게는 미중관계, 그리고 한미관계를 포함하는 동북아 질서 구조 속에서 결정된다.

따라서 구조적인 차원에서 미중관계의 변화가 있기 전에 중국이 스스로 대북정책의 근본적 전환을 꾀하기는 어렵다. 이는 곧 미국으로부터 오는 전략적 위협이 사라지면 중국의 대북정책 변화의 가능성이 그만큼 커짐을 의미한다. 결국 중국의 대북정책에 대한 근본적인 변화는 미중관계와 한미동맹, 주한 미군 철수와 같은 전략적 상황의 변화를 최우선 전제 조건으로 한다. 또한 한국의 대미정책과 대북정책도 중국의 대북정책의 변화에 영향을 미치는 중요한 요인이다. 상술한 바와 같이 중국은 동북아와 한반도 정세를 더 좋은 방향으로 이끌 수 있는 전략적 거점에 한국이 위치해 있다고 인식한다. 이에 따라 중국 정부는 북중관계의 변화를 한중관계 및 한미관계의 변화와 연동시켜 인식하는 가운데 한국 정부에게 대미관계와 대북정책의 변화를 주문하였다(한석희 2013, 40-44).

그러나 미중 간의 전략적 경쟁의 지속, 한미동맹, 통일시 반중정권의 등장 가능성 등 구조적 조건이 전환되지 않는 한, 중국은 북한을 포기하거나 한반도 통일을 지지할 수도 없다. 이러한 중국의 딜레마는 2014년 말부터 꾸준히 시도되고 있는 대북한 관계 개선 시도를 통해 잘 나타났다. 3차 핵실험 후 시진핑 정부는 핵 포기를 대북 정책의 마지노선으로 삼으면서(《東方日報》 2015. 2. 22.) 고위층 교류를 중단했고 이례적으로 유엔 안보리 관련 결의안에 따라 대북 제재를 취했다. 그러나 2014년 말부터 중국 측은 적극적으로 북중관계 개선을 시도하였다(邱林 2015). 2014년 말 중국은 1년 간 중단했던 대북 항공유 지원을 재개했고, 김정일 사망 3주기에 시진핑은 북한으로부터 초청받지도 못했음에도 불구하고 당 서열 3위인 류윈산(劉雲山) 정치국 상무위원을 주중대사관에 보내서 애도를 표했다. 2015년 들어서도 김정은에게 생일 축전을 보내고, 주북 중국대사를 교체하여 새로운 국면을 조성하고자 하는 모습도 비쳤으며, 3월 초 왕이 외교부장이 북중 정상회담이 가능하다는 언급을 하는 등(鄭浩 2015) 적극적 공세를 폈다. 또한 5월 8일 리진쥔 주북대사가 양형섭 북한 최고인민회의 상임위원회 부위원장을 만나 중국의 당과 정부는 북중관계를 매우 중요하게 여기며, 공고한 북중 우호협력관계를 변함없는 방침으로 삼고 있다고 언급하면서 북중관계를 개선하자고 언급했다(《新华网》 2015. 5. 8.). 이러한 중국의 대북 관계 개선을 향한 움직임은 중국과의 관계가 냉각되면서 북한이 추진한 외교관계의 다변화로 중국의 대북 영향력이 약화되고 중국의 지정학적 영향력 및 발언권 역시 약화되는 것에 대한 우려에서 나온 것이다(丁咚 2015b).

이러한 관계개선의 움직임과 함께 중국의 학계와 언론계에서도 다시 북한의 전략적인 가치를 둘러싼 논쟁이 등장했다. 일부학자들은 북한과의 관계회복은 중국이 전통적 의미의 전략적 방패막이로서 지정학적 가치를 지닌 북한의 역할을 중요하게 여긴다기보다는, 현 상황에서 북한의 정치체제가 중국의 이익에 지닌 전략적 중요성을 더 생각했기 때문이라고 주장했다. 구체적으로 환구시보에 '북한 부담론'을 주장해서 파장을 일으킨 왕훙광(王洪光) 전(前) 난징(南京)군구 부사령관도 정치적으로 북한은 중국과 순망치한의 관계로 중국 정부가 중요하게 여김은 이상할 바가 없고, 또한 한반도는 여전히 냉전의 유산으로 서방과 중국이 갈등하는 잠재적 전초기지이기 때문에, 지정학적 가치로 볼 때 북한은 중국 주변국 중 여전히 특별한 의미가 있으며, 이 같은 북한의 지위가 없어지기 전까지는 중국은 계속해서 북한을 중국외교에서 중요 위치에 놓을 것이라고 주장했다(丁咚 2015a). 다른 한편 첨단기술 시대에 안보와 경제적 이익만 생각한다면 북한은 중국에 별 가치가 없고 오히려 중국의 국가 안보와 국제적 이미지에 부정적 영향을 끼치는 경우가 더 많지만, 정치적으로 북한은 중국의 완충지대가 될 수 있다는 주장도 제기되었다. 그것은 세계 사회주의 국가들이 잇달아 위기에 처한 상황에서 중국에게 사회주의 국가인 북한정권의 존재가 필요할 뿐만 아니라, 북한처럼 미국ㄱ을 귀찮게 하는 국가가 존재함으로써 중국에 대한 미국의 정치적 압력을 어느 정도 줄일 수 있으며, 심지어 중국이 미국과 흥정하는 외교카드가 될 수도 있기 때문이다. 따라서 미중 대결이라는 거시적 전략의 관점에서 북한의 존재는 미국을 견제하기 위해 더욱 더 필요성이 있다고 주장하였다(梁云祥 2015a).

북한의 전략적 가치를 강조하는 학자들은 북한은 포기할 수 없는 존재이며, 북한은 여전히 중국의 좋은 카드로 향후 미국과 서태평양에서 힘겨루기를 함에 있어 잘 활용해야 한다고 주장하였다. 이 주장은 북한이 중국에게 지닌 중요성을 다음 4가지로 제시한다: 첫째, 북한은 여전히 중국의 전략적 완충지이고; 둘째, 북한은 한·미·일 동맹에 대응할 수 있는 히든카드이며; 셋째, 동북아 경제를 통합함에 있어 북한을 빼놓을 수 없고; 넷째, 북한의 동해 출해구(出海口)는 중국에 전략적으로 큰 의미가 있기 때문이다. 따라서 미국이 북한을 침략한다면 중국도 나서야 하고, 이는 중국의 전략적 이익과 북한의 지정학적 위치로 인해 결정된다고 주장했다(*sohu.com* 2015. 3. 24.).

이것은 강대국 외교를 본격적으로 추진하기 시작하면서 대북정책에 대한 일정한 조정을 꾀할 필요성이 중국 내에서 강하게 대두었지만, 그럼에도 불구하고 여전히 중북 관계의 근본적 변화를 이끌어낼 수 없음을 의미한다. 적어도 동북아의 지정학적 구도에 근본적 변화가 생기기 전까지는 중북 양국의 근본적 이익은 변하지 않을 것이기 때문이다. 이러한 이유로 3차 핵실험 이후 소원해진 북중 관계를 개선하기 위해 중국은 북한에 '온건한' 공세를 취하기 시작했다. 중국은 여전히 미국이 한반도에 사드를 배치하여 한미일 3각 안보체제를 강화하여 중국의 부상을 견제하려 한다고 인식했고(李開盛 2015), 이것은 곧 중국의 대북한 및 통일인식의 근본적 전환을 막는 구조적 요인이 되었다.

4. 시진핑 초기 대한반도 정책의 실패와 정책 전환

1) 사드배치와 한중관계의 긴장, 그리고 북중 관계의 딜레마

(1) 사드배치와 한중관계의 경색

북중관계의 흐름에 또 다른 결정적 영향을 미친 사건이 북한의 제4차 핵실험으로부터 시작하여 사드배치 결정으로 연결된 한중관계의 긴장이다. 중국 정부의 북중관계 개선을 위한 일련의 시도에도 불구하고 여전히 북중관계의 후퇴는 회복되지 못했다. 이런 상황에서 북한정부는

2016년 1월 6일 4차 핵실험을 강행했다. 강력한 제재 동참을 원한 한국 정부의 기대에 중국 정부는 선뜻 호응하지 않았다. 북한 및 북핵문제에 대한 공조를 무엇보다 원했던 한국 정부에게 왕이 외교부장은 기존의 태도를 바꾸지 않고 대화를 통해 문제를 해결할 것을 강조했다. 2015년 말에 설치한 한중간 국방부장관 핫라인도 제 기능을 못하면서 한국 정부는 크게 실망했다. 또한 중국은 유엔안보리의 강력한 제재를 내용으로 한 결의안에 대해 북한을 과도하게 몰아 부친다는 이유로 신중한 태도를 보였다. 2016년 2월 7일 미사일 발사에도 불구하고 중국의 이런 태도가 지속되었고, 이 와중에 2016년 2월 26일 왕이 외교부장은 북한 핵문제와 평화협정을 동시에 논의하는 이른바 투트랙 전략을 미국 측에 제안한다(《연합뉴스》 2016. 2. 26.).

대북제재에 대한 중국의 이런 신중한 태도는 중국이 유엔안보리의 요구대로 대북 제재를 강력하게 이행하면 북한이 붕괴되고, 이행을 철저하게 하지 않으면 책임을 다하는 강대국으로서의 이미지 타격을 입는 상황이 발생하는 딜레마에 처해 있기 때문이다. 북한이 거의 80%의 무역과 90%의 에너지를 중국에 의존하고 있는 상황에서, 만약에 중국이 미국의 의지에 따르면 북한이 붕괴되거나 혹은 북한에 대한 영향력을 완전히 상실하게 됨으로써 가장 큰 손실을 입게 되는 것은 바로 중국 자신이라는 인식이 작용한 것으로 보인다(邱林 2016). 그러나 한국과 미국의 북핵 포기 우선론이 여전히 유지되는 상황에서 3월 2일 안보리의 새 결의안이 채택되었고, 이런 일련의 과정에서 중국의 태도에 실망한 한국 정부는 미국의 사드(THAAD) 배치 수용을 전격적으로 결정했다. 그동안 중국의 강력한 반대로 신중한 자세를 취해온 한국 정부는 6월 22일 북한의 무수단 미사일 발사가 성공하면서 북한의 핵과 미사일의 직접적 위협이 임박했다는 위기감으로 7월 8일 사드 배치를 결정한 것이다.

주지하다시피 사드는 미국의 미사일방어(MD) 체계를 구성하는 요격 미사일 무기 체계로서 적으로부터 날아오는 탄도미사일의 종말 단계 상층부에서 미사일을 요격할 수 있다. 최대 요격 고도가 150km, 최대 200km 사거리를 가진 미사일을 중심으로 화력 통제 및 통신장비, 레이더 등으로 구성되어 있다. 사드 구성 레이더인 AN/TPY-2는 전진 모드일 경우 최대 탐지거리 2천km, 종말 단계 요격용일 경우에는 유효 탐지거리가 600km 정도로 알려져 있다. 중국이 사드의 한국 배치를 반대하는 핵심적이고 구체적인 이유는 요격 미사일 자체가 아니라 이를 운용하는 'X-밴드 레이더(AN/TPY-2)'이다. 중국 입장에서는 사드가 한국에 배치될 경우 최대 2천km까지 중국 핵심 군사시설이 있는 상하이, 톈진과 다롄 등에 있는 대륙간탄도미사일이나 잠수함 발사 탄도미사일의 발사를 초기단계에서 탐지할 수 있다는 우려 때문이다(박지현 2015). 일본 내에 배치된 미사일방어체계(MD)의 조기 경보 레이더인 X-밴드 레이더가 한반도에 배치되어 그 능력이 보강될 경우 중국의 동북 지역과 발해만 지역에 배치된 중국의 전략적 자산인 대륙간탄도미사일과 잠수함 발사 미사일의 전력이 노출될 수 있다는 우려를 가지고 있다(Liu 2015, 138). 중국은 이것에 대해 핵 억지의 전략적 균형을 무너뜨릴 수 있으며 따라서 중국의 안보를 위협하는 미국의 공격적 행동으로 인식한다.

중국은 무엇보다도 한국 내의 사드 배치를 미국의 전 세계적 미사일 방어(MD) 정책의 일환으로 중국을 견제하고자 하는 의도가 있는 것으로 보고 있다. 즉 미국이 한국의 사드 배치에 대해 북핵 및 미사일 억제를 구실로 내세우고 있지만, 그 실체는 부상하고 있는 중국에 대한 포위 전략의 일환이라고 인식하고 있다. 또한 한국의 사드 배치는 한미일 미사일 방어체계의 일체화로 작용하여 3국의 군사동맹 형성이 크게 탄력을 받을 것이고, 이에 반발하는 북한의 핵 억지력 제고와 축적 가속화를 통한 저항으로 인해 한반도와 동북아는 끊임없는 군사적 충돌, 혼란, 심지어 전쟁의 소용돌이에 말려들어갈 가능성이 있으며, 이는 중국에 심각한 안보적 위협이 된다는 것이다(曹世功 2015).

사드배치로 한중 간의 입장차가 명확해지고, 한국측의 대응에 중국이 강력하게 반응하면서 냉전기 진영간 대립을 연상시키는 상황이 등장했다. 북한의 핵과 미사일 발사에 대해 한미일 안보 협력이 이루어지고, 이를 경계하는 중러 사이에서 북한이 자신의 위상을 확보하려는 상황이 이어졌다. 이런 상황에서 8월 북한의 동해상 탄도미사일 발사실험은 한미 사드배치에 불을 지피게 되었고, 이에 대한 중러의 경계심으로 인해 한반도를 둘러싼 진영간 대립을 부추기는 요소로 작용하였다. 그리고 9월 5일 북한은 다시 5차 핵실험을 하여 핵의 소형화, 경량화, 다종화에 성공했음을 강조한다. 이런 상황에서 중국은 여전히 북한의 핵실험을 비난하면서도 대화를 통한 해결을 강조하면서, 사태 악화를 초래하지 않도록 침착한 대응을 촉구하는 기존 태도를 유지하였다. 이러한 태도는 한국 정부에 실망감을 안겨 주었으며, 이런 실망감의 기저에는 북한의 입장 불변이 유엔 제재결의안을 엄격하게 이행하지 않는 중국의 태도 때문이라는 인식이 내재되어 있었다.

또한 같은해 11월에 한·일의 군사정보보호협정 체결에 대해 '한·미·일 동맹이 중국을 제어하는 아시아판 소나토 전략을 구축하고 있다'고 주장하면서 중국이 격렬하게 반발하였고, 이에 따라 한중관계는 더욱더 악화되었다. 중국 언론은 오바마 대통령이 임기 8년 동안 아태재균형 전략을 시행하면서 경제적으로는 환태평양 경제 동반자 협정(TPP) 추진, 군사적으로는 아시아판 소나토(NATO) 구축에 힘을 썼으며, 이를 정치적 유산으로 남김으로써 차기 대통령이 이어가도록 하려 한다고 비판했다. 또한 한·일 양국은 모두 미국의 동맹이지만 역사 및 영토 분쟁으로 오랫동안 불편한 관계였는데, 미국이 북한 핵실험을 구실로 한국에 계속 압박을 가했으며 견디지 못한 박 대통령이 위안부 합의, 군사정보교환협정 등 문제에서 전면 양보하게 된 것이라고 주장하면서, 한국이 원래 미·중 사이에서 균형을 이루려했으나 이제는 미국 쪽으로 기울었으며, 이는 중국의 안보정세를 심각히 악화시켰다고 비판했다(《東方日報》 2016. 11. 25.).

결국 남북한 모두에게 영향력을 확보하여 한반도에서 미국의 영향력을 축소하고자 하는 시진핑 정부의 전략은 결과적으로 남북한 모두와 관계가 악화되고 영향력이 축소되는 상황으로 나타났다. 북한의 핵과 마시일 개발로 치명적인 전략적 손실을 입고 있다는 판단에도 불구하고, 대미 전략적 완충지대로서 북한의 가치를 포기할 수 없는 중국은 강력한 제재를 통하여 북한정권을 붕괴시킬 수 없었으며, 이는 곧 북한에 대한 결정적 영향력 행사에 직접적인 한계로 작용했다. 또한 중국과의 관계개선을 통하여 북한문제에 대한 중국의 협조를 이끌어내고자 하는 한국 정부 역시 중국에 대한 실망감으로 인해 사드배치와 한일군사정보보호협정 체결의 길로 감으로써 역대 최상의 관계로 회자되던 한중관계는 악화의 길로 접어들게 되었다.

⑵ 북중관계 개선의 딜레마와 북핵 제재 및 대화의 동시 강화

사드 배치 결정 이후 2016년 7월 말 아세안지역안보포럼(ARF)에서 왕이 외교부장은 북한과의 우호관계를 과시하며 한국의 사드 철회를 요구하였다. 이런 상황에서 사드 배치의 상황에 따라서 대북 경제 제재의 공조가 이완되거나 붕괴될 수 있다는 우려가 제기되었으나, 중국은 북한 핵개발을 용납할 수 없다는 한반도 비핵화 원칙을 재차 강조하고 유엔 대북 제재결의 이행도 충실히 실행할 것이라는 의사를 표명하였다(《연합뉴스》 2016. 7. 25.). 이것은 중국의 대한반도 관리정책에서 딜레마적 상황이라고 말할 수 있다. 한국의 사드 배치로 북한과의 우호적 관계를 모색하고 싶으나 북한의 핵개발과 미사일 도발의 지속과 이에 대한 한반도 비핵화 원칙의 견지로 인해 북중 우호관계의 설정에 한계가 있을 수밖에 없기 때문이다.

이런 상황에서 중국은 한반도 비핵화와 정전협정의 평화협정 전환을 병행 추진하는 자국의 한반도 문제 해법에 변화가 없다는 입장을 재차 밝혔다(《연합뉴스》 2016. 8. 15.). 사드 배치 결정으로 한중 관계가 악화되고 있는 정황이 드러나고 있었으나, 중국은 큰 틀에서의 대북 제재를 깨지 않으면서 사드 배치 반대를 지속적으로 전개하고자 했다. 2017년 4월 왕이(王毅) 외교부장, 푸잉(傅瑩) 전국인대 외사위주임 등이 참석한 수 차례의 북핵 대책회의에서 대북 압박 수위와 대화 분위기 조성을 동시에 강화한다는 '이중 강화(雙加强)' 방침을 정한 것으로 알려졌다. 왕이 부장은 4월 28일 유엔 안보리 북핵 장관급 회담에서 제재와 대화 동시 강화론을 제기했다. 푸잉 주임은 3일 브루킹스연구소에 기고한 전략보고서를 통해 "강대국은 영향력이 큰 대신 행동에 책임을 져야하며, 약소국은 강대국 압력에 저항할 수 있지만 대가를 치를 것"이라며 미국과 북한에 이중 메시지를 보냈다(Fu 2017).

중국 정부의 압박과 대화의 이중 강화는 계속 이어졌다. 경상(耿爽) 중국 외교부 대변인은 2017년 5월 3일 유엔에서 미국과 대북 추가제재안 논의 여부에 대해 "유엔 안보리 북핵 장관급 회의에서 다수 성원이 모두 한편으로 핵 비확산 강화, 다른 한편으로 화해와 대화 촉구 강화를 희망했다"며 왕이 부장의 주장을 다시 언급했다(中国外交部 2017. 5. 3.).

2) 한반도 평화 프로세스의 개시와 중국의 남북한 관계 개선

시진핑 등장 이후 주변외교를 강조하면서 한국에 대한 영향력 강화를 시도했지만 한국의 사드배치와 함께 수교 이래 최악의 관계 악화로 치닫고, 핵과 미사일 개발을 고집하는 북한과의 관계도 악화일로를 걸으면서 중국의 대한반도 정책은 난관에 봉착했다. 그러나 한국의 문재인 정부 등장을 계기로 사드문제를 둘러싸고 경색된 한중관계를 개선하고자 하는 열망이 한중 양국에서 나타났다. 중국은 여전히 한국을 동북아에서 놓쳐서는 안될 외교적 보루로 인식하였으며, 한국 역시 한중관계의 더 이상의 악화는 경제적·전략적 측면에서 심각한 손실을 초래할 수 있다는 인식이 존재했다. 더구나 중국의 동아시아 전문가들 사이에 북한 핵문제가 임계점에 도달했으며, 중국과 국제사회가 더 이상 북핵문제를 미루지 말고 적극적 해결에 나서야 한다는 의견이 힘을 얻고 있었다. 따라서 시진핑은 사드문제를 이른바 '3불(사드 추가 배치, MD체제 가입, 한미일 동맹을 추진하지 않음)'의 천명 수준에서 봉인하고, 북핵문제에 대한 한중 간 협력을 모색하는 방향으로 선회했다.

이런 과정에서 2018년 초 평창 동계올림픽을 계기로 시작된 한반도 평화 프로세스는 중국의 대한반도 정책의 빠른 전환을 이끌어내었다. 2017년 7월 6일 베를린선언 → 2018년 1월 1일 김정은 신년사 → 2월 북한의 동계 올림픽 참여 → 2018년 3월 25-28일 제1차 북중 정상회담 → 2018년 4월 27일 남북 정상회담(판문점 선언) → 5월 7일-8일 제2차 북중 정상회담 → 5월 23일 한미 정상회담 → 5월 26일 제2차 남북 정상회담 → 6월 12일 싱가포르 북미 정상회담 → 6월 20일 제3차 북중 정상회담 → 2018. 8. 15. 문재인 대통령 광복절 축사 → 9월 18-19일 제3차 남북 정상회담 → 9월 25일 한미 정상회담 → 문대통령 유럽순방 시 제재 완화 호소 → 2019년 2월 27-28 하노이 북미회담 등 커다란 사건이 숨가쁘게 이어지면서 한반도를 중심으로 일련의 평화 프로세스가 전개된다. 이런 상황은 북핵문제가 기본적으로 미북 간의 문제이므로 비핵화를 실현하는 데 있어 중국의 역할은 제한적이라고 주장해 온 중국에게는 새로운 딜레마를 던져주었다.

2009년 3월 북한이 6자회담 탈퇴를 선언한 이후 수차례의 핵실험과 탄도미사일 발사 실험으로 인해 한반도 안보상황은 악화되었고, 그 과정에서 중국은 북핵문제는 기본적으로 미북 간의 문제이므로 비핵화를 실현하는 데 있어 중국의 역할은 제한적이라고 주장하면서, 장기적 차원에서 북한의 핵 개발이 중국의 부상 플랜에 미칠 수 있는 안보 딜레마를 최소화하는 데 초점을 맞추어 왔다. 중국은 한반도 비핵화라는 과제를 이행해 가는 데 있어 미국과의 갈등을 최소화하기 위해 유엔 안보리 틀 내에서의 대북제재에 대해서는 적극적으로 참여해 왔다. 이로 인해 북한과의 관계 경색이 불가피하였지만, 그럼에도 불구하고 북한 체제의 위기 같은 또 다른 안보위기로 인한 안보 우려를 야기하지 않도록 북한에 대한 채널과 레버리지를 유지해 왔다. 또한 국제사회의 요구와 기대에도 불구하고 일관되게 북한에 대한 제재의 목적이 대화의 재개에 있음을 강조해 왔다. 그리고 한반도 비핵화를 위한 국제사회의 노력이 답보 상태를 거듭하는 가운데, 2016년 2월과 2017년 3월 왕이 외교부장은 '한반도 비핵화와 평화체제 전환 동시 추진'(《外交部新闻》 2016. 2. 17.) 및 '북한의 핵과 미사일 개발과 한미 연합훈련 동시 중단'(《新华社》 2017. 3. 8.)이라는 이른바 '쌍궤병행', '쌍중단' 방안을 각각 제시했다.

그러나 2018년 초부터 진행된 한반도 비핵화 및 평화프로세스는 남북미를 중심으로 진행되었으며, 6자회담을 통해 비핵화 과정을 주도했던 것과는 달리 중국은 '운동장 밖에서 간접적 참여'를 하는 상황이었다. 이로 인해 중국 패싱 논란이 일면서, 중국이 한반도 비핵화와 평화프로세스에 언제, 어떤 형식으로 참여할 것인가가 중요한 쟁점이 되었다. 이런 상황에서 중국은 이른바 차이나 패싱을 불식시키고 한반도 비핵화와 평화정착 과정에서 자국의 영향력을 높이기 위해서 발 빠르게 북중관계를 정상화시키고 러시아와의 공조를 강화했다. 이러한 중국의 움직임은 미국과의 협상에서 지렛대를 강화하고자 하는 북한의 이해관계와도 일치하여 북중관계의 빠른 회복을 이끌어내었다. 이런 상황에서 중국이 유엔 안보리에서 대북 제재 완화를 주장하고 북한과 각종 교류를 활성화함으로써 유엔안보리에서 추진하는 대북제재가 사실상 이행되지 않고 있다는 비판도 제기되었다.

중국이 이처럼 북한과의 관계회복을 서두른 것은 한반도 비핵화 및 평화 프로세스를 미중 간 전략적 경쟁이라는 관점에서 보기 때문이다. 중국은 북한 핵문제를 중미관계의 종속변수로 간주하면서, 핵문제 해결 과정에서 자국의 국익을 충분히 실현할 수 있는 방식으로 추진되어야 한다고 인식한다. 더구나 미중 무역전쟁이 터지면서 북중관계가 미중 관계의 진전에 차지하는 중요성은 더 커졌다. 이에 남북 및 북미회담을 전후로 외교적 관례를 깨고 짧은 기간 동안 세 차례나 김정은의 중국 방문이 추진되었고, 시진핑의 방북도 성사되는 등 북중관계 회복이 빠르게 추진되었다. 이런 상황에서 중국 언론은 북중 정상회담에서 양측은 역사적인 양측의 귀중한 가치와 전략, 협조를 강조했을 뿐만 아니라, 한반도 비핵화와 영구평화체제 실현에 대한 의견이 일치하였으며, 이것은 북핵 위기 해결 및 동북아 국제관계의 발전 방향에 대해 중국이 결정적 역할을 하고 있음을 다시금 보여주는 것이라고 강조했다(马曉霖 2018).

그러나 북한과의 관계를 강화하고자 하는 중국의 노력에도 불구하고 현실적으로 중국은 북중관계보다 북미관계 개선에 더 무게를 두고 있으며, 따라서 북중간의 협력이 북미관계의 개선에 걸림돌로 작용할 수 있는 상황에 대한 경계를 늦추지 않고 있다. 더구나 중미 간 경제무역 갈등과 함께 세력 경쟁이 본격화된 현 시기에, 중국은 미중관계의 틀 하에서 북핵문제를 바라보고 있기 때문에 단기적으로 중국이 북핵문제를 최우선 과제로 설정할 가능성은 높지 않아 보인다. 이런 상황에서 중국은 한반도에서 현상유지를 원하며 미중 전략경쟁에서 다른 변수가 작동하는 것을 원치 않는다. 그러므로 한반도에서 빠른 현상변경보다는 현상유지 속에서 북한의 친중화, 한국의 미일 동맹으로부터의 중립화를 모색하는 방향으로 갈 것이다.

따라서 시진핑 정부는 중단기적으로 한반도 비핵화와 평화구상에 적극적으로 움직이기 보다는 중국의 손익을 저울질하면서 상황을 관리하는 데 우선순위를 둘 것으로 보인다. 비핵화 협상이 진행되는 가운데 북미협상이 본격화 되면서, 트럼프는 임기 초기에 '중국 역할론' → '중국배후론(2018. 4.)' → '중국책임론(2018. 11.)' 등으로 중국의 역할을 둘러싼 일련의 주장을 제기한 바 있다. 또한 중국도 중국 소외론을 제기하면서 중국의 당사자로서의 역할을 강조해 왔지만 실제로는 구체적 역할을 하지 않고 상황을 예의주시하면서 신중한 태도를 취해 왔다. 베이징의 전문가들도 워싱턴과 비슷하게 북한의 비핵화 가능성이 낮고 트럼프와 김정은 모두를 믿을 수 없다는 인식이 팽배하며, 한국 정부의 중간자론 역할에 대해서도 정세를 너무 낙관적으로 보거나 오판함으로써 오히려 미북 모두로부터 불만을 사는 부작용을 낳았다고 평가하는 등(*Shanghai Observer* 2019) 한계를 강조하는 분위기이다.

일례로 정치평론가 차오신(曹辛)은 2019년 4월 한 언론기고문에서 북한과 미국의 의도를 다음과 같이 분석했다.

> 북한은 한반도 비핵화의 기치를 내걸고 비핵화를 영원히 길 위에 두는 긴 과정으로 만듦으로써 사실상 핵보유 목적을 실현시키고자 한다. 이런 북한의 마지노선은, 장거리미사일(ICBM)의 폐기는 가능하며 미국과 비핵화 담판을 끊임없이 할 수도 있지만, 실질적인 핵보유 사실은 변화하지 않으며, 미국은 ICBM 폐기를 조건으로 제재 해제와 북한정권의 합법성 인정 및 북미 수교를 해야 한다는 것이다. 한마디로 ICBM 폐기를 조건으로 미국의 제재 해제와 정권 인정, 그리고 실질적 핵보유를 확보하겠다는 것이다. 다른 한편 북한이 ICBM을 폐기한다면 미국은 핵보유를 수용할 수 있다. 그것은 북한이 핵을 보유해도 미국에 위협이 되지 않고, 북한이 핵을 일단 보유하면 동북아에서 중국의 행동의 선택 폭이 좁아질 수밖에 없기 때문에 중국을 견제할 수 있으며, 한일이 미국의 핵우산에 더 의존할 수밖에 없고 미국으로부터 선진 무기를 더 많이 구매해야하기 때문에 미국이 한일 양국을 계속 통제하는 데도 유

리하게 작용할 것이기 때문이다(曹辛 2019).[8]

이것은 북한의 비핵화 전망에 대한 비관적 인식과 북한의 핵보유 추진에 따른 미국의 전략적 이익을 지적한 것으로, 사실 이것은 북한의 핵보유 추진에 따른 중국의 전략적 손실과 북핵 반대에 대한 중국의 일관된 입장이다.

이런 분위기 하에서 중국은 북핵문제를 상당히 장기적 맥락에서 관리해야 하는 이슈로 상정하고 있으며, 그 과정에서 한반도의 불안정을 최소화하고 동시에 중국의 영향력이 약화되지 않도록 하는 차원에서 북한과의 관계개선에 상당한 힘을 쏟고 있다. 북중 간에 4차례의 정상회담이 있었고, 하노이 북미회담에 참여하는 북한에 대한 중국의 민항기 및 철길 제공, 중러 공동의 안보리 제재 완화 요구, 북중간 인적 교류의 활성화 등이 이루어지고 있다. 향후에도 선불리 역할을 수행하기보다는 북미 간 협상의 진행상황을 주시하는 가운데, 북한과의 관계를 관리하면서 자신의 입지를 확보하는 데 우선순위를 둘 것이다. 중국은 북미대화가 파국으로 이어져 한반도의 긴장이 고조되는 것을 원치 않지만, 동시에 협상이 급진전되어 한반도 평화체제 구축 등이 이루어지면서 너무 빠른 현상 변경이 전개되는 것도 경계할 것이다.

5. 평가와 전망

시진핑의 등장 이후 중국은 강대국 정체성을 분명히 하고 대외 정책 방향을 조정하여 강대국 외교를 본격적으로 추진하기 시작했다. 그리하여

8 그리고 미국이 요구하는 중국의 역할은 안보리 대북 제재의 이행, 북중 양자외교를 통한 북한 비핵화의 설득, 그리고 북한 도발시 지지하지 않는 것 등이라고 주장한다.

동아시아에서 미국과 주도권을 둘러싼 전략적 경쟁상황은 중국의 대한반도 정책 결정에 영향을 미치는 최우선적인 변수가 되었고, 그 결과 중국은 대외 정책 및 대한반도 정책에 대한 일련의 조정을 시도하였다. 이에 따라 시진핑 정부는 한국과의 관계를 적극적으로 발전시켜 한국을 미일동맹으로부터 일정하게 분리시키고 한반도 전체에 대한 영향력 확대 정책을 설정한 가운데 한중관계의 진전을 이끌어내었다. 비록 중국이 북한의 전략적 가치를 낮게 평가하거나 북한의 포기 등 대북정책의 근본적인 전환을 꾀한 것은 아니지만, 시진핑 정부 초기에 나타난 한중관계의 일련의 발전과 대비되면서 북중 관계는 더 불편해 보였고, 그리하여 중국의 대북정책에 변화가 있는 것이 아닌가라는 기대감이 등장하기도 했다.

그러나 중국의 대한반도 정책의 변화는 '북한 포기'라는 근본적 전환을 초래하기는 어려웠다. 중국은 북한에 대한 압박을 통해서 변화를 유도(핵 포기와 경제발전 추진)하면서도, 다른 한편 경제적 관계를 지속하면서 북한 정권의 생존을 여전히 뒷받침하고 있다. 동시에 한국에 대해서도 친밀한 관계를 구축하기 위해 노력하였다. 이처럼 한반도 전체에 대한 영향력 강화로 방향이 조정되고 한중관계의 강화가 시도되면서, '북한 포기론' 등이 많은 주목을 받았지만 이런 주장은 여전히 근거가 희박해 보인다.

이는 강대국 외교를 펼치고 있는 중국에게 동아시아에서 미국과의 주도권 경쟁이라는 구조적 변수가 중국의 대한반도 정책 변화를 이끌어낸 변수이지만, 동시에 이것은 중국의 대한반도 정책의 근본적 전환을 제한하는 구조적 조건으로도 작용하기 때문이다. 북중관계의 변화가 중미관계 및 한미관계와 연동되어 있기 때문이다. 비록 양호한 한중관계가 유지되고 있지만, 현재와 같이 한미동맹이 여전히 강고하고 미국과의 역내 전략적 경쟁을 치열하게 전개하고 있는 상황에서, 중국은 북한포기 및 한반도 통일이 초래할 전략적 손실을 여전히 용납할 수 없으며, 따라서 북중관계의 근본적 변화를 시도하는 것은 어렵다.

한편 북한에 대한 영향력을 지속하면서, 동시에 한국을 미일 동맹으로부터 일정하게 중립화시키고자 하는 시진핑의 정책은 결과적으로 실패로 나타났다. 북한의 잦은 핵과 미사일 실험에 대한 중국의 불만과 한국 우선의 대외 정책에 대한 북한의 불만으로 북중관계는 악화일로를 걷게 되었다. 또한 한국의 사드배치에 대해 강력한 반대와 제재조치로 한중관계 역시 1992년 수교 이래 최악의 상황에 처하게 되었기 때문이다. 그러나 2018년 초부터 진행된 한반도 비핵화 및 평화 프로세스가 남북미를 중심으로 진행되면서, 중국은 이른바 차이나 패싱을 불식시키고 한반도 비핵화와 평화정착 과정에서 자국의 영향력을 높이기 위해서 발빠르게 북중관계를 정상화시켰다. 또한 미중 간의 정치, 경제, 가치와 문화 영역 등 전방위적으로 본격화된 세력경쟁 속에서 양호한 한중관계를 유지하는 것이 더욱 더 중요해졌다.

이처럼 시진핑 정부가 강대국 외교의 개시와 더불어 동아시아 지역에서 중미 간 전략 경쟁을 본격화하면서, 중국의 한반도 정책에 대해 중미 관계가 지닌 규정성은 더욱 더 강화되었다. 이로 인하여 한중관계가 놓여진 전략적 환경도 변화되었다. 한중관계는 수교 이래 경제와 사회문화적 교류 영역을 중심으로 빠른 속도로 발전한 반면 안보 영역에서의 협력은 상대적으로 거의 진척되지 못하였다. 그러나 미중 간의 전략경쟁이 한중관계를 규정짓는 핵심요소가 되면서, 이제 외교안보적 의제가 경제와 문화적 교류에 영향을 미치는 결정적인 요인으로 작용하는 상황으로 전환되었다.

사드문제는 바로 이러한 한중관계가 놓여진 상황을 반영하는 대표적 사례이다. 한반도 사드배치에 대해 한국의 동아시아 미사일 방어체계 편입 및 한미일 동맹 강화를 통한 대중국 견제를 우려하는 중국의 반발은 한중관계의 경색을 가져왔다. 사실 일부 경제적 제재에도 불구하고 사드문제가 불거진 당시 한중간의 교역량은 확대되었으며, 이러한 경제 교류 증대에도 불구하고 우리가 한중관계가 악화되었다고 인식하는 것은 한중관계의 주요 의제가 외교안보 영역으로 전환되고 있음을 반증한다.

그러나 한국은 경제, 북핵, 통일 등 다양한 의제 영역에서 중국과의 협력이 필수적이기 때문에 한미관계와 마찬가지로 한중관계도 함께 발전시켜야 한다. 이런 상황에 놓인 한국은 중미 사이의 일상화된 경쟁 속에서 지속적인 압박과 양자 택일 및 편들기를 강요받는 경우가 점점 더 빈번해지고 심각해 질 것이며, 그러므로 한국이 어떤 전략적 입장을 취할 것인가에 대한 근본적 대책을 찾아야 한다. 미국과 중국 사이에 '균형', '한미동맹을 우위에 둔 중미 사이 균형' 등 강대국에 편승하여 지역의 전략적 균형을 취하는 전통적인 방식이나 등거리 외교보다, 중견국으로서의 확실한 대중국 외교 방향과 원칙을 세우고 사안별로 정책이나 입장을 먼저 표명하고 중국과 미국을 주도적으로 설득하는 자기주도 외교를 개척해 가야 할 것이다.

참고 문헌

1장

이정남. 2018. 〈시진핑의 중국몽(中国梦): 팍스 시니카(Pax-Sinica)구상과 그 한계〉.《아세아문제연구》 제61권 4호.

______. 2020. 〈중미 간 경제무역 갈등의 본질 및 대응방향에 대한 중국 내의 인식〉.《국가전략》(세종연구소) 제26권 1호(봄호).

헨리 키신저. 이현주 역. 2016.《헨리 키신저의 세계질서》. 민음사.

杨林坡. 2014. 〈中美新型大国关系：话语表述及认知差异〉.《燕山大学学报(哲学社会科学版)》第4期.

邵帅 · 刘刚. 2018. 〈从毛泽东大同理想到习近平中国梦思想——中国特色社会主义发展的历史逻辑〉.《河南科技学院学报》5期.

中共中央宣传部. 2019.《习近平新时代中国特色社会主义思想三十讲》. 北京: 学习出版社.

吴心伯. 2019. 〈美国阻挠中国崛起的三张王牌—脱钩' 限制和施压〉.《人文智慧在线》(2019. 6. 10.).

斯洋-郁岗. 2015. 〈中国"重返"亚洲和美国的应对〉.《美国之音》(2015. 1. 11.).

习近平. 2014. 〈积极树立亚洲安全观 共创安全合作新局面〉.《新华网》(2014. 5. 21.).

龐中英. 2001. 〈中國的亞洲戰略:灵活的多邊主義〉.《世界經濟与政治》(中國社會科學院世界經濟与政治研究所), 第10期 .

门洪华. 2009. 〈中國東亞戰略的展開〉.《当代亞太》(中國社會科學院亞太所) 第1期.

______. 2015. 〈建构中国东亚秩序战略的框架更新时间〉.《国际观察》第1期.

韋宗友. 2012. 〈美國戰略重心東移及其對東亞秩序的影響〉.《國際觀察》第6期.

李向陽. 2013. 〈中國周邊戰略目標与面臨的挑戰〉.《現代國際關系》第10期.

黄仁伟. 2015. 〈中美关系核心问题已转为国际秩序之争〉.《澎湃新闻》(2015. 6. 1.).

陈向阳. 2018. 〈世界大变局与中国的应对思考〉.《现代国际关系》第11期.

王逸舟. 2019.〈从"经济大国"到"仁智大国"—国际秩序之变与中国作为〉.《中央社会主义学院学报》4期.

陈向阳. 2018.〈世界大变局与中国的应对思考〉.《现代国际关系》第11期.

朱锋, 黄仁伟. 2019.〈百年大变局-含义认识与未来经济挑战〉.《盘古智库》(2019. 7. 20.).

王毅.2019.〈敦促美方与中方一道，把中美关系扳回健康发展的轨道〉.《观察者网》(2019. 12. 24.).

许纪霖 著. 2017.《家国天下-现代中国的个人国家与世界认同》, 上海: 上海人民出版社.

金灿荣. 2017.〈十八大以来的中国外交理论和实践创新〉.《当代世界》10期.

金灿荣 · 张昆鹏. 2018.〈"新时代"背景下未来十年世界趋势分析与中国的战略选择〉.《东北亚论坛》1期.

郭至君. 2018.〈孙哲答中评：中国握中美关系主动权〉.《中评社》(2018. 11. 28.).

斯坦伯格, 詹姆斯(Steinberg, James). 2018.〈中美关系的机遇和挑战(美国前常务副国务卿詹姆斯 · 斯坦伯格의 北京语言大学 강연)〉(2018. 11. 19.).

崔一楠 · 李群山. 2018.〈新时代关于民族复兴中国梦的多维度历史考察〉.《西南科技大学学报(哲学社会科学版)》4期.

鄢一龙 · 崔京.2017.〈世界向何处去?-"两极相联"的全球新秩序〉. http://www.aisixiang.com(검색일 :2017. 3. 16.).

黄仁伟. 2015.〈中美关系核心问题已转为国际秩序之争〉.《澎湃新闻》(2015. 6. 1.).

薛力.〈中国需要亚洲版大国外交〉.《爱思想》(2015. 2. 9.).

中共中央宣传部. 2018.《习近平新时代中国特色社会主义思想三十讲》, 北京：学习出版社.

宋志艳. 2017.〈中国外交决策机制研究〉(中共中央党校博士論文, 2017).

时殷弘. 2004.〈国家大战略理论与中国的大战略实践〉.《现代国际关系》第3期.

〈明确毛邓习断代 习近平思想正式落地〉.《多维新闻》(2017. 3. 19.).

〈特稿：强化的外交体系与外界疑虑〉.《联合新闻网》(2018. 3. 15.).

Diamond, Larry and Orville Schell et al. 2018. *Chinese Influence & American Interests: Promoting Constructive Vigilance*. Standford, C. A.: Hoover Institution Press.

Fewsmith, Josep and Stanley Rosen. 2001. "The Domestic Context of Chinese Foregin Policy: Does Public Opinion Matter?" in David Lampton(ed.), *The Making of Chinese Foreign and Security Policy in the Era of Reform, 1978-2000*. Standford, C. A.: Stanford University Press.

Fravel, M. Taylor, J. Stapleton Roy, Michael D. Swaine, Susan A. Thornton and Ezra Vogel. 2019. "China is not an enemy." *The Washington Post*(July 3, 2019)

Jepperson, Ronald L., Alexander Wendt and Peter J. Katzenstein. 1996. "Norms, Identity and Culture in National Security." in Peter J. Katzenstein(ed), *The Culture of National Security*, New York: Columbia University Press.

Lee, Jung-Nam. 2013. "Perceptions of Democracy Among Chinese Intellectuals: Evidence from Political Scientists in Beijing and Shanghai." *Asian Perspective* 37(2013).

"Remarks by Vice President Pence on the Administration's Policy Toward China." Issued on: The White House(October 4, 2018).

The Department of Defense. 2019. "India-Pacific Strategy Report Preparedness, Partnerships and Promoting a Networked Region."(June 1, 2019)

Went, Alxender. 1999. *Social Theory of Imternational politics*. Cambridge University Press.

2장

서진영. 2007.《21세기 중국의 대외정책》. 폴리테이아.

이정남. 2010.〈조화세계론을 통해서 본 중국의 동아시아 질서구상: 중화질서(中華秩序)와의 비교를 중심으로〉.《국제정치논총》(한국국제정치학회) 제50집 1호.

______. 2015.〈중국의 대한반도정책의 딜레마: 전환과 지속의 갈림길에서〉.《한국과 국제정치》 제31권 제3호 2015년(가을) 통권 90호.

______. 2020.〈중미 간 경제무역 갈등의 본질 및 대응방향에 대한 중국 내의 인식〉.《국가전략》(세종연구소) 제26권 1호.

하도형. 2008.〈중국 대외정책의 전환에 관한 연구: '조화세계'의 제기와 전략적 의도를 중심으로〉.《동아연구》 54집(2008년 2월).

时殷弘. 2004.〈国家大战略理论与中国的大战略实践〉.《现代国际关系》第3期.

______. 2018.〈邓小平之后的中国: 探索过程中的国家对外战略〉.《美文共赏微信公众号》(2018. 11. 24.).

周丕启. 2003.〈国家大战略: 概念与原则〉.《现代国际关系》7期.

宋志艳. 2017.〈中国外交决策机制研究〉(中共中央党校博士論文, 2017).

门洪华. 2012. 〈关于中国大战略的理性思考〉.《战略与管理》第3 / 4期合编.

______. 2018. 〈新时代中国国际战略研究与反思〉.《学术月刊》第11期.

卢静. 2018. 〈国际定位与改革开放以来的中国外交〉.《国际问题研究》5期.

江泽民. 1997. 〈江泽民主席在美国哈佛大学演讲(1997年11月1日)〉.《人民网》(1997. 11. 2.)(一版).

______. 2006.《江泽民文选》(第2卷). 北慶: 人民出版社.

金灿荣, 张昆鹏. 2018. 〈"新时代"背景下未来十年世界趋势分析与中国的战略选择〉.《东北亚论坛》1期.

温家宝. 2006. 〈坚持走和平发展道路促进世界和平与繁荣〉.《人民日报》(2006. 4. 3.)(第3版).

胡锦涛. 2005a. 〈胡锦涛在亚非峰会上的讲话(全文)-与时俱进, 继往开来, 构筑亚非新型战略伙伴关系—在亚非峰会上的讲话〉. (2005年4月22日, 雅加达)《新华网》(2005. 4. 22.).

______. 2005b. 〈胡锦涛在联合国首脑会议上发表重要讲话-努力建设持久和平, 共同繁荣的和谐世界〉.《人民日報》(2005. 9. 16.)

习近平. 2013. 〈深化改革开放 共创造美好亚太-在亚太经合组织工商领导人峰会上的演讲〉.《多维新闻》(2013. 10. 7.).

______. 2014a. 〈携手追寻中澳发展梦想并肩实现地区繁荣稳定-在澳大利亚联邦议会的演讲〉.《新华网》(2014. 11. 17.).

______. 2014b. 〈中国必须有自己特色的大国外交〉.《新华网》(2014. 11. 30.).

王逸舟. 2015.《创造性介入-中国外交的转型》. 北京: 北京大学出版社.

______. 2019. 〈从"经济大国"到"仁智大国"—国际秩序之变与中国作为〉.《中央社会主义学院学报》4期.

郑必坚. 2003. 〈中国和平崛起新道路和亚洲的未来〉.《新华网》(2003. 11. 24.).

赵良英. 2010. 〈中国负责任大国身份的构建〉.(武汉大学 国际关系 博士論文(2010. 10.)).

陈向阳. 2018. 〈世界大变局与中国的应对思考〉.《现代国际关系》第11期.

朱锋, 黄仁伟. 2019. 〈百年大变局-含义, 认识与未来经济挑战〉. http://www.aisixiang.com/data/117293.html(검색일: 2019. 7. 21.).

刘华, 刘东凯, 谭晶晶. 2014. 〈打造中国特色大国外交〉.《新华网》(2014. 12. 29.).

马小军. 2014. 〈2014, 中国特色大国外交与国际战略轮廓呈现〉.《学习时报》(2014. 12. 30.)

郑永年. 2015. 〈没想到十八大后中国发生如此大转型〉.《凤凰周刊》(2015. 2. 1.).

李开盛, 束必铨, 崔荣伟, 顾炜. 2014. 〈学者眼中的习近平外交〉. 《共识网》(검색일: 2014. 10. 23).
阎学通. 2014. 〈大国外交得区分敌友作者〉. 《环球时报》(2014. 8. 25.).
阎学通·秦亚青·倪乐雄·李强·张文木. 2004. 〈"大国崛起与中国的选择"笔谈〉. 《中国社会科学》 5期.
刘艺·刘建林. 2005. 〈和平崛起到和平发展—定位中国前景的关键词解读〉. 《求索》 12期.
王毅. 2019. 〈敦促美方与中方一道, 把中美关系扳回健康发展的轨道〉. 《观察者网》(2019. 12. 24).
〈习近平在中央外事工作会议上强调-习近平在中央外事工作会议上强调坚持以新时代中国特色社会主义外交思想为指导努力开创中国特色大国外交新局面〉. 《新华网》(2018. 6. 23.)
〈2019年全国两会外交部部长王毅答记者问(记者会全文实录)〉. 《新华网》(2019. 3. 10.)
〈中国共产党第十九届中央委员会第四次全体会议公报(2019年10月31日中国共产党第十九届中央委员会第四次全体会议通过)〉. 《新华社》(2019. 10. 31.).
〈温家宝解和平崛起五要义 重申中国永远不会称霸〉. 《中国新闻网》(2004. 3. 14.).
〈'十个坚持': 理解习近平外交思想的一把金钥匙〉. 《求是网》(2018. 8. 7.).
〈国务委员兼外交部长王毅回答中外记者提问〉. 《新华网》(2020. 5. 24.).
〈国务院总理李克强回答中外记者提问 (实录全文) 〉. 《新华网》(2020. 5. 28.)

Goldstein, Avery. 2005. *Rising to the Challenge: China's Grand Strategy and International Security*, Standford, California: Standford University Press.
Swaine, Michael D. 2015. "Xi Jinping's Address to the Central Conference on Work Relating to Foreign Affairs: Assessing and Advancing Major-Power Diplomacy with Chinese Characteristics." *China Leadership Monitor* No. 46(Winter 2015).

3장

서정경·원동욱. 2009. 〈동아시아 지역주의와 중국의 대응전략〉. 《한국정치학회보》(한국정치학회) 제42집 제2호.
이정남. 2013. 〈중·미 관계에 대한 중국의 인식: '이익 상관자', 'G2'와 '신형 강대국

관계'를 중심으로〉.《현대중국연구》 제15집 1호(2013년 8월).
______. 2015.〈시진핑정부의 등장 이후 중국 대외정책의 변화와 동아시아 정책〉.《성균차이나브리프》 제3권 2호(통권 35호)(4월).
______. 2018.〈중국이 구상하는 강대국 상: 중국은 어떤 강대국이 될 것인가〉. 이정남 편저.《중국의 꿈》. 아연출판부.
조은일. 2019.〈미일의 인도-태평양 전략, 중국 봉쇄전략인가?〉《중미 세력경쟁과 한반도》(고려대 아연-지린대 동북아연구원 주최 학술회의 자료집)(2019. 11. 15.).
한석희·강택구. 2009.〈동아시아 공동체 형성과 중국의 인식: EAS에 대한 정책과 함의〉.《한국정치학회보》(한국정치학회) 제43집 제1호.
〈美군사력, 태평양서 中에 우위 못누려… 동맹국 보호하기 어려울 수 있다〉.《조선일보》(2019. 8. 20.).
〈세계 최대 FTA 'RECP'협정문 7년만에 타결…내년 서명 추진〉.《연합뉴스》(2019. 11. 4.)

楚树龙. 2019.〈尘埃未定的大变局〉.《中央社会主义学院学报》4期.
江澤民. 2006.《江澤民文選》(第3卷). 北京: 人民出版社.
胡錦濤. 1998.〈在東盟 - 中日韓領導人非正式會晤上發表講話〉. 1998年 12月 16日. http:// news.xinhuanet.com/ziliao/2001-01/05/content_502401.htm(검색일: 2009년 11월 9일).
張蘊領. 2008.〈東亞合作和共同体建設:路徑及方式〉.《東南亞縱橫》(廣西社會科學院東南亞研究所) 2008年 11月.
方長平. 2009.〈理解東亞地區主義〉.《東亞合作論壇 2009: 東亞地區主義的現狀与展望》, 中國人民大學國際關系學院東亞研究中心 主辦, 2009年 12日 19日, 發表文.
李文. 2009.〈東亞共同体的邏輯与形態〉.《東亞合作論壇 2009: 東亞地區主義的現狀与展望》(中國人民大學國際關系學院東亞研究中心 主辦, 2009年 12日 19日, 發表文.
俞新天. 2008.〈中國培育東亞認同的思考〉.《当代亞太》第3期.
龐中英. 2001.〈中國的亞洲戰略:灵活的多邊主義〉.《世界經濟与政治》(中國社會科學院世界経濟与政治研究所) 第10期 .
门洪华. 2009.〈中國東亞戰略的展開〉.《当代亞太》(中國社會科學院亞太所) 第1期.
______. 2012.〈关于中国大战略的理性思考〉.《战略与管理》第3/4期合编.

______. 2015. 〈建构中国东亚秩序战略的框架更新时间〉.《国际观察》第1期.
韋宗友. 2012. 〈美國戰略重心東移及其對東亞秩序的影響〉.《國際觀察》第6期.
戴長征. 2012. 〈美國重返亞洲与中國的周邊戰略選擇〉.《國際關系學院學報》第6期.
尙鴻. 2009. 〈金融危机對美國霸權地位的冲擊〉.《現代國際關系》第4期.
朱鋒. 2009. 〈金融危机与当前國際秩序的演變〉.《現代國際關系》第4期.
林利民. 2009. 〈G20崛起是國際体系轉型的起点-僅僅是起点〉.《現代國際關系》第11期.
崔立如. 2009. 〈G20崛起与國際大變局〉.《現代國際關系》第11期.
胡錦濤. 1998. 〈在東盟 - 中日韓領導人非正式會晤上發表講話〉. 1998. 12. 16. http://news.xin huanet.com/ziliao/2001-01/05/content_502401.htm(검색일: 2009. 11. 9.).
彭光謙. 2009. 〈全球金融危机對國際格局的影響〉.《現代國際關系》第4期.
秦亞青. 2009. 〈國際体系轉型以及中國戰略机遇期的延續〉.《現代國際關系》第4期.
劉江永. 2009. 〈發展中國家興起改變了時代与世界格局〉.《現代國際關系》第11期.
金燦榮. 2009. 〈國際金融危机的全球地緣政治影響〉.《現代國際關系》第4期.
______. 2013. 〈周邊處理好，大的矛盾就控制住了〉. *World Affairs* 2013/24.
袁鵬. 2009. 〈國際体系轉型与中國的戰略選擇〉.《現代國際關系》第4期.
______. 2013. 〈關于新時期中國大周邊戰略的思考〉.《現代國際關系》第10期.
李興. 2009. 〈國際秩序新變局与中國對策的思考〉.《現代國際關系》第11期.
蔡拓. 2009. 〈中國在國際秩序轉型中要有所作爲〉.《現代國際關系》第11期.
林宏宇. 2009. 〈國際金融危机, G20的崛起与中國〉.《現代國際關系》第11期.
季志業. 2013. 〈中國經營大周邊亟需:頂層設計〉.《現代國際關系》第10期.
范斯聰. 2013. 〈中國的東亞地區政策:變与不變〉.《社科縱橫》第5期(總第28期).
周方銀. 2012. 〈中國崛起, 東亞格局變遷与東亞秩序的發展方向〉.《当代亞太》第5期.
祁怀高. 2011. 〈中美制度均勢与東亞兩种体系的兼容幷存〉.《当代亞太》第6期.
孫學峰. 2011.《中國崛起困境:理論思考与戰略選擇》. 北京: 中國社會科學文獻出版社.
陈向阳. 2013. 〈中國周邊环境新態勢与周邊戰略新思考〉.《亞非縱橫》第1期.
______. 2018. 〈世界大变局与中国的应对思考〉.《现代国际关系》第11期.
陈世清. 2013. 〈东亚秩序转型与新型大国关系〉.《新产经》第12期.
李向陽. 2013. 〈中國周邊戰略目標与面臨的挑戰〉.《現代國際關系》第10期.
时殷弘. 2018. 〈邓小平之后的中国：探索过程中的国家对外战略〉.《美文共赏微信公众号》(2018. 11. 24).
习近平. 2013. 〈深化改革開放 共創造美好亞太-在亞太經合組織工商領導人峰會上的演

講〉.《多維新聞》(2013. 10. 7.).
______. 2014.〈积极树立亚洲安全观 共创安全合作新局面〉.《新华网》(2014. 5. 21.).
王逸舟. 2015.《创造性介入-中国外交的转型》. 北京: 北京大学出版社.
______. 2019.〈从“经济大国”到“仁智大国”—国际秩序之变与中国作为〉.《中央社会主义学院学报》4期.
吴心伯. 2019a.〈中美权力转移的第三种方式〉.《东亚评论》1期.
______. 2019b.〈竞争导向的美国对华政策与中美关系转型〉.《国际问题研究》第3期.
阎学通. 2019.〈中国现在需要重新认识世界〉. http://www.aisixiang.com/data/114661.html(검색일: 2019. 1. 18.).
______. 2013.〈中國外交全面改革的開始〉. *World Affairs* 2013, 24.
斯洋-郁岗. 2014.〈中国“重返”亚洲和美国的应对〉.《美国之音》(2015. 1. 11.).
朱锋. 2009.〈金融危机与当前國際秩序的演變〉.《現代國際關系》 第4期.
______. 2012.〈奥巴馬政府“轉身亞洲”戰略与中美關系〉.《現代國際關系》第4期.
______. 2018.〈印太战略阴影下的南海大国较量〉.《世界知识》第一期(10月).
朱锋, 黄仁伟. 2019.〈百年大变局-含义' 认识与未来经济挑战〉. http://www.aisixiang.com/data/117293.html(검색일: 2019. 7. 21.).
马箭妍. 2014.〈新安全觀: 亞太安全共同体建設的行動指南〉.《党政論壇》2014年 1月.
苏浩. 2013.〈李克强總理的安全外交〉.《國是論》2013年 10月.
Robert Ross(陆伯彬). 2019.〈中美“全面冲突”的结构决定论是荒谬的, 领导层和政策选择才是关键〉.《中美印象网》(2019. 3. 25.).
〈2014年李克强政府工作報告〉.《多維新聞》(2014. 3. 5.).
〈依托命運共同体 習進平超越霸主做盟主〉.《多維新聞》(2014. 2. 2.).
〈習式外交的策略与能量〉.《多維新聞》(2014. 3. 11.).
〈中國周邊外交打造命運共同体 勇气智慧下量力而爲〉.《京華時報》(2013. 11. 8.).
〈习近平在中央外事工作会议上强调坚持以新时代中国特色社会主义外交思想为指导努力开创中国特色大国外交新局面〉.《新华网》(2018. 6. 23.).
〈2019年全国两会外交部部长王毅答记者问(记者会全文实录)〉.《新华网》(2019. 3. 10.).

Fairbank, John K. 1968. *The Chinese World Order*, Harvard University Press.
Fewsmith, Joseph and Stanly Rosen. 2001. “The Domestic Context of Chinese Foreign Policy: Does “Public Opinion” Matter?” David M.Lampton(ed). *The Making of Chinese*

Foreign and Security Policy in the Era of Reform, 1978~2000, Standford, California: Standford University Press.

Jepperson, Ronald L., Alexander Wendt, and Peter J. Katzenstein. 1996. "Norms, Identity and Culture in National Security." in Peter J. Katzenstein(ed), *The Culture of National Security*. New York: Columbia University Press.

Liao, XuanLi. 2006. *Chinese Foreign Policy Think Tanks and China's Policy Towards Japan*, Hongkong: The Chinese University of Hongkong.

Shambaugh, David. 2004. "China Engages Asia: Reshaping the Regional Order." *International Security* Vol. 29, No. 3(Winter 2004/5).

Zhao, Quansheng. 2014. "US-China Relations and a New Dual Leadership Structure in the Asia Pacific." Yong Wook Lee, Key-young Son(ed.). *China's Rise and Regional Integration in East Asia Hegemony or community*? London; Routledge.

4장

김성한. 2013. 〈10년 한반도 변화 플랜이 필요하다〉. 《조선일보》(2013. 6. 13.).

김애경. 2004. 〈중국의 대외정체성 인식 변화: 1, 2차 북핵위기에 대한 중국의 역할변화 분석사례를 중심으로〉. 《국가전략》 제10권 4호.

서정경. 2008. 〈중국의 부상과 대미인식의 변화〉. 《국가전략》(세종연구소), 14권 2호.

양평섭. 2020. 〈[차이나인사이트] 사태 장기화하면 중국 경제 5% 성장에도 먹구름〉. 《중앙일보》(2020. 2. 12.).

윤석준. 2018. 〈남중국해 인공섬 군사기지화하는 중국, 그 득실은?〉 《진실의 길, https://www.poweroftruth.net》(2018. 7. 31.)

이동률. 2012. 〈중국의 '새로운 형태의 대국관계' 구상과 중미관계〉. 《동아시아 브리프》(성균관대 동아시아학술원) 제7권 3호.

이승주. 2019. 〈미중 무역 전쟁의 동학: 외연의 확대와 상호의존의 역습〉. 《EAI이슈브리프》(2019. 8. 23.).

이정남. 2018. 〈시진핑의 중국몽(中国梦): 팍스 시니카(Pax-Sinica)구상과 그 한계〉. 《아세아문제연구》 제61권 4호.

한국은행 북경사무소. 2019. 〈[현지정보] 미중 무역협상 1단계 타결 내용 및 현지 반응〉

(2019. 12. 16.).
〈G2 중국, 중동 문제 해결에도 주역으로 부상〉.《조선일보》(2012. 8. 16.).
〈EU, 중국을 '적대적 경쟁자'로 규정〉.《조선일보》(2019. 3. 15.).
〈3代 걸친 '中권력 브레인' 후안강의 몰락〉.《조선일보》(2018. 8. 4.)
〈시진핑 "미국-중국은 태평양을 사이에 둔 양안 대국"〉.《중앙일보》(2012. 2. 15.).

〈中美建立新型大国关系之路走不通〉.《联合早报》(2013. 7. 18.).
刘波. 2013.〈习奥会一中美关系寻求新定位〉.《共识网》(검색일: 2013. 6. 17.).
杨晓萍. 2009.〈中国外交中的观念因素〉. 中央党校国际战略研究所 博士论文(5月).
王洪涛 , 2009.〈新世纪中美关系研究与中美关系〉.《现代国际关系》第6期.
刘蜂. 2006.〈论中国的崛起与中美关系〉.《学术探索》第1期.
刘建飞. 2007.〈中美建设性合作关系的新发展〉. 第5期.
______. 2009.〈理性应对"两国集团"论〉.《中国党政干部论坛》第5期.
周琪. 2009.〈认识共同利益是中美关系西发展的关键〉.《世界经济与政治》11期.
陈高 · 罗辉. 2006.〈胡锦涛主席同布什总统举行会谈〉.《新华网》(2006. 4. 20.).
袁鹏. 2006.〈美国站在战略十字路口〉.《现代国际关系》2006年 第9期.
______. 2007a.〈美国中国观悄然变化〉.《人民日报》(2007. 1. 13).
______. 2007b.〈中美关系与东北亚安全〉.《世界经济与政治》第9期.
______. 2009.〈国际体系变迁与中国的战略选择〉.《现代国际关系》第11期.
______. 2012.〈关于构建中美新型大国关系的战略思考〉.《现代国际关系》第5期.
陈健. 2012.〈试论新型大国关系〉.《国际问题研究》第6期.
王伟男. 2009.〈从中美合作的向度与限度看"两国集团"论〉.《现代国际关系》第10期.
褚国飞 · 陈文鑫. 2009.〈中美"两国集团"构想的由来及可行性分析〉.《现代国际关系》第6期.
刘卫东. 2009a.〈G2:美丽的捧杀〉. *Friend* 第5期.
______. 2009b.〈G2, "中美国"与中美关系的现实定位〉.《红旗文稿》第13期.
刘淑梅. 2009.〈中美"G-2"与美国对华政策〉.《内蒙古师范大学学报》(哲学社会科学版) 第38卷 第3期(5月).
顾国平, 梅仁毅. 2011.〈'两国集团'构想的历史考察〉.《美国研究》第4期.
李春园 · 范建中. 2008.〈"美国衰落论"析论〉.《现代国际关系》第8期.
牛新春. 2008.〈'中美联姻'其实是一个套〉.《环球时报》(2008. 12. 16.).

余万里. 2009. 〈中美不做G2做P2〉.《环球时报》(2009. 2. 10.).
时殷弘. 2010. 〈中美之局，重新发牌〉.《中国经济周刊》 第1期.
吴心伯. 2009. 〈中美关系的重新国际化〉.《世界经济与政治》 第8期.
______. 2019. 〈美国阻挠中国崛起的三张王牌—脱钩' 限制和施压〉.《人文智慧在线》(2019. 6. 10.).
______. 2020. 〈华盛顿重构对华关系能走多远〉.《环球时报》(2020. 1. 6.).
张三男，刘卫东. 2009. 〈试论当前中美关系的战略定位〉.《思想理论教育导刊》 第6期.
黄仁国. 2012. 〈中美"两国协调"(c2)评析〉.《现代国际关系》 第5期.
牛军. 2013. 〈中美建交与邓小平的大战略〉.《共识网》(검색일: 2013. 7. 5).
戴秉国. 2012. 〈加强中美在重大国际和地区问题上的协调合作〉. 《中央政府门户网站》(2012. 5. 5.).
吉密欧. 2013. 〈何为新型大国关系?〉《共识网》(검색일: 2013. 6. 7.).
丁咚. 2013. 〈习奥会成果离中方预定目标很远〉.《共识网》(검색일: 2013. 6. 12.).
刘婉媛. 2005. 〈美国重新定位中国:利益相关者〉.《中国新闻周刊》(2005. 11. 28.).
阎学通. 2011. 〈一超多强走向中美两超，多极化式微〉.《环球时报》(2011. 8. 17.).
______. 2019. 〈中国现在需要重新认识世界〉.《界面新闻》(2019. 1. 18.).
吴湘宁. 2019. 〈2019：中美关系进一步冰封还是解冻?〉《FT中文网》(2019. 1. 8).
门洪华. 2018. 〈新时代中国国际战略研究与反思〉.《学术月刊》 第11期.
陈向阳. 2018. 〈世界大变局与中国的应对思考〉.《现代国际关系》 第11期.
朱锋, 黄仁伟. 2019. 〈百年大变局-含义, 认识与未来经济挑战〉. http://www.aisixiang.com/data/117293.html(검색일: 2019. 7. 21.).
张杰. 2019. 〈习近平挖坑李克强填坑 人大代表吓得想回家〉.《博讯》(2019. 3. 7.).
孙立平. 2019. 〈2019, 是对2018做出反应的一年, 并决定2020年之后〉.《营创读书会》(2019. 2. 11.).
时殷弘. 2019. 〈全球巨变中的特朗普与中国〉.《世界政治研究》 第一辑(总第三辑).
苏琦. 2019. 〈以人民的利益为重〉.《财经》(2019. 6. 3.).
王逸舟. 2019. 〈从"经济大国"到"仁智大国"－国际秩序之变与中国作为〉.《中央社会主义学院学报》 4期.
郑永年. 2019a. 〈中国应坦然面对贸易战〉.《中国发展高层论坛公众号》(2019. 3. 7.).
______. 2019b. 〈美对中国"经济战"与中美关系〉.《联合早报》(2019. 6. 18.).
楚树龙. 2019. 〈尘埃未定的大变局〉.《中央社会主义学院学报》 4期.

王毅. 2019.〈敦促美方与中方一道, 把中美关系扳回健康发展的轨道〉.《观察者网》(2019. 12. 24.).
李建广, 杜文明, 邱耀洲, 冯慧文. 2015.〈500年未有之变局！习近平对国际局势做5点最新断〉.《人民日报》(2015. 10. 14.).
王缉思 · 袁鹏 · 赵明昊. 2017.〈中美智库研究报告①: 两国应 根据新现实 制订 新的共同准则〉.《澎湃新闻》(2017. 5. 22.).
姜龙范. 2019.〈中美日三边关系博弈互动的新态势' 新挑战及对策建议〉.《东北亚学刊》2期.
〈国家主席胡锦涛会见美国总统奥巴马〉.《新华社》(2009. 4. 2.).
〈习近平接受《华盛顿邮报》书面采访 中美没理由不友好不合作〉.《人民日报海外版》(2012. 2. 14.).
〈中美新型大国关系的由来〉.《新华网》(2013. 6. 6.).
〈中美"C2"新构想〉.《中国新闻周刊》(2012. 5. 14.).
〈中共十八大报告〉.《人民网》(2012. 11. 19.).
〈大国应建新型国家关系弃冷战思维〉.《解放日报》(2012. 5. 28.).
〈胡锦涛见奥巴马就中美发展新型大国关系提四点建议〉.《中国网》(2012. 6. 20.).
〈国家主席胡锦涛在北京出席第四轮中美战略与经济对话开幕式并致辞〉.《新华网》(2012. 5. 3.).
〈温家宝说:不赞成"两国集团"提法〉.《新华网》(2009. 11. 18.).
〈解放军副参长到访五角大楼〉.《多维新闻》(2012. 8. 25.).
〈习近平;中美关系"三问"奥巴马〉.《新京报》(2013. 6. 9.).
〈中美建立新型大国关系之路走不通〉.《联合早报》(2013. 7. 18.).
〈中国共产党第十九届中央委员会第四次全体会议公报〉.《新华社》(2019. 10. 31.)
〈让投降论成为过街老鼠〉.《新华网》(2019. 6. 9.).
〈中共再收紧有关武汉疫情的舆论〉.《美国之音》(2020. 2. 11.).
〈2019年全国两会外交部部长王毅答记者问(记者会全文实录)〉.《新华网》(2019. 3. 10.).
〈习近平在中央外事工作会议上强调坚持以新时代中国特色社会主义外交思想为指导努力开创中国 特色大国外交新局面〉.《新华网》(2018. 6. 23.).
〈从'战略机遇期'到'战略竞合期'〉.《FT中文网》(2019. 2. 21.).
〈习近平在中央党校(国家行政学院)中青年干部培训班开班式上发表重要讲话〉.《新华社》(2019. 9. 3).

Bergsten, C. Fred. 2008. "A Partnership of Equals: How Washington Should Respond to China's Economic Challenge." *Foreign Affairs*(July/August 2008).

Brzezinski, Zbigniew. 2009. "The Group of Two that could change the world." *The Financial Times*, January 13, 2009.

Campbell, Kurt M. and Ely Ratner. 2018. "The China Reckoning: How Beijing Defied American Expectations." *Foreign Affairs* Vol. 97, Issue. 2(Mar/Apr 2018).

Diamond, Larry and Orville Schell(eds.). 2018. *Chinese Influence & American Interests: Promoting Constructive Vigilance*. Standford, California: Hoover Institution Press.

Ferguson, Niall. 2007. "Not two countries, but one: Chimerica." *Sunday Telegraph*, March 4, 2007.

Fravel, M. Taylor, J. Stapleton Roy, Michael D. Swaine, Susan A. Thornton and Ezra Vogel. 2019. "China is not an enemy." *The Washington Post*(July 3, 2019).

Kissinger, Henry A. 2009. "The chance for a new world order." *The International Herald Tribune* January 12, 2009.

Jepperson, Ronald L., Alexander Wendt and Peter J. Katzenstein. 1996. "Norms, Identity and Culture in National Security." in Peter J. Katzenstein(ed). *The Culture of National Security*. New York: Columbia University Press.

Joellick, Robert B. 2005. "Whither China: From Membership to Responsibility?" Remarks to National Committe on U.S: China Relations, September 21, 2005.

Li, Cheng and Diana Liang. 2019. "Rule of the rigid compromiser." *The Cairo Review of Global Affairs*(Spring 2019).

Lee, Jung-Nam. 2011. "The Global Financial Crisis and a Change in China's View of the U.S." *The Korean Journal of Area Studies*, Vol. 29, No. 2, August, 2011.

"Remarks by Vice President Pence on the Administration's Policy Toward China." The White House, October 4, 2018.

The Department of Defense. 2019. "Indo-Pacific Strategy Report: Preparedness, Partnership, and promoting a networked region."(June 1, 2019).

Wendt, Alexander. 1992. "Anarchy is What States make of it: the Social Construction of Power Politic." *International Organization*, Vol. 46, No. 2(Spring, 1992).

______. 1999. *The Social Theory of International Politics*, Cambridge University Press.

5장

이정남. 2008. 〈중러관계〉. 한국국제정치학회 중국분과 편.《중국 현대국제관계》. 오름.

______. 2015. 〈중국의 대한반도 정책의 딜레마〉.《한국과 국제정치》 제31권 3호(2015년 가을).

〈중러, 냉전 후 최대규모 합동 군사훈련 '보스토크' 개시〉.《뉴시스》(2018. 9. 11.).

〈중, 미 군함 대만해협 진입에 러시아와 합동 해상 실탄훈련〉.《서울신문》(2019. 5. 28.).

〈중 국방백서로 미국 견제한 날, 미 군함 보란 듯 대만해협 통과〉.《중앙일보》(2019. 7. 25.).

〈시진핑 유엔연설 "평화유지군 8천명 조직, 유엔발전기금 10억 달러 지원"〉.《아주경제》(2015. 10. 15.).

〈시진핑 승전 기념식 참석, 중 · 러 관계 상당한 진전 의미〉.《리아노보스티》(2015. 5. 11.).

〈중국과 EAEU 경제무역협력협정 담판 완료〉(《新华网》(한글판) 2017. 10. 2.).

苏浩. 2000. 〈中国外交的'伙伴关系'框架〉.《世界知识》第5期.

陈志敏. 1999. 〈伙伴战略:世纪之交中国的现实理想主义外交战略〉.《太平洋学报》第3期.

约瑟夫 · 奈(Joseph Nye). 2015. 〈新中俄联盟？〉《选举与治理》(2015. 1. 13.). 来自*Project Syndicate*(2015. 1. 12.).

陈晓晨 顾炜. 2015. 〈丝绸之路上, 中俄如何避免竟争?〉《观察者网》(2015. 7. 10.).

习近平. 2013. 〈顺应时代前进潮流促进世界和平发展—在莫斯科国际关系学院的演讲〉.《外交部网站》(2013. 3. 23.).

______. 2013b. 〈深化改革开放 共创造美好亚太-在亚太经合组织工商领导人峰会上的演讲〉.《多维新闻》(2013. 10. 7.).

______. 2014a. 〈积极树立亚洲安全观 共创安全合作新局面〉.《新华网》(2014. 5. 21.).

______. 2014b. 〈携手追寻中澳发展梦想并肩实现地区繁荣稳定-在澳大利亚联邦议会的演讲〉.《新华网》(검색일: 2014. 11. 17).

______. 2014c. 〈中国必须有自己特色的大国外交〉.《新华网》(2014. 11. 30.).

______. 2014d. 〈新起点 新愿景 新动力—在金砖国家领导人第六次会晤上的讲话(2014年7月15日)〉.《新华网》(2014. 8. 22.).

习近平同俄罗斯总统普京举行会谈. 2014. 〈强调扩大和深化务实合作把中俄全面战略协作伙伴关系推向更高水平〉.(2014. 5. 20.) http://www.fmprc.gov.cn/mfa_chn/

zyxw_602251/t1157753.shtml(검색일: 2015. 2. 20.).
胡志勇. 2015.〈中美俄新三角有助国际新秩序重构〉.《中评社》(2015. 9. 5.).
林书友. 2015.〈中俄升温, 美国脸色不好看〉.《选举与治理》(2015. 5. 18.).
赵灵敏. 2014.〈中国应该和俄罗斯结盟吗?〉《联合早报》(2014. 10. 9.).
阎学通. 2013.〈中俄战略关系最具实质意义〉.《国际先驱导报》(2013. 3. 26.).
阎学通, 梁薇薇. 2014.〈阎学通: 中俄关系核心是战略〉.《中国产经新闻报》(2014. 5. 19.).
赵华胜. 2013.〈中俄结盟为何缺乏现实可行性-基于两国关系历史和现实的考量〉.《人民论坛 · 学术前沿》2013年 5月(下).
______. 2018.〈论中俄美新三角关系〉.《俄罗斯东欧中亚研究》.
邓聿文. 2015.〈中国需要什么样的中俄关系〉.《联合早报网》(2015. 1. 14.).
薛力. 2014.〈'一带一路'折射的中国外交风险〉.《FT中文网》(2014. 12. 29.).
______. 2015.〈'一带一路'战略与中国外交的调整〉.《南方都市报》(2015.8.19.).
李建广, 杜文明, 邱耀洲, 冯慧文. 2015.〈500年未有之变局！习近平对国际局势做5点最新判断〉.《人民日报》(2015. 10. 14.).
杨洁勉. 2014.〈站在新起点的中国外交战略调整〉.《选举与治理》(2014. 3. 20.).
王毅. 2013.〈探索中国特色大国外交之路——在第二届世界和平论坛午餐会上的演讲〉.《外交部网站》(2013. 6. 27.).
李巍 , 张哲馨. 2015.〈战略竞争时代的新型中美关系〉.《国际政治科学》2015年 第1期.
丁咚. 2015a.〈中国外交之'习近平主义'〉. http://www.chinaelections.com/article/1945/237676.html(검색일: 2015. 5. 21).
______. 2015b.〈习近平访越寻求外交突破〉.《選擧與治理》(2015. 11. 9.).
史蒂芬 · 科特金(Stephen Kotkin). 2013.〈中俄友谊背后仍是战略竞争关系〉.《选举与治理》(2013. 3. 30.).
鲍盛刚. 2012.〈中国在美俄之间的选择——战略联盟还是战略平衡〉.《共识网》(2012. 6. 12.).
______. 2015.〈国家定位与中国的发展战略〉.《共识网》(검색일: 2015. 6. 6.).
张敬伟. 2015.〈乌法双峰会 金砖如何颠覆国际旧秩序〉.《南早中文》(2015. 7. 13.).
林民旺. 2015.〈俄罗斯对"一带"态度由消极转积极，背后发生了什么〉.《澎湃新闻》(2015. 3. 30.)
李建广, 杜文明, 邱耀洲, 冯慧文. 2015.〈500年未有之变局！习近平对国际局势做5点最新判断〉.《人民日报》(2015. 10. 14.).

王强. 2015.〈从乌克兰危机到中俄关系〉.《财新网》(2015. 3. 1.).
万佳. 2011.〈浅滩战略合作伙伴关系下的中俄军事合作〉.《经贸广场》第7期.
王树春. 2007.《经济外交与中俄关系》. 北京: 世界知识出版社.
王树春 外 2人. 2012.〈"中俄能源关系和安全关系中的希望挫折和不确定性"研究报告评析〉.《战略纵横》vol. 3, no. 5(Sep. 2012).
高欣. 2011.〈俄罗斯对中国直接投资的现状与特点〉.《俄罗斯中亚东欧市场》第8期.
李元伟. 2014.〈重俄贸易问题及对策研究〉.《现代商贸工业》第3期.
曹辛. 2019.〈为什么中俄只能事实结盟，而不会有文字性的盟约〉.《FT中文网》(2019. 11. 6.).
冯玉军-陈宇. 2017.〈中俄关系: 在世界大变局中继续深化〉.《边界与海洋研究》第1期.
赵华胜. 2018.〈论中俄美新三角关系〉.《俄罗斯东欧中亚研究》第6期(12월).
姜毅主编. 2007.《新世纪的中俄关系》. 北京: 世界知识出版社.
周永生. 2007.〈俄罗斯的新亚洲政策与'泰纳线'〉. 张蕴岭，蓝建学 主编,《面向未来的中俄印合作》. 北京: 世界知识出版社.
杨闯, 高飞, 冯玉军著. 2006.《百年中俄关系》. 北京: 世界知识出版社.
袁鹏. 2006.〈中美关系:新变化与新挑战〉.《现代国际关系》第5期.
陆南泉. 2019.〈中俄建交70周年-实现两国经贸合作大发展应思考的几个问题〉.《于西伯利亚研究》第4期.
〈中国十八届中央委员会第5次全体会议公报〉.《中国广播网》(2015. 10. 29.).
〈走向海洋 中国必须全面挑战美国吗?〉《凤凰博报》2015年 第75期.
〈习近平推迟离开俄罗斯 与普京单独长谈〉.《多维新闻》(2015. 7. 12.).
尼古拉 · K · 戈沃斯德夫，乔恒译.〈美媒：中国三大战略阻遏美国独霸亚洲〉.《环球时报》(2015. 7. 13.).
〈习近平会见俄罗斯总统普京〉.《新华网》(2016. 10. 16.).
〈俄罗斯-中华人民共和国商务部〉.(http://www.mofcom.gov.cn/dl/gbdqzn/upload/eluosi.pdf)
〈解放军西部战区将参加俄'中部-2019'演习〉.《联合早报》(2019. 8. 30.).
〈中俄海军将首次在日本海联演 近乎实战〉.《多维新闻》(2015. 8. 18.).
〈习近平在莫斯科国际关系学院的演讲〉.《外交部网站》(2013. 3. 24a.).
〈李克强在印度世界事务委员会的演讲〉.《外交部网站》(2013. 3. 24b.).
〈温家宝从俄罗斯空手而归 访问不是俄媒要闻〉.《阿波罗新闻网》(2007. 11. 8.).

〈2013年俄罗斯吸引外资和对外投资情况〉. 驻俄使馆经商参处(2014. 3. 17.).

〈美媒：普京成习近平包袱而非甜头〉.《多维新闻》(2015. 9. 6.).

〈中和人民共和国和俄罗斯联邦相互关系基础的联合声明〉.《人民日报》(1992. 12. 19.).

〈江泽民主席在俄罗斯国家杜马发表演讲〉.《人民日报》(1997. 4. 24.).

〈中俄关于世界多极化和建立国际新秩序的声明〉.《人民日報》(1997. 4. 24.).

〈继俄总统叫停中俄高铁项目之后 普京决定在远东新建大型航空公司〉.《和讯新闻》(2020. 2. 21.).

〈王峰: 中俄地区合作发展投资基金已储备核技术等潜力行业百余重点项目〉.《罗斯卫星通讯社》(2018. 9. 20.).

Cohen, Ariel. 2013. "Russia's Eurasian Union Could Endanger the Neighborhood and U.S. Interests." *Backgrounder* No. 2804, June 14, 2013.

Elmer, Keegan. 2019. "China, Russia set to double trade to US $200 billion by 2024 with help of soybeans." *South China Morning Post*, September 18, 2019.

Garentt, Gorenburg, Dmitry. 2018. "5 things to know about Russia's Vostok-2018 military exercises." *The Washington Post*, September 13, 2018.

Jones, Bruce. 2020. "China and The Return of Great Power Strategic Competition." *Global China: Assessing China's Growing Role in the World*. Brookings Institution, Feburary, 2020.

Kofman, Michael. 2019. "Towards a Sino-Russian entente?" *Riddle* November 29, 2019.

Sherman W. 2001. "Challenges of the Sino-Russian Strategic Partnership." *The Washington Quarterly* Vol. 24, No. 4(Autumn).

Stent, Angela. 2020. "Russia and China: Axis of revisionists?" *Global China: Assessing China's Growing Role in the World*, Brookings Institution, Feburary, 2020.

Shambaugh, David. 2000. "Sino-American Strategic Relations; From Partners To Competitors." *Survival* vol.42, no.1(Spring).

______. 2019. "美国学者：中俄关系真的是亲密无间吗？"《中美聚焦》(8月12日).

Sutter, Bobert G. 2008. *Chinese Foreign Relations*, Lanham. Boulder. NewYork. Toronto. Plymouth, UK: Rowman & Littlefield Publishers, Inc.

Jiang, Wenran. 2015. "Energy Security, Geopolitics and the China-Russia Gas Deals." *China Rrief* Vol. XV, Issue 2, Jan. 23, 2015.

Migranyan, Andranik. 2014. "Washington's Creation: A Russia-China Alliance?" *The National Interest* July 10, 2014, available at http://nationalinterest.org/feature/washingtons-creation-russia-china-alliance-10843(accessed on April 20, 2015).

Korolev, Alexander. 2015. "The Strategic Alignment between Russia and China: Myths and Reality." *Working Paper Series*(No. LKYSPP 15-19), Lee Kuan Yew School of Public Policy, National University of Singapore, April 15.

Skidelsky, Robert. 2015. "The Sino-Russian Marriage." *Project Syndicate*, Jun 18.

Swaine, Michael D. 2015. "Xi Jinping's Address to the Central Conference on Work Relating to Foreign Affairs: Assessing and Advancing Major-Power Diplomacy with Chinese Characteristics." *China Leadership Monitor* No. 46(Winter).

Yu, Bin. 2004. "Putin's Partners in Beijing: Old and Young." *Comparative Connections* January.

"Russia remains China's largest crude oil source for 3rd year: report." *Global Times* March 24, 2019.

"Valdai Discussion Club session-Vladimir Putin spoke at the final plenary session of the 16th meeting of the Valdai International Discussion Club."(October 3, 2019) http://en.kremlin.ru/events/president/news/61719(검색일: 2020. 1. 20.).

6장

서진영. 2016. 〈중일관계 협력과 경쟁, 갈등의 3중주〉. 《21세기 중국의 외교정책》. 폴리테이아.

신욱희. 2012. 〈미중일 관계의 전망에 대한 이론적 검토: 통합적 이론으로서 위협균형/위협전이론〉. 《아시아 리뷰》 2권 1호.

오승희. 2017. 〈중일 경쟁시대 일본의 중국 인식과 정책〉. 서승원 · 이정남 외 4인. 《우리에게 중국은 무엇인가》. 트리펍.

이수형. 2017. 〈한반도 사드 배치와 동맹관리의 중요성〉. 서울대국제문제연구소. 《이슈브리핑》 No. 8(2017. 4. 14.).

门洪华. 2016. 〈日本变局与中日关系的走向〉. 《世界经济与政治》 第1期.

薛力. 2016. 〈一带一路战略与中国外交方略调整〉. 薛力. 《一带一路与亚欧世纪的到来》. 北

京: 中国社会科学出版社.
冯昭奎. 2015a.〈中日关系的辩证解析〉.《日本学刊》第1期.
______. 2015b.〈中日关系:我们该研究什么?〉《当代世界》11期.
______. 2017a.〈中日关系的"进"与"退"-基于"区分开来"原则预测的可能前景〉.《日本学刊》, 第1期.
______. 2017b.〈关于中日关系的若干思考—日本：是"善邻"还是"恶邻"〉.《日本研究》, 第3期.
王缉思. 2014.〈中美与中日关系同时滑坡并非有利局面〉.《环球财经》(2014. 8. 20.).
______. 2018.〈世界政治潮流与中日关系〉. http://www.aisixiang.com(검색일: 2018. 6. 27.).
王缉思 · 袁鹏 · 赵明昊. 2017.〈中美智库研究报告① | 两国应根据新现实制订新的共同准则〉.《澎湃新闻》(2017. 5. 25.)
黄大慧 · 朱锋 · 刘军红 · 胡继平 · 林利民. 2014.〈安倍政府缘何急于谋求改善中日关系?〉《现代国际关系》10期.
杨伯江. 2015.〈中国中日关系研究综述〉.《日本学刊》增刊.
______. 2019a.〈慕健：特朗普执政以来美日同盟的演变, 矛盾及影响〉.《当代世界》第3期.
______. 2019b〈从尼克松到特朗普: 国际战略视角下两场'冲击'的历史比较与日本因应路径分析〉.《日本学刊》4期.
张晓磊. 2016.〈从中央领导同志的涉日论述看中日关系的时代特征〉.《东北亚学刊》, 第5期.
金灿荣. 2017.〈十八大以来的中国外交理论和实践创新〉.《当代世界》10期.
鄢一龙 · 崔京. 2017.〈世界向何处去?-"两极相联"的全球新秩序〉. http://www.aisixiang.com(검색일: 2017. 3. 16.).
朱锋. 2014.〈国际战略格局的演变与中日关系〉.《人民网》(2014. 11. 15.).
______. 2018.〈中日相互认识的现状, 问题与对策-兼议中日关系的未来发展〉.《日本学刊》第1期.
朱锋 · 黄仁伟 · 胡波. 2017.〈中美的亚太共存之道: 超越现存安全架构〉.《澎湃新闻》(2017. 5. 27.).
黄仁伟. 2015.〈中美关系核心问题已转为国际秩序之争〉.《澎湃新闻》(2015. 6. 16.).
阎学通. 2015.〈中美应建立和平竞争的国际秩序〉.《中国日报网》(2015. 9. 30.).
王勇 · 袁沙. 2018.〈全球治理转型挑战与中国的领导作用〉. 北京大学国际战略研究院,《中国国际战略评论2018(上)》. 北京: 世界知识出版社, http://www.aisixiang.com(검색

일: 2018. 7. 4.).
郑永年. 2017. 〈"一带一路"与国际经济规则的"书写"〉.《联合早报》(2017. 5. 16.).
______. 2018. 〈中国新时期的内部风险〉.《联合早报》(2018. 7. 31.).
王逸舟. 2015.《创造性介入-中国外交的转型》. 北京: 北京大学出版社.
______. 2018. 〈"中国第一"的感受与迷思〉. http://www.aisixiang.com/data/111956.html(검색일: 2018. 8. 27.).
张云. 2017. 〈中国对日认识共识重建的战略思考〉.《联合新闻网》(2017. 11. 13.)
张蕴岭. 2016. 〈多视角下的中日关系〉.《日本学刊》2期.
______. 2018. 〈中国对外关系40年: 回顾与展望〉.《世界经济与政治》第1期.
石源华. 2017. 〈中国周边已经出现新的"三个世界"架构〉.《世界知识》15期.
______. 2018. 〈特朗普时代东北亚安全格局的不变与变〉.《学术前沿》5期.
谢超. 2013. 〈实力变化对中日关系的影响—基于大国关系定量衡量的分析〉.《国际政治科学》第3期(总第35期).
王琛. 2018. 〈东亚地区权力结构变化与中日关系—以结构性矛盾及其重叠为分析视角〉.《战略决策研究》第3期.
武星. 2016. 〈中国经济总量超越日本后中日关系的新变化〉.《学术探索》. 2月.
曹辛. 2018. 〈中国对日本，要有长期打算〉.《英国金融时报》(2018. 2. 4.).
蒋立峰. 2009. 〈未来十年的中日关系与中国对日政策-21世纪中日关系研究报告〉.《日本学刊》. 5期.
王毅. 2015. 〈中日关系的根本问题是日本能否真心接受中国发展和崛起〉.《新华网》(2015. 6. 27.).
胡志勇. 2018. 〈特朗普政府"印太"政策目标中国？〉《中国评论新闻社》(2018. 3. 16.).
杨烁 · 魏晓东. 2016. 〈美国长期影响中日关系的原因解析〉.《北华大学学报(社会科学版)》第17卷 第4期(8月).
赵全胜. 2016. 〈日本外交政策辩论和大国博弈中的中日关系〉.《日本学刊》第1期.
赵穗生. 2017. 〈中美在全球治理当中的博弈〉. http://www.aisixiang.com(검색일: 2017. 9. 11.).
张沱生. 2018. 〈中日关系可望走上正常发展轨道〉. 北京大学国际战略研究院,《中国国际战略评论2018(上)》. 北京: 世界知识出版社, 2018. http://www.aisixiang.com(검색: 2018. 7. 12.)
张季风. 2019. 〈全球变局下的中日经济关系新趋势〉.《东北亚论坛》第4期.

岳小乔整理. 2019. 〈人民日报: 习近平关于中日关系的8个论断〉. 《人民日报客房端》(2019. 11. 27.)
姜龙范. 2019. 〈中美日三边关系博弈互动的新态势, 新挑战及对策建议〉. 《东北亚学刊》 2期.
〈特稿 : 强化的外交体系与外界疑虑〉. 《联合新闻网》(2018. 3. 15.).
〈中·日就处理和改善双方关系达成四项原则共识〉. 《中国新闻网》(2014. 11. 7.).

Jepperson, Ronald L., Alexander Wendt and Peter J. Katzenstein. 1996. "Norms, Identity and Culture in National Security. in Peter J. Katzenstein(ed), *The Culture of National Security*, New York: Columbia University Press.
Solís, Mireya. 2020. "China, Japan, and the Art of Economic Statecraft." *Global China: Assessing China's Growing Role in the World*. Brookings Institution, Feburary, 2020.

7장

김동길, 〈중국은 북한을 포기할 수 있을까? 북중관계의 역사적 고찰〉. ERINA Discussion Paper No. 1502(2015년 6월)(環日本海經濟研究所).
김흥규. 2015. 〈시진핑시기 중국외교와 북중관계〉. 《JPI 정책포럼》(제주평화연구원) 2015.
이정남. 2013. 〈중미관계에 대한 중국의 인식: '이익 상관자', 'G2', '신형강대국관계'를 중심으로〉. 《현대중국연구》 제15집 1호(8월).
______. 2014. 〈동아시아 세력전이와 한중 전략적 협력을 둘러싼 딜레마〉. 《평화연구》(고려대 평화와 민주주의 연구소, 봄호).
박지현. 2015. 〈중국이 사드배치를 반대하는 이유 ― 한, 미, 일 방어체제, 감시의 '눈'은 이미 작동 중이었다〉. 《월간중앙》(2015. 5).
윤영관. 2016. 《외교의 시대》. 미지북스.
정재호. 2011. 《중국의 부상과 한반도의 미래》. 서울대출판문화원.
차오스공(曹世功). 2015. 〈사드의 한국 배치는 중국에게 위협이 안되는가?〉 *JPI PeaceNet 2015-16*(2015. 4. 15.).
한석희. 2013. 〈시진핑 정부의 출범과 북중관계 전망〉. 《수은북한경제》(여름호).
〈왕이 '사드 中국익 위협…평화협정 없이 비핵화 달성 못해'〉. 《연합뉴스》(2016. 2. 26.)

杨林坡. 2014. 〈中美新型大国关系：话语表述及认知差异〉. 《燕山大学学报(哲学社会科学版)》第4期.

谢韬. 2014. 〈中国需要什么特色的大国外交〉. 《法治周末》(2014. 12. 3.).

张怀东. 2014a. 〈习近平在宣示中国新的外交政策?〉《多维新闻》(2014. 11. 17.).

______. 2014b. 〈习近平已奠定自己大外交家的风格和地位〉. 《多维网》(2014. 11. 30.).

刘华, 刘东凯, 谭晶晶. 2014. 〈打造中国特色大国外交〉. 《新华网》(2014. 12. 29.).

阎学通. 2014. 〈大国外交得区分敌友作者〉. 《环球时报》(2014. 8. 25.).

______. 2015. 〈国际形势变迁与中国外交变革〉. 《世界和平论坛》(2015. 6. 4.).

习近平. 2013a. 〈习近平在莫斯科国际关系学院的演讲〉. 《外交部网站》(2013. 3. 24.).

______. 2013b. 〈深化改革开放 共创造美好亚太-在亚太经合组织工商领导人峰会上的演讲〉. 《多维新闻》(2013. 10. 7.).

______. 2014a. 〈携手追寻中澳发展梦想并肩实现地区繁荣稳定-在澳大利亚联邦议会的演讲〉. 《新华网》(검색일: 2014. 11. 17).

______. 2014b. 〈中国必须有自己特色的大国外交〉. 《新华网》(2014. 11. 30.).

李克强. 2013. 〈李克强在印度世界事务委员会的演讲〉. 《外交部网站》(2013. 3. 24.).

胡志勇. 2014. 〈"亚太梦想"彰显中国外交新理念〉. 《中评网》(검색일: 2014. 11. 18.).

郑永年. 2015. 〈没想到十八大后中国发生如此大转型〉. 《凤凰周刊》(2015. 2. 1.).

李开盛, 束必铨, 崔荣伟, 顾炜. 2014. 〈学者眼中的习近平外交〉. 《共识网》(검색일: 2014. 10. 23).

马小军. 2014. 〈2014, 中国特色大国外交与国际战略轮廓呈现〉. 《学习时报》(2014. 12. 30.).

蔡永伟. 2015. 〈创新战略开拓新格局 习式外交迈开中国大步〉. 《联合早报》(2015. 1. 4.).

斯洋-郁岗. 2015. 〈中国"重返"亚洲和美国的应对〉. 《美国之音》(2015. 1. 11.).

邓聿文. 2015. 〈亚投行的启示〉. 《選擧與治理》(검색일: 2015. 3. 3.).

鲍盛刚. 2015. 〈国家定位与中国的发展战略〉. 《共识网》(검색일: 2015. 6. 6.).

薛力. 2014. 〈'一带一路'折射的中国外交风险〉. 《FT中文网》(2014. 12. 29.).

______. 2015a. 〈中国需要亚洲版大国外交〉. 《金融时报》(2015. 2. 8.).

______. 2015b. 〈'一带一路' 战略与中国外交调整〉. 《南方都市报》(2015. 8. 19.).

劉佳 · 周晶晶. 2014. 〈朝鲜对中国的价値在哪?〉《共识网》(검색일: 2014. 4. 4.).

王洪光. 2014. 〈中国不存在"放弃朝鲜"的问题〉. 《环球时报》(2014. 12. 1.).

梁云祥. 2016. 〈中国对朝鲜"战略缓冲区"的矛盾与困境〉. 《凤凰国际智库》(2016. 6. 30.).

曹世功. 2014a. 〈准确理解和把握中国的朝鲜半岛政策〉. 《国际网》(2014. 5. 29.).

______. 2014b.〈视朝鲜为“白眼狼”者缺大局观〉.《环球时报》(2014. 12. 2.).
李敦球, 2014.〈不能“放弃”朝鲜小伙伴〉.《环球时报》(2014. 12. 25.).
时永明. 2014.〈‘红线’为朝鲜半岛画出和平出路〉.《海外网》(2014. 3. 10.).
金景一, 金强一. 2008.〈朝鲜半岛的地缘政治意义及其对我国的影响研究〉.《延边大学学报》第4期(第41卷).
吴楚克. 2013.〈中国与周边国家关系：步伐艰难却充满自信〉.《中国民族报》(2013. 12. 20.).
成晓河. 2014.〈国对朝鲜统一进程与方法的立场：历史的轨迹〉.《아세아문제연구소 중국연구센터 주관 국제학술회의: 중국의 동아시아 질서 구상과 한반도 통일》(2014년 11월 28일).
楚树龙 · 金威. 2008.《中国外交战略和政策》. 北京: 时事出版社.
董庆霞 · 郎振婳 · 刘梦晨. 2013.〈朝鲜半岛统一的内部阻力因素研究〉.《中国-东盟博览》11期.
時永明. 2015.〈朝韩关系需把握好时代精神〉.《大公報》(2015. 1. 8.).
曉岸. 2015.〈中朝两国建立正常国家间关系符合双方根本利益〉.《中國網》(2015. 1. 31.).
凴海聞. 2015.〈美 · 中 사이에서 줄타기하는 한국〉.《東方日報》(2015. 4. 5.).
张文木. 2014.〈东北亚和中国大西南的战略关联〉.《环球时报》(2014. 12. 26.).
邱林. 2015.〈中国重启援朝是要换取“习金会”吗？〉*BW Chinese*(2015. 3. 12.).
鄭浩. 2015.〈中国在不时敲打朝鲜 让其不要太过分〉.《鳳凰衛視》(2015. 3. 9.).
丁咚. 2014.〈中国应理直气壮干涉朝鲜内政〉. *dwnews.com*(2014. 12. 29.).
______. 2015a.〈中国悄然发出对朝政策新信号〉.《鳳凰衛視》(2015. 2. 3.).
______. 2015b.〈俄朝走近对中国的外交影响〉.《鳳凰衛視》(2015. 3. 26.).
______. 2015c.〈中国外交之‘习近平主义’〉. http://www.chinaelections.com/article/1945/237676.html(검색일: 2015. 5. 21.).
李開盛. 2015.〈部署“萨德”，将损中韩关系底线〉.《環球時報》(2015. 2. 9.).
董洁. 2019.〈中韩建交中的中国外交决策再探讨〉.《中共党史研究》第8期.
张怀东. 2014.〈习近平已奠定自己大外交家的风格和地位〉.《多维网》(2014. 11. 30.).
刘华, 刘东凯, 谭晶晶. 2014.〈打造中国特色大国外交〉.《新华网》(2014. 12. 29.).
邱林. 2016.〈如果中国加大对朝鲜的制裁会怎样?〉《多维新闻》(2016. 1. 25.).
王毅. 2015.〈中国外交朋友圈膨胀 王毅答问言语接地气〉.《新华网》(2015. 3. 7.).
______. 2016.〈实现半岛无核化与半岛停和机制转换并行推进〉.〈外交部新闻〉(2016. 2.

17.).
______. 2017.〈在习近平总书记外交思想指引下开拓前进〉.《学习时报》(2017. 9. 1.).
馬曉霖. 2018.〈首页国际贸易正文朝鲜半岛山重水复风云际会，东北亚安全格局半年实现大转圜〉.《华夏时报》(2018. 7. 25.).
曹辛. 2019.〈无核化幌子下，朝鲜闷声重回“经核并进”，事态正不利于中国〉. *FT Chinese* (2019. 4. 12.).
〈韩方期盼新大使给中朝关系带来新转机〉. *dltv.cn*(2015. 4. 1.).
〈朝鲜崩溃对中国毫无益处 应不会发生〉.《鳳凰衛視》(2015. 1. 26.).
占豪,〈中国变脸，先从掌控半岛开始〉. *sina.com*(2015. 2. 16.).
〈美国看轻与朝鲜改善关系〉.《國際先驅導報》(2015. 1. 22.).
〈朝鲜为啥仍是中国一张好牌？〉*sohu.com*(2015. 3. 24.).
〈习金会面存变数中朝回暖路漫长〉.《東方日報》(2015. 2. 22.).
〈中国大使密集拜会朝高官 多提对朝坚定不移方针〉. *xinhua.com*(2015. 5. 8.).
〈习近平：中国必须有自己特色的大国外交〉.《新华网》(2014. 11. 30.).
〈韓日簽軍情協議中國背後又捱槍〉.《东方日报》(2016. 11. 25.).
〈2017年5月3日外交部发言人耿爽主持例行记者会〉. https://www.fmprc.gov.cn/web/fyrbt_673021/t1458578.shtml.
〈河內“金特合”后 文在寅首晤特朗普 能否打破朝美核谈僵局〉. *Shanghai Observer*(2019. 4. 9.).

Deng, Yuwen. 2013. “China Should Abandon North Korea.” *Financial Times*, Feb. 27, 2013.
Fu, Ying. 2017. “The Korean nuclear issue: Past, present, and future: A Chinese perspective.” *STRATEGY PAPER 3*(China Center at Brookings, May 2017).
Kelly, Robert E. 2014. “China’s Interest in (Inhibiting) Korea Unification: How Much Longer is the ‘Buffer’ Worth it ?” *The Korean Journal of Security Affairs* Vol. 19, No. 2(December, 2014).
Liu, Cheng. 2015. “An Analysis of US Motives Behind THAAD Deployment in South Korea.” *Contemporary International Relations* 25(4), 2015.
Luo, Shuxian . 2015. “The Chinese Public Debates North Korea Policy.” *China Brief* Volume 15, Issue 13, July 2.
Ren, Xiao. 2014. “China Debate DPRK Policy,” *PacNet 55*(Jul. 22, 2013), http://csis.org/(

검색일: 2014. 3. 8.).

Shambaugh, David. 2004/2005. "China Engages Asia: Reshaping the Regional Order." *International Security* Vol. 29, No. 3(Winter, 2004/2005).

Swaine, Michael D. 2015. "Xi Jinping's Address to the Central Conference on Work Relating to Foreign Affairs: Assessing and Advancing Major-Power Diplomacy with Chinese Characteristics." *China Leadership Monitor* No. 46(Winter, 2015).

Wendt, Jepperson A. and Peter J. Katzenstein. 1996. "Norms, Identity and Culture in National Security." in Peter J. Katzenstein(ed), *The Culture of National Security*, New York: Columbia University Press.

전체

1. 한글

김동길, 〈중국은 북한을 포기할 수 있을까? 북중관계의 역사적 고찰〉. ERINA Discussion Paper No. 1502(2015년 6월)(環日本海經濟研究所).

김성한. 2013. 〈10년 한반도 변화 플랜이 필요하다〉. 《조선일보》(2013. 6. 13.).

김애경. 2004. 〈중국의 대외정체성 인식 변화: 1, 2차 북핵위기에 대한 중국의 역할변화 분석사례를 중심으로〉. 《국가전략》 제10권 4호.

김흥규. 2015. 〈시진핑 시기 중국외교와 북중관계〉. 《JPI 정책포럼》(제주평화연구원) 2015. 04.

박지현. 2015. 〈중국이 사드배치를 반대하는 이유-한, 미, 일 방어체제, 감시의 '눈'은 이미 작동 중이었다〉. 《월간중앙》(2015. 5).

서정경. 2008. 〈중국의 부상과 대미인식의 변화〉. 《국가전략》(세종연구소), 14권 2호.

서정경·원동욱. 2009. 〈동아시아 지역주의와 중국의 대응전략〉. 《한국정치학회보》(한국정치학회) 제42집 제2호.

서진영. 2007. 《21세기 중국의 대외정책》. 폴리테이아.

신욱희. 2012. 〈미중일 관계의 전망에 대한 이론적 검토: 통합적 이론으로서 위협균형/위협전이론〉. 《아시아 리뷰》 2권 1호.

양평섭. 2020. 〈[차이나인사이트] 사태 장기화하면 중국 경제 5% 성장에도 먹구름〉. 《중앙일보》(2020. 2. 12.).

오승희. 2017. 〈중일 경쟁시대 일본의 중국 인식과 정책〉. 서승원 · 이정남 외 4인, 《우리에게 중국은 무엇인가》. 트리펍.

윤석준. 2018. 〈남중국해 인공섬 군사기지화하는 중국, 그 득실은?〉 《진실의 길》 https://www.poweroftruth.net(2018. 7. 31.)

윤영관. 2016. 《외교의 시대》. 미지북스.

이동률. 2012. 〈중국의 '새로운 형태의 대국관계' 구상과 중미관계〉. 《동아시아 브리프》(성균관대 동아시아학술원) 제7권 3호.

이수형. 2017. 〈한반도 사드 배치와 동맹관리의 중요성〉. 서울대국제문제연구소, 《이슈브리핑》 No. 8(2017. 4. 14.).

이승주. 2019. 〈미중 무역 전쟁의 동학: 외연의 확대와 상호의존의 역습〉. 《EAI이슈브리프》(2019. 8. 23.).

이정남. 2008. 〈중러관계〉. 한국국제정치학회 중국분과 편, 《중국 현대국제관계》. 오름.

______. 2010. 〈조화세계론을 통해서 본 중국의 동아시아 질서구상: 중화질서(中華秩序)와의 비교를 중심으로〉. 《국제정치논총》(한국국제정치학회) 제50집 1호.

______. 2013. 〈중·미 관계에 대한 중국의 인식: '이익 상관자', 'g2'와 '신형 강대국 관계'를 중심으로〉. 《현대중국연구》 제15집 1호(2013년 8월).

______. 2014. 〈동아시아 세력전이와 한중 전략적 협력을 둘러싼 딜레마〉. 《평화연구》(고려대 평화와 민주주의 연구소)(봄호).

______. 2015. 〈시진핑 정부의 등장 이후 중국 대외정책의 변화와 동아시아 정책〉. 《성균차이나브리프》 제3권 2호(통권 35호, 4월).

______. 2015. 〈중국의 대한반도정책의 딜레마: 전환과 지속의 갈림길에서〉. 《한국과 국제정치》 제31권 제3호 2015년(통권 90호, 2015년 가을).

______. 2018. 〈시진핑의 중국몽(中国梦): 팍스 시니카(Pax-Sinica)구상과 그 한계〉. 《아세아문제연구》 제61권 4호.

______. 2018. 〈중국이 구상하는 강대국 상: 중국은 어떤 강대국이 될 것인가〉. 이정남 편저, 《중국의 꿈》. 아연출판부.

______. 2020. 〈중미 간 경제무역 갈등의 본질 및 대응방향에 대한 중국 내의 인식〉. 《국가전략》(세종연구소) 제26권 1호(2020년 봄호).

정재호. 2011. 《중국의 부상과 한반도의 미래》. 서울대출판문화원.

하도형. 2008. 〈중국 대외정책의 전환에 관한 연구: '조화세계'의 제기와 전략적 의도를 중심으로〉. 《동아연구》 54집(2008년 2월).

한국은행 북경사무소. 2019. 〈[현지정보] 미중 무역협상 1단계 타결 내용 및 현지 반응〉.(한국은행, 2019. 12. 16.).
한석희·강택구. 2009. 〈동아시아 공동체 형성과 중국의 인식: EAS에 대한 정책과 함의〉. 《한국정치학회보》(한국정치학회) 제43집 제1호.
한석희. 2013. 〈시진핑정부의 출범과 북중관계 전망〉. 《수은북한경제》(2013년 여름호).
헨리 키신저, 이현주 역. 2016. 《헨리 키신저의 세계질서》. 민음사.
〈美군사력, 태평양서 中에 우위 못 누려… 동맹국 보호하기 어려울 수 있다〉. 《조선일보》(2019. 8. 20.).
〈G2 중국, 중동 문제 해결에도 주역으로 부상〉. 《조선일보》(2012. 8. 16.).
〈EU, 중국을 '적대적 경쟁자'로 규정〉. 《조선일보》(2019. 3. 15.).
〈3代 걸친 '中권력 브레인' 후안강의 몰락〉. 《조선일보》(2018. 8. 4.)
〈시진핑 "미국-중국은 태평양을 사이에 둔 양안 대국"〉. 《중앙일보》(2012. 2. 15.).
〈중러, 냉전 후 최대규모 합동 군사훈련 '보스토크' 개시〉. 《뉴시스》(2018. 9. 11.).
〈중, 미 군함 대만해협 진입에 러시아와 합동 해상 실탄훈련〉. 《서울신문》(2019. 5. 28.).
〈중 국방백서로 미국 견제한 날, 미 군함 보란 듯 대만해협 통과〉. 《중앙일보》(2019. 7. 25.).
〈시진핑 유엔연설 "평화유지군 8천명 조직, 유엔발전기금 10억 달러 지원"〉. 《아주경제》(2015. 10. 15.).
〈시진핑 승전 기념식 참석, 중 · 러 관계 상당한 진전 의미〉. 《리아노보스티》(2015. 5. 11.).
〈중국과 EAEU 경제무역협력협정 담판 완료〉. 《新华网(한글판)》(2017. 10. 2.).
〈왕이 "사드 中국익 위협…평화협정 없이 비핵화 달성 못해"〉. 《연합뉴스》(2016. 2. 26.)

2. 중문

杨林坡. 2014. 〈中美新型大国关系：话语表述及认知差异〉. 《燕山大学学报(哲学社会科学版)》第4期.
邵帅 · 刘刚. 2018. 〈从毛泽东大同理想到习近平中国梦思想——中国特色社会主义发展的历史逻辑〉. 《河南科技学院学报》5期.
中共中央宣传部. 2019. 《习近平新时代中国特色社会主义思想三十讲》. 北京: 学习出版社.

斯洋-郁岗. 2015.〈中国“重返”亚洲和美国的应对〉.《美国之音》(2015. 1. 11.).

习近平. 2013. 〈顺应时代前进潮流促进世界和平发展—在莫斯科国际关系学院的演讲〉.《外交部网站》(2013. 3. 23.).

______. 2013. 〈深化改革开放 共创美好亚太-在亚太经合组织工商领导人峰会上的演讲〉.《多维新闻》(2013. 10. 7.).

______. 2014.〈积极树立亚洲安全观 共创安全合作新局面〉.《新华网》(2014. 5. 21.).

______. 2014. 〈携手追寻中澳发展梦想并肩实现地区繁荣稳定-在澳大利亚联邦议会的演讲〉.《新华网》(2014. 11. 17.).

______. 2014.〈中国必须有自己特色的大国外交〉.《新华网》(2014. 11. 30.).

______. 2014.〈积极树立亚洲安全观 共创安全合作新局面〉.《新华网》(2014. 5. 21.).

______. 2014.〈新起点 新愿景 新动力—在金砖国家领导人第六次会晤上的讲话(2014年7月15日)〉.《新华网》(2014. 8. 22.).

. 2018.〈順應時代潮流 實現共同發展—在金磚國家工商論壇上的講話(2018年7月25日，約翰內斯堡)〉.《人民日報》(2018. 7. 26.).

门洪华. 2009.〈中國東亞戰略的展開〉.《当代亞太》(中國社會科學院亞太所) 第1期.

______. 2012.〈关于中国大战略的理性思考〉.《战略与管理》第3 / 4期合编.

______. 2015.〈建构中国东亚秩序战略的框架更新时间〉.《国际观察》第1期.

______. 2016.〈日本变局与中日关系的走向〉.《世界经济与政治》第1期.

______. 2018.〈新时代中国国际战略研究与反思〉.《学术月刊》第11期.

韋宗友. 2012.〈美國戰略重心東移及其對東亞秩序的影響〉.《國際觀察》第6期.

李向陽. 2013.〈中國周邊戰略目標与面臨的挑戰〉.《現代國際關系》第10期.

黄仁伟. 2015.〈中美关系核心问题已转为国际秩序之争〉.《澎湃新闻》(2015. 6. 1.).

陈向阳. 2013.〈中國周邊环境新態勢与周邊戰略新思考〉.《亞非縱横》第1期.

______. 2018.〈世界大变局与中国的应对思考〉.《现代国际关系》第11期.

王逸舟. 2015.《创造性介入-中国外交的转型》. 北京: 北京大学出版社.

______. 2018.〈“中国第一”的感受与迷思〉. http://www.aisixiang.com/data/111956.html(검색일: 2018. 8. 27.).

______. 2019.〈从“经济大国”到“仁智大国” —国际秩序之变与中国作为〉.《中央社会主义学院学报》4期.

朱鋒. 2009.〈金融危机与当前國際秩序的演變〉.《現代國際關系》第4期.

______. 2012.〈奧巴馬政府"轉身亞洲"戰略与中美關系〉.《現代國際關系》第4期.

______. 2014. 〈国际战略格局的演变与中日关系〉.《人民网》(2014. 11. 15.).

______. 2018. 〈印太战略阴影下的南海大国较量〉.《世界知识》第一期(10月).

______. 2018. 〈中日相互认识的现状，问题与对策-兼议中日关系的未来发展〉.《日本学刊》第1期.

朱锋 · 黄仁伟 · 胡波. 2017. 〈中美的亚太共存之道：超越现存安全架构〉.《澎湃新闻》(2017. 5. 27.).

朱锋, 黄仁伟. 2019. 〈百年大变局-含义, 认识与未来经济挑战〉. http://www.aisixiang.com/data/117293.html(검색일: 2019. 7. 21.).

王毅. 2013. 〈探索中国特色大国外交之路——在第二届世界和平论坛午餐会上的演讲〉.《外交部网站》(2013. 6. 27.).

______. 2015. 〈中国外交朋友圈膨胀 王毅答问言语接地气〉.《新华网》(2015. 3. 7.).

______. 2015. 〈中日关系的根本问题是日本能否真心接受中国发展和崛起〉.《新华网》(2015. 6. 27.).

______. 2017. 〈在习近平总书记外交思想指引下开拓前进〉.《学习时报》(2017. 9. 1.).

______. 2019. 〈敦促美方与中方一道，把中美关系扳回健康发展的轨道〉.《观察者网》(2019. 12. 24.).

许纪霖. 2017.《家国天下-现代中国的个人国家与世界认同》. 上海: 上海人民出版社.

郭至君. 2018. 〈孙哲答中评: 中国握中美关系主动权〉.《中评社》(2018. 11. 28.).

斯坦伯格, 詹姆斯(Steinberg, James). 2018. 〈中美关系的机遇和挑战〉.(美国前常务副国务卿詹姆斯 · 斯坦伯格의 北京语言大学 강연)(2018. 11. 19.).

崔一楠 · 李群山. 2018. 〈新时代关于民族复兴中国梦的多维度历史考察〉.《西南科技大学学报(哲学社会科学版)》4期.

鄢一龙 · 崔京. 2017. 〈世界向何处去?—"两极相联"的全球新秩序〉. http://www.aisixiang.com(검색일 :2017. 3. 16.).

金灿荣. 2009. 〈國際金融危机的全球地緣政治影響〉.《現代國際關系》第4期.

______. 2013. 〈周邊處理好，大的矛盾就控制住了〉. *World Affairs* 2013/24.

______. 2017. 〈十八大以来的中国外交理论和实践创新〉.《当代世界》10期.

金灿荣 · 张昆鹏. 2018. 〈"新时代"背景下未来十年世界趋势分析与中国的战略选择〉.《东北亚论坛》1期.

薛力. 2014. 〈'一带一路'折射的中国外交风险〉.《FT中文网》(2014. 12. 29.).

______. 2015. 〈'一带一路'战略与中国外交的调整〉.《南方都市报》(2015. 8. 19.).

______. 2015.〈中国需要亚洲版大国外交〉.《金融时报》(2015. 2. 8.).

______. 2016.〈一带一路战略与中国外交方略调整〉. 薛力.《一带一路与亚欧世纪的到来》, 北京: 中国社会科学出版社.

中共中央宣传部. 2018.《习近平新时代中国特色社会主义思想三十讲》. 北京 : 学习出版社.

宋志艳. 2017.〈中国外交决策机制研究〉.(中共中央党校博士論文, 2017).

时殷弘. 2004.〈国家大战略理论与中国的大战略实践〉.《现代国际关系》第3期.

______. 2010.〈中美之局, 重新发牌〉.《中国经济周刊》第1期.

______. 2018.〈邓小平之后的中国: 探索过程中的国家对外战略〉.《文共赏微信公众号》(2018. 11. 24.).

______. 2019.〈全球巨变中的特朗普与中国〉.《世界政治研究》第一辑(总第 三辑).

周丕启. 2003.〈国家大战略: 概念与原则〉.《现代国际关系》7期.

宋志艳. 2017.〈中国外交决策机制研究〉.(中共中央党校博士論文, 2017).

卢静. 2018.〈国际定位与改革开放以来的中国外交〉.《国际问题研究》5期.

江泽民. 1997.〈江泽民主席在美国哈佛大学演讲(1997年11月1日)〉.《人民网》(1997. 11. 2.)(一版).

______. 2006.《江泽民文选》(第2卷). 北京: 人民出版社.

______. 2006.《江澤民文選》(第3卷). 北京: 人民出版社.

温家宝. 2006.〈坚持走和平发展道路促进世界和平与繁荣〉.《人民日报》(2006. 4. 3.)(第3版).

胡錦濤. 1998.〈在東盟 - 中日韓領導人非正式會晤上發表講話〉. 1998年 12月 16日. http://news.xinhuanet.com/ziliao/2001-01/05/content_502401.htm(검색일: 2009. 11. 9.).

______. 2005.〈胡锦涛在亚非峰会上的讲话(全文)-与时俱进 , 继往开来, 构筑亚非新型战略 伙伴关系—在亚非峰会上的讲话〉.《新华网》(2005. 4. 22.).

______. 2005.〈胡锦涛在联合国首脑会议上发表重要讲话-努力建设持久和平' 共同繁荣的和谐世界〉.《人民日報》(2005. 9. 16.).

郑必坚. 2003.〈中国和平崛起新道路和亚洲的未来〉.《新华网》(2003. 11. 24.).

赵良英. 2010.〈中国负责任大国身份的构建〉.(武汉大学 国际关系 博士論文(2010)).

刘华 刘东凯 谭晶晶. 2014.〈打造中国特色大国外交〉.《新华网》(2014. 12. 29.).

马小军. 2014.〈2014, 中国特色大国外交与国际战略轮廓呈现〉.《学习时报》(2014. 12. 30).

郑永年. 2015.〈没想到十八大后中国发生如此大转型〉.《凤凰周刊》(2015. 2. 1.).

______. 2017. 〈"一带一路"与国际经济规则的"书写"〉.《联合早报》(2017. 5. 16.).
______. 2018. 〈中国新时期的内部风险〉.《聯合朝報》(2018. 7. 31.).
______. 2019. 〈中国应坦然面对贸易战〉.《中国发展高层论坛公众号》(2019. 3. 7.).
______. 2019. 〈美对中国"经济战"与中美关系〉.《联合早报》(2019. 6. 18.).
李开盛, 束必铨, 崔荣伟, 顾炜. 2014. 〈学者眼中的习近平外交〉.《共识网》(검색일: 2014. 10. 23).
阎学通. 2011. 〈一超多强走向中美两超, 多极化式微〉.《环球时报》(2011. 8. 17.).
______. 2013. 〈中俄战略关系最具实质意义〉.《国际先驱导报》(2013. 3. 26.).
______. 2013. 〈中國外交全面改革的開始〉. *World Affairs* 2013, 24.
______. 2014. 〈大国外交得区分敌友作者〉.《环球时报》(2014. 8. 25.).
______. 2015. 〈中美应建立和平竞争的国际秩序〉.《中国日报网》(2015. 9. 30.).
______. 2015. 〈国际形势变迁与中国外交变革〉.《世界和平论坛》(2015. 6. 4.).
______. 2019. 〈中国现在需要重新认识世界〉.《界面新闻》(2019. 1. 18.).
阎学通, 梁薇薇. 2014. 〈阎学通：中俄关系核心是战略〉.《中国产经新闻报》(2014. 5. 19.).
楚树龙 · 金威. 2008.《中国外交战略和政策》. 北京: 时事出版社.
楚树龙. 2019. 〈尘埃未定的大变局〉.《中央社会主义学院学报》4期.
方長平. 2009. 〈理解東亞地區主義〉.《東亞合作論壇 2009: 東亞地區主義的現狀与展望》. 中國人民大學國際關系學院東亞研究中心 主辦. 2009年 12日 19日. 發表文.
李文. 2009. 〈東亞共同体的邏輯与形態〉.《東亞合作論壇 2009: 東亞地區主義的現狀与展望》(中國人民大學國際關系學院東亞研究中心 主辦. 2009年 12日 19日. 發表文.
俞新天. 2008. 〈中國培育東亞認同的思考〉.《当代亞太》第3期.
龐中英. 2001. 〈中國的亞洲戰略:灵活的多邊主義〉.《世界經濟与政治》(中國社會科學院世界經濟与政治研究所). 第10期.
戴長征. 2012. 〈美國重返亞洲与中國的周邊戰略選擇〉.《國際關系學院學報》第6期.
尙鴻. 2009. 〈金融危机對美國霸權地位的冲擊〉.《現代國際關系》第4期.
林利民. 2009. 〈G20崛起是國際体系轉型的起点-僅僅是起点〉.《現代國際關系》第11期.
崔立如. 2009. 〈G20崛起与國際大變局〉.《現代國際關系》第11期.
彭光謙. 2009. 〈全球金融危机對國際格局的影響〉.《現代國際關系》第4期.
秦亞靑. 2009. 〈國際体系轉型以及中國戰略机遇期的延續〉.《現代國際關系》第4期.
劉江永. 2009. 〈發展中國家興起改變了時代与世界格局〉.《現代國際關系》第11期.

李興. 2009. 〈國際秩序新變局与中國對策的思考〉.《現代國際關系》第11期.
蔡拓. 2009. 〈中國在國際秩序轉型中要有所作爲〉.《現代國際關系》第11期.
林宏宇. 2009. 〈國際金融危机, G20的崛起与中國〉.《現代國際關系》第11期.
季志業. 2013. 〈中國經營大周邊亟需"頂層設計〉.《現代國際關系》第10期.
范斯聰. 2013. 〈中國的東亞地區政策:變与不變〉.《社科縱橫》第5期(總第28期).
周方銀. 2012. 〈中國崛起, 東亞格局變遷与東亞秩序的發展方向〉.《当代亞太》第5期.
祁怀高. 2011. 〈中美制度均勢与東亞兩种体系的兼容幷存〉.《当代亞太》第6期.
孫學峰. 2011.《中國崛起困境:理論思考与戰略選擇》. 北京: 中國社會科學文獻出版社.
陈世清. 2013. 〈东亚秩序转型与新型大国关系〉.《新产经》第12期.
李向陽. 2013. 〈中國周邊戰略目標与面臨的挑戰〉.《現代國際關系》第10期.
吴心伯. 2009. 〈中美关系的重新国际化〉.《世界经济与政治》第8期.
______. 2019. 〈中美权力转移的第三种方式〉.《东亚评论》1期.
______. 2019. 〈竞争导向的美国对华政策与中美关系转型〉.《国际问题研究》第3期.
______. 2019. 〈美国阻挠中国崛起的三张王牌—脱钩, 限制和施压〉.《人文智慧在线》(2019. 6. 10.).
______. 2020. 〈华盛顿重构对华关系能走多远〉.《环球时报》(2020. 1. 6.).
马箭妍. 2014. 〈新安全觀:亞太安全共同体建設的行動指南〉.《党政論壇》2014年 1月.
苏浩. 2013. 〈李克强總理的安全外交〉.《國是論》2013年 10月.
Robert Ross(陆伯彬). 2019. 〈中美"全面冲突"的结构决定论是荒谬的, 领导层和政策选择才是关键〉.《中美印象网》(2019. 3. 25.).
刘波. 2013. 〈习奥会-中美关系寻求新定位〉.《共识网》(검색일: 2013. 6. 17.).
杨晓萍. 2009. 〈中国外交中的观念因素〉. 中央党校国际战略研究所 博士论文(5月).
王洪涛. 2009. 〈新世纪中美关系研究与中美关系〉.《现代国际关系》第6期.
劉蜂. 2006. 〈论中国的崛起与中美关系〉.《学术探索》第1期.
刘建飞. 2007. 〈中美建设性合作关系的新发展〉. 第5期.
______. 2009. 〈理性应对"两国集团"论〉.《中国党政干部论坛》第5期.
周琪. 2009. 〈认识共同利益是中美关系西发展的关键〉.《世界经济与政治》11期.
陈高 · 罗辉. 2006. 〈胡锦涛主席同布什总统举行会谈〉.《新华网》(2006. 4. 20.).
袁鹏. 2006. 〈美国站在战略十字路口〉.《现代国际关系》第9期.
______. 2007a. 〈美国中国观悄然变化〉.《人民日报》(2007. 1. 13.).
______. 2007b. 〈中美关系与东北亚安全〉.《世界经济与政治》第9期.

______. 2009. 〈国际体系变迁与中国的战略选择〉. 《现代国际关系》 第11期.

______. 2012. 〈关于构建中美新型大国关系的战略思考〉. 《现代国际关系》 第5期.

______. 2013. 〈關于新時期中國大周邊戰略的思考〉. 《現代國際關系》 第10期.

陈健. 2012. 〈试论新型大国关系〉. 《国际问题研究》 第6期.

王伟男. 2009. 〈从中美合作的向度与限度看"两国集团"论〉. 《现代国际关系》 第10期.

褚国飞 · 陈文鑫. 2009. 〈中美"两国集团"构想的由来及可行性分析〉. 《现代国际关系》 第6期.

刘卫东. 2009a. 〈G2:美丽的捧杀〉. *Friend* 第5期.

______. 2009b. 〈G2, "中美国"与中美关系的现实定位〉. 《红旗文稿》 第13期.

刘淑梅. 2009. 〈中美"G-2"与美国对华政策〉. 《内蒙古师范大学学报》(哲学社会科学版) 第38卷 第3期(5月).

顾国平, 梅仁毅. 2011. 〈'两国集团'构想的历史考察〉. 《美国研究》 第4期.

李春园 · 范建中. 2008. 〈"美国衰落论"析论〉. 《现代国际关系》 第8期.

牛新春. 2008. 〈'中美联姻'其实是一个套〉. 《环球时报》(2008. 12. 16.).

余万里. 2009. 〈中美不做G2做P2〉. 《环球时报》(2009. 2. 10.).

张三男, 刘卫东. 2009. 〈试论当前中美关系的战略定位〉. 《思想理论教育导刊》 第6期.

黄仁国. 2012. 〈中美"两国协调"(c2)评析〉. 《现代国际关系》 第5期.

牛军. 2013. 〈中美建交与邓小平的大战略〉. 《共识网》(검색일: 2013. 7. 5.).

戴秉国. 2012. 〈加强中美在重大国际和地区问题上的协调合作〉. 《中央政府门户网站》(2012. 5. 5.).

吉密欧. 2013. 〈何为新型大国关系?〉 《共识网》(검색일: 2013. 6. 7.).

刘婉媛. 2005. 〈美国重新定位中国:利益相关者〉. 《中国新闻周刊》(2005. 11. 28.).

吴湘宁. 2019. 〈2019: 中美关系进一步冰封还是解冻？〉 《FT中文网》(2019. 1. 8.).

张杰. 2019. 〈习近平挖坑, 李克强填坑 人大代表吓得想回家〉. 《博讯》(2019. 3. 7.).

孙立平. 2019. 〈2019, 是对2018做出反应的一年,并决定2020年之后〉. 《营创读书会》(2019. 2. 11.).

苏琦. 2019. 〈以人民的利益为重〉. 《财经》 2019年6月3日.

李建广, 杜文明, 邱耀洲, 冯慧文. 2015. 〈500年未有之变局！习近平对国际局势做5点最新断〉. 《人民日报》(2015. 10. 14.).

王缉思, 袁鹏, 赵明昊. 2017. 〈中美智库研究报告①: 两国应 根据新现实 制订新的共同准则〉. 《澎湃新闻》(2017. 5. 22.).

姜龙范. 2019.〈中美日三边关系博弈互动的新态势, 新挑战及对策建议〉.《东北亚学刊》2期.
约瑟夫 · 奈(Joseph Nye). 2015.〈新中俄联盟？〉《选举与治理》(2015. 1. 13.) 来自*Project Syndicate*(2015. 1. 12.).
陈晓晨 顾炜. 2015.〈丝绸之路上, 中俄如何避免竞争？〉《观察者网》(2015. 7. 10.).
林书友. 2015.〈中俄升温, 美国脸色不好看〉.《选举与治理》(2015. 5. 18.).
赵灵敏. 2014.〈中国应该和俄罗斯结盟吗?〉《联合早报》(2014. 10. 9.).
赵华胜. 2013.〈中俄结盟为何缺乏现实可行性-基于两国关系历史和现实的考量〉.《人民论坛 · 学术前沿》2013年 5月(下).
______. 2018.〈论中俄美新三角关系〉.《俄罗斯东欧中亚研究》第6期(12월).
邓聿文. 2015.〈中国需要什么样的中俄关系〉.《联合早报网》(2015. 1. 14.).
______. 2015.〈亚投行的启示〉.《選擧與治理》(검색일: 2015. 3. 3.).
杨洁勉. 2014.〈站在新起点的中国外交战略调整〉.《选举与治理》(2014. 3. 20.).
李巍 , 张哲馨. 2015.〈战略竞争时代的新型中美关系〉.《国际政治科学》2015年 第1期.
丁咚. 2013.〈习奥会成果离中方预定目标很远〉.《共识网》(검색일: 2013. 6. 12.).
______. 2014.〈中国应理直气壮干涉朝鲜内政〉. *dwnews.com*(2014. 12. 29.).
______. 2015.〈中国悄然发出对朝政策新信号〉.《鳳凰衛視》(2015. 2. 3.).
______. 2015.〈俄朝走近对中国的外交影响〉.《鳳凰衛視》(2015. 3. 26.).
______. 2015.〈中国外交之'习近平主义'〉. http://www.chinaelections.com/article/1945/237676.html(검색일: 2015. 5. 21.).
______. 2015.〈习近平访越寻求外交突破〉.《选举与治理》(2015. 11. 9.).
史蒂芬 · 科特金(Stephen Kotkin). 2013.〈中俄友谊背后仍是战略竞争关系〉.《选举与治理》(2013. 3. 30.).
鲍盛刚. 2012.〈中国在美俄之间的选择——战略联盟还是战略平衡〉.《共识网》(2012. 6. 12.).
______. 2015.〈国家定位与中国的发展战略〉.《共识网》(검색일: 2015. 6. 6.).
张敬伟. 2015.〈乌法双峰会 金砖如何颠覆国际旧秩序〉.《南早中文》(2015. 7. 13.).
林民旺. 2015.〈俄罗斯对"一带"态度由消极转积极, 背后发生了什么〉.《澎湃新闻》(2015. 3. 30.)
王强. 2015.〈从乌克兰危机到中俄关系〉.《财新网》(2015. 3. 1.).
万佳. 2011.〈浅滩战略合作伙伴关系下的中俄军事合作〉.《经贸广场》第7期.
王树春. 2007.《经济外交与中俄关系》, 北京: 世界知识出版社.

王树春外2人. 2012. 〈‘中俄能源关系和安全关系中的希望挫折和不确定性’研究报告评析〉. 《战略纵横》vol. 3, no. 5(Sep 2012).
高欣. 2011. 〈俄罗斯对中国直接投资的现状与特点〉. 《俄罗斯中亚东欧市场》第8期.
李元伟. 2014. 〈重俄贸易问题及对策研究〉. 《现代商贸工业》第3期.
冯玉军-陈宇. 2017. 〈中俄关系: 在世界大变局中继续深化〉. 《边界与海洋研究》第1期.
姜毅主编. 2007. 《新世纪的中俄关系》. 北京: 世界知识出版社
周永生. 2007. 〈俄罗斯的新亚洲政策与‘泰纳线’〉. 张蕴岭, 蓝建学 主编, 《面向未来的中俄印合作》, 北京:世界知识出版社.
杨闯, 高飞, 冯玉军著. 2006. 《百年中俄关系》. 北京: 世界知识出版社.
袁鹏. 2006. 〈中美关系: 新变化与新挑战〉. 《现代国际关系》第5期.
陆南泉. 2019. 〈中俄建交70周年-实现两国经贸合作大发展应思考的几个问题〉. 《于西伯利亚研究》第4期.
冯昭奎. 2015a. 〈中日关系的辩证解析〉. 《日本学刊》第1期.
______. 2015b. 〈中日关系: 我们该研究什么?〉《当代世界》11期.
______. 2017a. 〈“中日关系的”“进”与“退”-基于“区分开来”原则预测的可能前景〉. 《日本学刊》第1期.
______. 2017b. 〈关于中日关系的若干思考—日本 : 是“善邻”还是“恶邻”〉. 《日本研究》第3期.
王缉思. 2014. 〈中美与中日关系同时滑坡并非有利局面〉. 《环球财经》(2014. 8. 20.)
______. 2018. 〈世界政治潮流与中日关系〉. http://www.aisixiang.com(검색일: 2018. 6. 27.).
黄大慧 · 朱锋 · 刘军红 · 胡继平 · 林利民. 2014. 〈安倍政府缘何急于谋求改善中日关系?〉《现代国际关系》10期.
杨伯江. 2015. 〈中国中日关系研究综述〉. 《日本学刊》增刊.
______. 2019a. 〈慕健: 特朗普执政以来美日同盟的演变, 矛盾及影响〉. 《当代世界》第3期.
______. 2019b 〈从尼克松到特朗普: 国际战略视角下两场‘冲击’的历史比较与日本因应路径分析〉. 《日本学刊》4期.
张晓磊. 2016. 〈从中央领导同志的涉日论述看中日关系的时代特征〉. 《东北亚学刊》第5期.
鄢一龙 · 崔京. 2017. 〈世界向何处去?-“两极相联”的全球新秩序〉. http://www.aisixiang.com(검색일: 2017. 3. 16.).
王勇 · 袁沙. 2018. 〈全球治理转型挑战与中国的领导作用〉. 北京大学国际战略研究院. 《中

国国际战略评论2018(上)》. 北京: 世界知识出版社, http://www.aisixiang.com(검색일: 2018. 7. 4.).
张云. 2017.〈中国对日认识共识重建的战略思考〉.《联合新闻网》(2017. 11. 13.).
張蘊領. 2008.〈東亞合作和共同体建設:路徑及方式〉.《東南亞縱橫》(廣西社會科學院東南亞研究所) 2008年 11月.
______. 2013.〈從'中國周邊安全形勢評估'說起构建中國的周邊戰略依托〉.《國家人文歷史》第3期(總第75期).
______. 2016.〈多视角下的中日关系〉.《日本学刊》2期.
______. 2018.〈中国对外关系40年: 回顾与展望〉.《世界经济与政治》第1期.
石源华. 2017.〈中国周边已经出现新的"三个世界"架构〉.《世界知识》15期.
______. 2018.〈特朗普时代东北亚安全格局的不变与变〉.《学术前沿》5期.
谢超. 2013.〈实力变化对中日关系的影响—基于大国关系定量衡量的分析〉.《国际政治科学》第3期(总第35期).
王琛. 2018.〈东亚地区权力结构变化与中日关系—以结构性矛盾及其重叠为分析视角〉.《战略决策研究》第3期.
武星. 2016.〈中国经济总量超越日本后中日关系的新变化〉.《学术探索》, 2月.
蒋立峰. 2009.〈未来十年的中日关系与中国对日政策-21世纪中日关系研究报告〉.《日本学刊》5期.
曹辛. 2018.〈中国对日本, 要有长期打算〉.《英国金融时报》(2018. 2. 4.).
______. 2019.〈无核化幌子下, 朝鲜闷声重回"经核并进", 事态正不利于中国〉. *FT Chinese*(2019. 4. 12.).
______. 2019.〈为什么中俄只能事实结盟, 而不会有文字性的盟约〉.《FT中文网》(2019. 11. 6).
胡志勇. 2014.〈"亚太梦想"彰显中国外交新理念〉.《中评网》(검색일: 2014. 11. 18.).
______. 2015.〈中美俄新三角有助国际新秩序重构〉.《中评社》(2015. 9. 5.).
______. 2018.〈特朗普政府"印太"政策目标中国?〉《中国评论新闻社》(2018. 3. 16.).
鄭浩. 2015.〈中国在不时敲打朝鲜 让其不要太过分〉.《鳳凰衛視》(2015. 3. 9.).
杨烁 · 魏晓东. 2016.〈美国长期影响中日关系的原因解析〉.《北华大学学报(社会科学版)》第17卷 第4期(8月).
赵全胜. 2016.〈日本外交政策辩论和大国博弈中的中日关系〉.《日本学刊》第1期.
赵穗生. 2017.〈中美在全球治理当中的博弈〉. http://www.aisixiang.com(검색일: 2017. 9.

11.).

张沱生. 2018. 〈中日关系可望走上正常发展轨道〉. 北京大学国际战略研究院.《中国国际战略评论2018(上)》. 北京: 世界知识出版社. http://www.aisixiang.com(검색: 2018. 7. 12.).

张季风. 2019. 〈全球变局下的中日经济关系新趋势〉.《东北亚论坛》第4期.

岳小乔整理. 2019. 〈人民日报: 习近平关于中日关系的8个论断〉.《人民日报客房端》(2019. 11. 27.).

姜龙范. 2019. 〈中美日三边关系博弈互动的新态势, 新挑战及对策建议〉.《东北亚学刊》2期.

杨林坡. 2014. 〈中美新型大国关系：话语表述及认知差异〉.《燕山大学学报(哲学社会科学版)》第4期.

谢韬. 2014. 〈中国需要什么特色的大国外交〉.《法治周末》(2014. 12. 3.).

张怀东. 2014. 〈习近平在宣示中国新的外交政策?〉《多维新闻》(2014. 11. 17.).

______. 2014. 〈习近平已奠定自己大外交家的风格和地位〉.《多维网》(2014. 11. 30.).

李克强. 2013. 〈李克强在印度世界事务委员会的演讲〉.《外交部网站》(2013. 3. 24.).

马小军. 2014. 〈2014, 中国特色大国外交与国际战略轮廓呈现〉.《学习时报》(2014. 12. 30.).

蔡永伟. 2015. 〈创新战略开拓新格局 习式外交迈开中国大步〉.《联合早报》(2015. 1. 4.).

劉佳 · 周晶晶. 2014. 〈朝鲜对中国的价值在哪?〉《共识网》(검색일: 2014. 4. 4.).

王洪光. 2014. 〈中国不存在"放弃朝鲜"的问题〉.《环球时报》(2014. 12. 1.).

梁云祥. 2016. 〈中国对朝鲜"战略缓冲区"的矛盾与困境〉.《凤凰国际智库》(2016. 6. 30.).

曹世功. 2014a. 〈准确理解和把握中国的朝鲜半岛政策〉.《国际网》(2014. 5. 29.).

______. 2014b. 〈视朝鲜为"白眼狼"者缺大局观〉.《环球时报》(2014. 12. 2.).

______. 2015. 〈사드의 한국 배치는 중국에게 위협이 안 되는가?〉 *JPI PeaceNet* 2015-16(2015. 4. 15.).

李敦球. 2014. 〈不能"放弃"朝鲜小伙伴〉.《环球时报》(2014. 12. 25.).

时永明. 2014. 〈'红线'为朝鲜半岛画出和平出路〉.《海外网》(2014. 3. 10.).

金景一, 金强一. 2008. 〈朝鲜半岛的地缘政治意义及其对我国的影响研究〉.《延边大学学报》第4期(第41卷).

吴楚克. 2013. 〈中国与周边国家关系: 步伐艰难却充满自信〉.《中国民族报》(2013. 12. 20.).

成晓河. 2014. 〈国对朝鲜统一进程与方法的立场：历史的轨迹〉.《아세아문제연구소 중국연구센터 주관 국제학술회의 중국의 동아시아 질서 구상과 한반도 통일》(2014. 11. 28.).

董庆霞 · 郎振婳 · 刘梦晨. 2013. 〈朝鲜半岛统一的内部阻力因素研究〉. 《中国-东盟博览》11期.
時永明. 2015. 〈朝韩关系需把握好时代精神〉. 《大公報》(2015. 1. 8.).
曉岸. 2015. 〈中朝两国建立正常国家间关系符合双方根本利益〉. 《中國網》(2015. 1. 31.).
憑海聞. 2015. 〈美 · 中 사이에서 줄타기하는 한국〉. 《東方日報》(2015. 4. 5.).
张文木. 2014. 〈东北亚和中国大西南的战略关联〉. 《环球时报》(2014. 12. 26.).
李開盛. 2015. 〈部署"萨德", 将损中韩关系底线〉. 《環球時報》(2015. 2. 9.).
董洁. 2019. 〈中韩建交中的中国外交决策再探讨〉. 《中共党史研究》 第8期.
邱林. 2015. 〈中国重启援朝是要换取"习金会"吗?〉 *BW Chinese*(2015. 3. 12.).
______. 2016. 〈如果中国加大对朝鲜的制裁会怎样?〉 《多维新闻》(2016. 1. 25.).
馬曉霖. 2018. 〈首页国际贸易正文朝鲜半岛山重水复风云际会, 东北亚安全格局半年实现大转圜〉. 《华夏时报》(2018. 7. 25.).
〈温家宝解和平崛起五要义 重申中国永远不会称霸〉. 《中国新闻网》(2004. 3. 14.).
〈中国十八届中央委员会第5次全体会议公报〉. 《中国广播网》(2015. 10. 29.).
〈走向海洋 中国必须全面挑战美国吗?〉 《凤凰博报》 2015年 第75期.
〈习近平推迟离开俄罗斯 与普京单独长谈〉. 《多维新闻》(2015. 7. 12.).
尼古拉 · K · 戈沃斯德夫, 乔恒译, 〈美媒: 中国三大战略阻遏美国独霸亚洲〉. 《环球时报》(2015. 7. 13.).
习近平同俄罗斯总统普京举行会谈. 2014. 〈强调扩大和深化务实合作把中俄全面战略协作伙伴关系推向更高水平〉(2014. 5. 20.). http://www.fmprc.gov.cn/mfa_chn/zyxw_602251/t1157753.shtml(검색일: 2015. 2. 20.).
〈中美建立新型大国关系之路走不通〉. 《联合早报》(2013. 7. 18.).
〈习近平在中央外事工作会议上强调-习近平在中央外事工作会议上强调坚持以新时代中国特色社会主义外交思想为指导努力开创中国特色大国外交新局面〉. 《新华网》(2018. 6. 23.)
〈习近平: 中国必须有自己特色的大国外交〉. 《新华网》(2014. 11. 30.).
〈2017年5月3日外交部发言人耿爽主持例行记者会〉. https://www.fmprc.gov.cn/web/fyrbt_673021/t1458578.shtml.
〈河内"金特合"后 文在寅首晤特朗普 能否打破朝美核谈僵局〉. *Shanghai Observer*(2019. 4. 9.).
〈韩方期盼新大使给中朝关系带来新转机〉. *dltv.cn*(2015. 4. 1.).

〈朝鲜崩溃对中国毫无益处 应不会发生〉.《鳳凰衛視》(2015. 1. 26.).
占豪. 〈中国变脸, 先从掌控半岛开始〉. *sina.com*(2015. 2. 16.).
〈美国看轻与朝鲜改善关系〉.《國際先驅導報》(2015. 1. 22.).
〈朝鲜为啥仍是中国一张好牌?〉 *sohu.com*(2015. 3. 24.).
〈习金会面存变数中朝回暖路漫长〉.《東方日報》(2015. 2. 22.).
〈中国大使密集拜会朝高官 多提对朝坚定不移方针〉. *xinhua.com*(2015. 5. 8.).
〈特稿: 强化的外交体系与外界疑虑〉.《联合新闻网》(2018. 3. 15).
〈习近平会见俄罗斯总统普京〉.《新华网》(2016. 10. 16.).
〈韓日簽軍情協議中國背後又捱槍〉.《东方日报》(2016. 11. 25.).
〈俄罗斯-中华人民共和国商务部〉. http://www.mofcom.gov.cn/dl/gbdqzn/upload/eluosi.pdf
〈解放军西部战区将参加俄'中部-2019'演习〉.《联合早报》(2019. 8. 30.).
〈中俄海军将首次在日本海联演 近乎实战〉.《多维新闻》(2015. 8. 18.).
〈习近平在莫斯科国际关系学院的演讲〉.《外交部网站》(2013. 3. 24a.).
〈李克强在印度世界事务委员会的演讲〉.《外交部网站》(2013. 3. 24b.).
〈温家宝从俄罗斯空手而归 访问不是俄媒要闻〉.《阿波罗新闻网》(2007. 11. 8.).
〈2013年俄罗斯吸引外资和对外投资情况〉. 驻俄使馆经商参处(2014. 3. 17.).
〈美媒: 普京成习近平包袱而非甜头〉.《多维新闻》(2015. 9. 6.).
〈中和人民共和国和俄罗斯联邦相互关系基础的联合声明〉.《人民日报》(1992. 12. 19.).
〈江泽民主席在俄罗斯国家杜马发表演讲〉.《人民日报》(1997. 4. 24.).
〈中俄关于世界多极化和建立国际新秩序的声明〉.《人民日報》(1997. 4. 24.).
〈中美"C2"新构想〉.《中国新闻周刊》(2012. 5. 14.).
〈中共十八大报告〉.《人民网》(2012. 11. 19.).
〈大国应建新型国家关系弃冷战思维〉.《解放日报》(2012. 5. 28.).
〈胡锦涛见奥巴马就中美发展新型大国关系提4建议〉.《中国网》(2012. 6. 20.).
〈国家主席胡锦涛在北京出席第四轮中美战略与经济对话开幕式并致辞〉.《新华网》(2012. 5. 3.).
〈温家宝说: 不赞成"两国集团"提法〉.《新华网》(2009. 11. 18.).
〈解放军副参长到访五角大楼〉.《多维新闻》(2012. 8. 25.).
〈习近平: 中美关系"三问"奥巴马〉.《新京报》(2013. 6. 9.).
〈中美建立新型大国关系之路走不通〉.《联合早报》(2013. 7. 18.).

〈中国共产党第十九届中央委员会第四次全体会议公报〉.《新华社》(2019. 10. 31.).
〈让投降论成为过街老鼠〉.《新华网》(2019. 6. 9.).
〈中共再收紧有关武汉疫情的舆论〉.《美国之音》(2020. 2. 11).
〈2019年全国两会外交部部长王毅答记者问(记者会全文实录)〉.《新华网》(2019. 3. 10.).
〈习近平在中央外事工作会议上强调坚持以新时代中国特色社会主义外交思想为指导努力开创中国特色大国外交新局面〉.《新华网》(2018. 6. 23.).
〈从'战略机遇期'到'战略竞合期'〉.《FT中文网》(2019. 2. 21.).
〈习近平在中央党校(国家行政学院)中青年干部培训班开班式上发表重要讲话〉.《新华社》(2019. 9. 3.).
〈2014年李克强政府工作報告〉.《多維新聞》(2014. 3. 5.)
〈依托命運共同体 習進平超越霸主做盟主〉.《多維新聞》(2014. 2. 2.).
〈"習式外交"的策略与能量〉.《多維新聞》(2014. 3. 11.).
〈中國周邊外交打造命運共同体勇气智慧下量力而爲〉.《京華時報》(2013. 11. 8.).
〈习近平在中央外事工作会议上强调坚持以新时代中国特色社会主义外交思想为指导努力开创中国特色大国外交新局面〉.《新华网》(2018. 6. 23.).
〈2019年全国两会外交部部长王毅答记者问(记者会全文实录)〉.《新华网》(2019. 3. 10.).
〈中国共产党第十九届中央委员会第四次全体会议公报(2019年10月31日中国共产党第十九届中央委员会第四次全体会议通过)〉.《新华社》(2019. 10. 31.).
〈'十个坚持': 理解习近平外交思想的一把金钥匙〉.《求是网》(2018. 8. 7.).
〈明确毛邓习断代 习近平思想正式落地〉.《多维新闻》(2017. 3. 19.).
〈特稿: 强化的外交体系与外界疑虑〉.《联合新闻网》(2018. 3. 15).

3. 영문

Bergsten, C. Fred. 2008. "A Partnership of Equals: How Washington Should Respond to China's Economic Challenge." *Foreign Affairs*(July/Agust 2008).
Brzezinski, Zbigniew. 2009. "The Group of Two that could change the world." *The Financial Times*, January 13, 2009.
Campbell, Kurt M. and Ely Ratner. 2018. "The China Reckoning: How Beijing Defied American Expectations." *Foreign Affairs* Vol. 97, Issue. 2(Mar/Apr 2018).

Cohen, Ariel. 2013. "Russia's Eurasian Union Could Endanger the Neighborhood and U.S. Interests." *Backgrounder* No. 2804, June 14, 2013.

Deng, Yuwen. 2013. "China Should Abandon North Korea." *Financial Times* Feb. 27, 2013.

Diamond, Larry and Orville Schell(eds.). 2018. *Chinese Influence & American Interests: Promoting Constructive Vigilance*. Standford, California: Hoover Institution Press.

Elmer, Keegan. 2019. "China, Russia set to double trade to US $200 billion by 2024 with help of soybeans." *South China Morning Post* September 18, 2019.

Fairbank, John K. 1968. *The Chinese World Order*. Harvard University Press.

Ferguson, Niall. 2007. "Not two countries, but one: Chimerica." *Sunday Telegraph* March 4, 2007.

Fewsmith, Joseph and Stanly Rosen. 2001. "The Domestic Context of Chinese Foreign Policy: Does "Public Opinion" Matter?" David M. Lampton(ed.). *The Making of Chinese Foreign annd Security Policy in the Era of Reform, 1978~2000*. Standford, California: Standford Univ. Press.

Fravel, M. Taylor, J. Stapleton Roy, Michael D. Swaine, Susan A. Thornton and Ezra Vogel. 2019. "China is not an enemy." *The Washington Post*(July 3, 2019).

Fu, Ying. 2017. "The Korean nuclear issue: Past, present, and future: A Chinese perspective." *STRATEGY PAPER 3*(China Center at Brookings, May 2017).

Gorenburg, Dmitry. 2018. "5 things to know about Russia's Vostok-2018 military exercises." *The Washington Post* September 13, 2018.

Goldstein, Avery. 2005. *Rising to the Challenge: China's Grand Strategy and International Security*. Standford, California: Standford University Press.

Jepperson, Ronald L., Alexander Wendt and Peter J. Katzenstein. 1996. "Norms, Identity and Culture in National Security." in Peter J. Katzenstein(ed.). *The Culture of National Security*. New York: Columbia University Press.

Jiang, Wenran. 2015. "Energy Security, Geopolitics and the China-Russia Gas Deals." *China Rrief* Vol. XV, Issue 2, Jan. 23, 2015.

Joellick, Robert B. "Whither China: From Membership to Responsibility?" Remaks to National Committee on U. S-China Relations. September 21, 2005.

Jones, Bruce. 2020. "China and The Return of Great Power Strategic Competition." *Global China: Assessing China's Growing Role in the World*. Brookings Institution, Feburary,

2020.

Kelly, Robert E. 2014. "China's Interest in (Inhibiting) Korea Unification: How Much Longer is the 'Buffer' Worth it?" *The Korean Journal of Security Affairs* Vol. 19, No. 2(December, 2014).

Kissinger, Henry A. 2009. "The chance for a new world order." *The International Herald Tribune*, January 12, 2009.

Kofman, Michael. 2019. "Towards a Sino-Russian entente?" *Riddle*, November 29.

Korolev, Alexander. 2015. "The Strategic Alignment between Russia and China: Myths and Reality." *Working Paper Series*(No. LKYSPP 15-19), Lee Kuan Yew School of Public Policy, National University of Singapore, April 15, 2015.

Lee, Jung-Nam. 2011. "The Global Financial Crisis and a Change in China's View of the U. S." *The Korean Journal of Area Studies* Vol. 29, No. 2, August, 2011.

______. 2013. "Perceptions of Democracy Among Chinese Intellectuals: Evidence from Political Scientists in Beijing and Shanghai." *Asian Perspective 37*(2013).

Li, Cheng and Diana Liang. 2019. "Rule of the rigid compromiser." *The Cairo Review of Global Affairs*(Spring 2019).

Liu, Cheng. 2015. "An Analysis of US Motives Behind THAAD Deployment in South Korea." *Contemporary International Relations* 25(4), 2015.

Migranyan, Andranik. 2014. "Washington's Creation: A Russia-China Alliance?" *The National Interest* July 10, 2014, available at http://nationalinterest.org/feature/washingtons-creation-russia-china-alliance-10843(accessed on April 20, 2015).

Ren, Xiao. 2014. "China Debate DPRK Policy." *PacNet 55*(July 22, 2013), http://csis.org/(검색일: 2014. 3. 8.).

Sherman W. 2001. "Challenges of the Sino-Russian Strategic Partnership." *The Washington Quarterly* Vol. 24, No. 4(Autumn).

Skidelsky, Robert. 2015. "The Sino-Russian Marriage." *Project Syndicate* Jun 18, 2015.

Sutter, Bobert G. 2008. *Chinese Foreign Relations*. Lanham, Boulder, New York, Toronto, Plymouth, UK: Rowman & Littlefield Publishers, Inc.

Swaine, Michael D. 2015. "Xi Jinping's Address to the Central Conference on Work Relating to Foreign Affairs: Assessing and Advancing Major-Power Diplomacy with Chinese Characteristics." *China Leadership Monitor*, No. 46(Winter 2015).

SOLÍS, MIREYA. 2020. "CHINA, JAPAN, AND THE ART OF ECONOMIC STATECRAFT." *Global China: Assessing China's Growing Role in the World*. Brookings Institution, Feburary, 2020.

Stent, Angela. 2020. "Russia and China: Axis of revisionists?" *Global China: Assessing China's Growing Role in the World*. Brookings Institution, Feburary, 2020.

Shambaugh, David. 2004/2005. "China Engages Asia: Reshaping the Regional Order." *International Security* Vol. 29, No. 3(Winter, 2004/2005).

______. 2019. "美国学者：中俄关系真的是亲密无间吗?〉《中美聚焦》(8月12日).

Luo, Shuxian. 2015. "The Chinese Public Debates North Korea Policy." *China Brief* Volume 15, Issue 13, July 2.

The Department of Defense. 2019. "Indo-Pacific Strategy Report: Preparedness, Partnership, and promoting a networked region."(June 1, 2019).

Wendt, Alexander. 1992. "Anarchy is What States make of it: the Social Construction of Power Politics." *International Organization* 46, No.2, 1992, p. 42.

______. 1999. *The Social Theory of International Politics*. Cambridge University Press.

Wendt, Jepperson A. and Peter J. Katzenstein. 1996. "Norms, Identity and Culture in National Security." in Peter J. Katzenstein(ed.), *The Culture of National Security*, New York: Columbia University Press.

XuanLi Liao. 2006. *Chinese Foreign Policy Think Tanks and China's Policy Towards Japan*. Hongkong: The Chinese University of Hongkong.

Yu, Bin. 2004. "Putin's Partners in Beijing: Old and Young." *Comparative Connections*(January, 2004).

Zhao, Quansheng. 2014. "US-China Relations and a New Dual Leadership Structure in the Asia Pacific." Yong Wook Lee, Key-young Son(ed) *China's Rise and Regional Integration in East Asia Hegemony or community*? London: Routledge.

Zhao, Shuisheng. 2015. "Rethingking the Chinese World Order: the imperial cycle and the rise of China." *Journal of Contemporary China* Vol. 24, No. 96(May 2015).

"Remarks by Vice President Pence on the Administration's Policy Toward China." The White House, October 4, 2018.

"Russia remains China's largest crude oil source for 3rd year: report." *Global Times* March 24, 2019.

"Valdai Discussion Club session–Vladimir Putin spoke at the final plenary session of the 16th meeting of the Valdai International Discussion Club."(October 3, 2019), http://en.kremlin.ru/events/president/news/61719(검색일: 2020. 1. 20.).

고려대학교핵심교양 9

세력 전환 시대 중국의 대외정책

초판 발행 1쇄 2021년 1월 30일

지은이 이정남
펴낸곳 고려대학교출판문화원
www.kupress.com
kupress@korea.ac.kr
(02841) 서울특별시 성북구 안암로 145
Tel 02-3290-4230, 4232
Fax 02-923-6311
찍은곳 네오프린텍(주)

ISBN 979-11-90205-86-3 93340

값 18,000원